TENZIN WANGYAL RINPOCHE

Die heilende Kraft des Buddhismus

Buch

Erde, Wasser, Feuer, Luft und Raum besitzen im Buddhismus heilende Kräfte, die nur der erschließen kann, der sich diesen Elementen mit Respekt und Wissen nähert. Der tibetische Schamane Tenzin Wangyal Rinpoche verbindet alte Traditionen zu einem auch für westliche Menschen gangbaren Weg der Heilung. Er erläutert die Kraft und Bedeutung der fünf Elemente, führt in den Umgang mit ihnen ein und leitet zu Meditationsübungen an. Eine faszinierende Reise zu den Wurzeln des tibetischen Buddhismus und zu Naturerlebnissen der besonderen Art.

Autor

Tenzin Wangyal Rinpoche ist ein Tulku, ein bewusst wiedergeborener Lama. Er wurde 1961 in Tibet geboren und floh mit seinen Eltern nach Indien, wo er später zum Meditationsmeister ausgebildet wurde und den Titel eines Geshe erhielt, den höchsten akademischen Titel in der tibetischen Tradition. 1991 ging er in die USA und gründete dort das Ligmincha-Institut. Er war einer der ersten Lamas, die die Lehren der Bön-Schule im Westen bekannt machten und wurde 1986 vom Dalai Lama zum offiziellen Repräsentanten der Bön-Tradition in der Abgeordneten-versammlung der Exiltibeter ernannt. Tenzin Wangyal Rinpoche lehrt seit Jahren auch regelmäßig im deutschsprachigen Raum.

Von Tenzin Wangyal Rinpoche sind bei Goldmann außerdem verfügbar:

Übung der Nacht (21806)
Den feinstofflichen Körper aktivieren (33899)

Tenzin Wangyal Rinpoche

Die heilende Kraft des Buddhismus

Leben im Einklang mit den fünf Elementen

Aus dem amerikanischen Englisch übersetzt
von Elisabeth Liebl

GOLDMANN

Die Originalausgabe erschien unter dem Titel
»Healing with Form, Energy and Light« bei Snow Lion Publications, USA.
Die deutsche Erstausgabe erschien 2004 bei Heinrich Hugendubel Verlag,
Kreuzlingen/München,

Verlagsgruppe Random House FSC-DEU-0100
Das für dieses Buch verwendete FSC®-zertifizierte Papier
München Super liefert Arctic Paper Mochenwangen GmbH.

1. Auflage
Vollständige Taschenbuchausgabe Februar 2012
Wilhelm Goldmann Verlag, München
in der Verlagsgruppe Random House GmbH

Umschlaggestaltung: UNO Werbeagentur, München
Umschlagmotiv: FinePic®, München
Redaktion: Susanne Schneider
SB × Herstellung: cb
Satz: EDV-Fotosatz Huber/Verlagsservice G. Pfeifer, Germering
Druck: GGP Media GmbH, Pößneck
Printed in Germany
ISBN: 978-3-442-21975-9

www.goldmann-verlag.de

Dieses Buch ist gewidmet:

Seiner Heiligkeit dem Dalai Lama
Seiner Heiligkeit Lungtok Tenpa'i Nyima Rinpoche
Yongzin Tenzin Namdak Rinpoche
und allen Lehrern, von denen ich gelernt habe.

Seine Heiligkeit der Dalai Lama im Meri-Bönpo-Kloster in Indien

INHALT

Shenla Odkar

DAS GEBET IM ZWISCHENZUSTAND: DER KOSTBARE BLÜTENKRANZ

A OM HUNG

In dem Zwischenzustand, der unser Leben ist, im gegenwärtigen Augenblick,
erkennen wir unseren Geist nicht und lassen uns von illusorischen Aktivitäten täuschen.
Wir erinnern uns nicht an Vergänglichkeit und Tod,
streben nur nach den Schätzen dieses Lebens und sind
an das Leid von Geburt, Alter, Krankheit und Tod gefesselt.
Möge ich, wenn dieser gegenwärtige, illusorische Körper mit einem Mal die letzte Krankheit erleidet,
mich von der Anhaftung an alle Objekte der Materie und des Geistes selbst befreien.
O Meister, segne mich aus deinem tiefen Mitgefühl heraus.
Segne mich, damit ich die täuschenden Visionen des Bardo durchschneide.
Segne mich, auf dass ich die Leerheit der Mutter und das Gewahrsein des Kindes wieder vereinen möge.

Denn dann reise ich im Zwischenzustand des Sterbens
allein in die andere Dimension,
obschon ich von Verwandten und lieben Menschen umgeben bin.
Das Leben lässt sich nicht einmal für einen Augenblick verlängern,
wenn die vier Elemente dieses magischen Körpers sich auflösen.
O Meister, segne mich aus deinem tiefen Mitgefühl heraus.
Segne mich, damit ich die täuschenden Visionen des Bardo durchschneide.
Segne mich, auf dass ich die Leerheit der Mutter und das Gewahrsein des Kindes wieder einen möge.

Wenn sich die Energie der Erde im Wasser auflöst,
erleben wir den Zusammenbruch des Körpers,
begleitet von Visionen von Rauch und Trugbildern.

Wenn das gelbe Licht, das unser ist, plötzlich erscheint,
möge ich es als den göttlichen Körper von Salwa Rangyung, der aus sich selbst entstandenen Klarheit, erkennen.
O Meister, segne mich aus deinem tiefen Mitgefühl heraus.
Segne mich, damit ich die täuschenden Visionen des Bardo durchschneide.
Segne mich, auf dass ich die Leerheit der Mutter und das Gewahrsein des Kindes wieder einen möge.

Wenn die Energie des Wassers sich im Feuer auflöst,
verliert der Körper seine Farbe. Durst plagt uns, wir bleiben mit trockener Zunge zurück, begleitet von Visionen strömenden Wassers.
Wenn die Reinheit des Wassers als blaues Licht erscheint,
möge ich sie als den göttlichen Körper von Gawa Dondrup, der freudigen Verwirklichung, erkennen.
O Meister, segne mich aus deinem tiefen Mitgefühl heraus.
Segne mich, damit ich die täuschenden Visionen des Bardo durchschneide.
Segne mich, auf dass ich die Leerheit der Mutter und das Gewahrsein des Kindes wieder einen möge.

Wenn die Energie des Feuers sich im Wind auflöst,
wird der Körper kalt. Die Energiekanäle lösen sich auf,
und wir sehen Schwärme von glühwürmchenähnlichen Lichtflecken.
Wenn das rote Licht des Selbst erscheint,
möge ich es als die Gottheit Chetak Ngomed, das Ungeschiedene, Dinglose, erkennen.
O Meister, segne mich aus deinem tiefen Mitgefühl heraus.
Segne mich, damit ich die täuschenden Visionen des Bardo durchschneide.
Segne mich, auf dass ich die Leerheit der Mutter und das Gewahrsein des Kindes wieder einen möge.

Wenn die Windenergie sich ins Bewusstsein auflöst,
hört der Atem auf, die Augen verdrehen sich nach oben,
und wir sehen Butterlampen, die verlöschen.
Wenn das grüne Licht des Selbst erscheint,
möge ich es als die tugendhafte Göttin Gelha Garchug, die Vielfalt des Tanzes, erkennen.
O Meister, segne mich aus deinem tiefen Mitgefühl heraus.
Segne mich, damit ich die täuschenden Visionen des Bardo durchschneide.
Segne mich, auf dass ich die Leerheit der Mutter und das Gewahrsein des Kindes wieder einen möge.

Wenn das Bewusstsein sich im allumfassenden Grund auflöst,
hören die inneren Organe der Sinneswahrnehmung und ihre äußeren Objekte auf zu existieren,
begleitet von der Vision eines wolkenlosen Himmels.
Wenn das klare Licht des Bardo erscheint,
möge ich es als Kunang Chabpa erkennen, das alles durchdringt.
O Meister, segne mich aus deinem tiefen Mitgefühl heraus.
Segne mich, damit ich die täuschenden Visionen des Bardo durchschneide.
Segne mich, auf dass ich die Leerheit der Mutter und das Gewahrsein des Kindes wieder einen möge.

Wenn die sechs Bewusstseinsaggregate und ihre sechs Objekte sich ins Herz hinein auflösen,
wenn die Dunkelheit kommt und mit ihr der Blutregen in einem See aus Blut,
wenn der große Klang erschallt und das große Licht erstrahlt,
möge ich all meine Visionen als Illusion erkennen.
Möge ich Verwirklichung in der aufsteigenden, grundlegenden Bewusstheit erlangen.
O Meister, segne mich aus deinem tiefen Mitgefühl heraus.
Segne mich, damit ich die täuschenden Visionen des Bardo durchschneide.
Segne mich, auf dass ich die Leerheit der Mutter und das Gewahrsein des Kindes wieder einen möge.

Wenn das Bewusstsein zum Waisen wird, weil es keine Stütze mehr hat,
wenn die Vision des Schrecken erregenden Herrn des Todes in der anderen Dimension sichtbar wird,
wenn die Illusionen von Klang, Licht und Lichtstrahlen erscheinen,
segne mich, dass ich im Zwischenzustand Befreiung finde,
indem ich all dies als aus sich selbst entstehende Selbst-Energie erkenne.
O Meister, segne mich aus deinem tiefen Mitgefühl heraus.
Segne mich, damit ich die täuschenden Visionen des Bardo durchschneide.
Segne mich, auf dass ich die Leerheit der Mutter und das Gewahrsein des Kindes wieder einen möge.

Segne mich, dass ich alle Visionen als Illusion erkenne.
Segne mich, dass ich einer Geburt in den niedrigen Bereichen entgehe.
Segne mich, dass ich die Eine Natur der drei Zeiten sehe.
Segne mich, dass ich die Buddhaschaft der drei kayas erlange.
Segne mich, dass ich die fünf Weisheitslichter erlange.

Segne mich, dass ich den zahllosen fühlenden Wesen nützlich bin.
O Meister, segne mich aus deinem tiefen Mitgefühl heraus.
Segne mich, damit ich die täuschenden Visionen des Bardo durchschneide.
Segne mich, auf dass ich die Leerheit der Mutter und das Gewahrsein des Kindes wieder einen möge.

Aus: *Gur zhog chun pos mdzad pa'i smon lam rin chen phreng ba*

Tenzin Wangyal Rinpoche mit Seiner Heiligkeit dem Dalai Lama in Dharamsala, Indien

EINFÜHRUNG

Ich wuchs in enger Verbindung mit den Kräften der Natur auf. Dies war schon durch unsere Lebensweise bedingt. Wir kannten weder Heizung noch fließendes Wasser. Unser Wasser holten wir in Eimern von der nahen Quelle, unsere Häuser heizten wir mit Holz und kochten auf offener Flamme. Auf unserem kleinen Gartengrundstück bauten wir Gemüse an, vor allem Zwiebeln und Tomaten. Wir berührten also buchstäblich die Erde. Sommerregen hieß für uns zweierlei: Überschwemmung und Wasser für den Rest des Jahres. Die Natur musste nicht in Parks erhalten werden. Sie lag auch nicht hinter dickem Fensterglas. Unser enger Kontakt mit den Elementen geschah ja nicht aus Vergnügen, auch wenn er häufig Freude bereitete. Zwischen unserem Leben und dem Feuer, dem Holz, dem Wasser und dem Wetter bestand ein direkter, unmittelbarer Zusammenhang. Unser Überleben hing von den Elementarkräften der Natur ab.

Vielleicht ist es eben diese Abhängigkeit, die uns Tibeter wie die meisten indigenen Kulturen begreifen ließ, dass die Welt der Natur heilig ist, bevölkert mit Wesen und Kräften, die sowohl sichtbar als auch unsichtbar sein konnten. So tranken wir während des Losar-Festes, der tibetischen Neujahrsfeiern, keinen Champagner. Wir feierten, indem wir zur nahe gelegenen Quelle gingen und dort ein Dankesritual vollzogen. Wir opferten den *Nagas*, den Wassergeistern, die das Wasser in unserer Gegend beherrschten. Und wir brachten den Ortsgeistern unserer Umgebung Rauchopfer dar.

Diese Glaubensform und die dazu gehörigen Rituale haben sich über die Jahrhunderte entwickelt. Im Westen aber werden sie häufig als primitiv betrachtet. Dabei handelt es sich keineswegs nur um die Projektion menschlicher Ängste auf die Umwelt, wie dies einige Anthropologen und Historiker deuten. Unsere Art, mit den Elementen zu kommunizieren, wurzelt in der direkten Erfahrung der heiligen Natur innerer und äußerer Elemente, welche die Menschen und die Weisen unter ihnen machten. Wir nennen diese Elemente Erde, Wasser, Feuer, Luft und Raum (Äther).

Mit diesem Buch verfolge ich mehrere Ziele: Ich möchte dazu beitragen, dass wir wieder mehr Achtung vor der Umwelt bekommen, denn diese muss größer werden, wenn wir unsere Lebensqualität nicht dauerhaft schädigen wollen. Des Weiteren möchte ich dem westlichen Leser die traditionelle Welt der Tibeter nahe bringen. Und allen spirituell Interessierten möchte ich zeigen, dass ein Verständnis der Elemente für jede Form der Praxis nützlich ist. Diejenigen unter den Lesern, die einem spirituellen Pfad folgen, ziehen aus dem Wissen um die Elemente und ihrer Beziehungen zueinander vielfältigen Nutzen: Sie wissen, warum sie eine bestimmte Praxis machen, erfahren, welche Übungen nötig sind und wann, und lernen, in welchen Situationen eine bestimmte Praxis nutzlos oder sogar hinderlich sein kann.

Die Lehren in diesem Buch entstammen der tibetischen Bön-Tradition. Sie kreisen um drei Dimensionen des spirituellen Weges. Die hier vorgestellten Methoden sind im Bön und im Buddhismus traditionelle Übungswege. Das bedeutet, dass sie in die Praxis umgesetzt werden müssen. Ein rein intellektuelles Verständnis genügt nicht. Manchmal glauben wir, etwas zu wissen, wenn wir einfach nur darüber informiert sind. Wir denken dann, wir verstehen alles, worüber wir reden können. Aber wenn wir über eine Praxis nur reden, ohne sie auszuführen, ist das so, als hätten wir zwar Medikamente im Arzneischränkchen, würden uns aber weigern, sie zu nehmen und geheilt zu werden.

Die meisten Übungen in diesem Buch haben psychologisch gesehen einen unterstützenden Charakter. Sie steigern unsere

Lebensqualität, fördern Heilung und bieten einen gewissen Schutz gegen Unglück und Krankheit. Sie legen die Fundamente dafür, dass wir unserem Leben mit entspannter Wachheit begegnen, statt es nur wie betäubt über uns ergehen zu lassen bzw. uns endlos darüber aufzuregen. Auf diese Weise schenken sie Gesundheit, Kraft und Lebensfreude. Das ist gut und sinnvoll. Doch die hier vorgestellten Übungen wurden mit dem Ziel entwickelt, unser spirituelles Wachstum voranzutreiben. In diesem Sinne verändern sie unsere Einstellung zur Natur und zu unserer persönlichen Erfahrung. Sie öffnen und erweitern unsere Sicht der Dinge, weil sie unsere meditative Praxis stärken. Wenn die Elemente in unserem Leben aus dem Gleichgewicht geraten sind, ist es sehr schwierig zu meditieren. In solchen Zeiten müssen wir mit Krankheit, Stress, Ablenkung und Trägheit arbeiten. Die hier vorgestellten Übungen helfen uns, äußere Hindernisse ebenso zu überwinden wie Hindernisse im Geist, indem sie die Elementarkräfte im Individuum ausgleichen. Sind die Elemente im Gleichgewicht, ist es sehr viel einfacher, in der Natur des Geistes zu ruhen, der Buddha-Natur. Und dies ist letztendlich das höchste Ziel jeder spirituellen Reise – und gleichzeitig die höchste Form der Übung.

Die Übungen werden hier zusammen mit ihrem theoretischen Hintergrund vorgestellt. Dies entspricht unserer Tradition, die lehrt, dass die Art, wie wir die Welt sehen, sich sowohl auf unsere Praxis als auch auf unser Leben auswirkt.

Vor allem habe ich mich bemüht, Übungen aufzunehmen, die sich gut in den Alltag integrieren lassen. Wir müssen uns also nicht von der Welt zurückziehen, um zu praktizieren, obwohl natürlich auch dies möglich ist. Aber wir brauchen nicht sämtliche Termine in unserem Organizer zu streichen, weil wir uns jetzt mit den Elementen auseinander setzen wollen. Alles, was existiert, setzt sich aus den Elementen zusammen. Daher können wir immer mit den Elementen praktizieren, jederzeit, wo immer wir auch sind und was immer wir gerade tun mögen.

In diesem Buch gehe ich davon aus, dass der Leser mit bestimmten Begriffen vertraut ist. So benutze ich beispielsweise die Begriffe Dzogchen und Große Vollkommenheit synonym. Für Rigpa benutze ich Worte wie »innewohnendes Gewahrsein«, »nicht-duales Gewahrsein« oder »nicht-duale Präsenz«. Die »Natur des Geistes« beziehungsweise der »natürliche Zustand« steht hingegen für die Untrennbarkeit von Leerheit und Klarheit des Geistes, also für die Buddha-Natur, die unsere wahre Natur ist.

Immer wieder zitiere ich aus traditionellen tibetischen Texten. Die von mir angefertigten Übersetzungen sind nicht wortwörtlich exakt. Das liegt daran, dass ich mich bemüht habe, das Gemeinte besser zu treffen. In der Bibliografie können alle Interessierten die Angaben zum tibetischen Quellenmaterial lesen und sich so selbst vergewissern, wenn sie dies wünschen. Viele der hier benutzten Begriffe sind in meinem früheren Buch *Übung der Nacht*, das im selben Verlag erschienen ist, genauer erklärt.

Dieses Buch enthält eine geballte Ladung an Information. Daher mein Rat an den Leser: Hören Sie auf zu lesen, wenn Sie »voll« sind. Nehmen Sie sich Zeit, alles zu verdauen und das Gelesene anhand Ihrer eigenen Erfahrung zu überprüfen. Auf diese Weise werden die Lehren zu einem Teil Ihres Lebens.

Die Bön-Tradition

Da die meisten Menschen im Westen *Bön* nicht kennen, möchte ich an dieser Stelle eine kurze Einführung in diese Tradition und ihre Geschichte geben. Doch wie so oft in der Geschichte geistiger Traditionen, egal welchen Völkern bzw. welchen Ländern sie entstammen mögen, herrscht über die tatsächliche Vergangenheit nicht unbedingt Einigkeit. Die mündliche Überlieferung besagt, dass die Bön-Religion über 17 000 Jahre alt ist. Moderne Wissenschaftler hingegen halten sie für weit jünger. In jedem

Fall ist Bön die ursprüngliche Religion des tibetischen Volkes, in der viele seiner heutigen spirituellen Traditionen wurzeln.

Yungdrung Bön (Ewiges Bön) war der erste vollständige Pfad zur spirituellen Befreiung in Tibet. Er wurde von Buddha Tonpa Shenrab aus der Familie Mushen begründet. Sein Vater war Gyalbon Thokar, seine Mutter Yoche Gyalshema. Sie lebten in Tazig 'Olmo Lung Ring, das manche Gelehrte im Nordwesten Tibets ansiedeln, andere jedoch als Teil des mythischen Königreiches Shambhala betrachten.

Die Tradition berichtet von drei »Toren« oder Entstehungsorten des Bön. Das Erste war Tazig 'Olmo Lung Ring. Das Zweite lag in Zentralasien, möglicherweise im alten Persien. Die Historiker glauben, dass Bön in Zentralasien weit verbreitet war, bevor der Islam sich in dieser Gegend ausbreitete. Viele der alten Kultstätten und Verehrungsgegenstände, welche die Ausgrabungen dort zu Tage fördern, sind möglicherweise der Bön-Tradition zuzurechnen und nicht dem wesentlich jüngeren Buddhismus. Das dritte »Tor« war das Königreich von Shang Shung. Es umfasste einen Großteil des westlichen Tibet. Die Lehren entstanden zuerst in Tazig 'Olmo Lung Ring und breiteten sich dann in Zentralasien sowie später in Shang Shung bzw. Tibet aus.

Die Legende berichtet, dass Tonpa Shenrab ins südliche Tibet kam, um nach Pferden zu suchen, welche die Dämonen ihm gestohlen hatten. Er besuchte den Heiligen Berg Kong-po, der heute noch von den Bön-Pilgern entgegen dem Uhrzeigersinn umschritten wird. Als Tonpa Shenrab im Süden Tibets ankam, fand er dort ein unterentwickeltes Volk vor, das die Geister mit Tieropfern zu besänftigen pflegte. Er machte den Tieropfern ein Ende und lehrte die Menschen, statt der Tiere Gerstenmehl zu opfern, was die Tibeter aller Traditionen heute noch tun.

Wie alle Buddhas lehrte auch Tonpa Shenrab so, wie es der Aufnahmefähigkeit seiner Zuhörer entsprach. Da die Menschen von Shang Shung noch nicht die Voraussetzungen erfüllten, die allerhöchsten Lehren aufzunehmen, unterrichtete er sie im niedrigeren Fahrzeug, das heißt in den Lehren des Schamanismus, und betete, dass sie sich durch Eifer, Hingabe und Fleiß auf die höheren Lehren des *Sutra*, *Tantra* und Dzogchen vorbereiten mögen. Und letztendlich erreichten alle Lehren von Buddha Tonpa Shenrab das Königreich Shang Shung.

Jahrhunderte später wurden unter der Herrschaft des zweiten tibetischen Königs, Mu Khri Tsenpo, viele der tantrischen und Dzogchen-Belehrungen aus der Sprache Shang Shungs ins Tibetische übersetzt. Obwohl diese Lehren in mündlicher Überlieferung schon seit Jahrhunderten in Tibet existierten, wurden sie so zum ersten Mal schriftlich in tibetischer Sprache niedergelegt. Lange Zeit dachten die westlichen Gelehrten, Shang Shung und seine Sprache hätten nur im Reich des Mythos existiert. Mittlerweile aber findet man immer mehr Schrift-Fragmente aus Shang Shung, sodass mittlerweile das Gegenteil bewiesen ist.

Die ersten sieben tibetischen Könige sollen gestorben sein, ohne einen Körper zu hinterlassen, was ein Zeichen für ein hohes Maß an spiritueller Verwirklichung ist. Man glaubt, sie hätten den so genannten »Regenbogenkörper« (tib. *'ja 'lus*) erreicht, was ein Zeichen für die speziell durch Dzogchen-Übungen erreichte Erleuchtung ist. Das würde bedeuten, dass die Dzogchen-Lehren zu jener Zeit in Tibet bereits existierten. Buddhistische Gelehrte nehmen an, dass das Dzogchen sich von Indien her nach Tibet ausbreitete, und tatsächlich spricht auch die Bön-Tradition von einer Überlieferungslinie, die aus Indien kam. Doch der Großteil der tibetischen Dzogchen-Lehren stammt aus Shang Shung.

Die wichtigsten Bön-Lehren werden in den Neun Wegen, auch bekannt als die Neun Fahrzeuge, zusammengefasst. Dies sind neun Abstufungen der Lehren. Jede davon hat eine eigene Sicht sowie eigene Meditationspraktiken und zielt damit auf ganz spezielle Ergebnisse ab. In den »niederen Fahrzeugen« geht es um Medizin, Astrologie, Zukunftsschau und so weiter.

Darüber stehen die Sutra- und Tantra-Lehren. Das höchste Fahrzeug sind die Dzogchen-Lehren, die Belehrungen über die Große Vollkommenheit. Von diesen Neun Wegen gibt es drei regionale Varianten, die man als Südlichen, Zentralen und Nördlichen Schatz bezeichnet. Die schamanischen Techniken, die hier vorgestellt werden, stammen in erster Linie aus dem Südlichen Schatz. Der Zentrale Schatz steht den buddhistischen Lehren der Nyingma-Schule sehr nahe, der Nördliche Schatz ist leider verloren gegangen. Jede dieser drei Regionaltraditionen enthält bestimmte Aspekte der Sutra-, Tantra- und Dzogchen-Lehren. Außerdem gibt es als Quelle noch eine 15-bändige Textsammlung, welche die Lebensgeschichte des Buddha Tonpa Shenrab beinhaltet.

Chinesische Statistiken zeigen, dass Bön seiner Verbreitung nach die zweitwichtigste Religion in Tibet ist. Bön-Priester sind über das ganze Land verteilt. Die alten Lehren werden heute noch sowohl von Mönchen bzw. Nonnen als auch von Laien praktiziert. Sogar im 20. Jahrhundert gab es Bön-Meister, die den Regenbogenkörper erlangt haben. Dies ist das höchste Zeichen der letztendlichen Verwirklichung im Dzogchen. Zum Zeitpunkt seines Todes lässt der Praktizierende, der einen hohen Grad an Realisation erlangt hat, die fünf gröberen Elemente los, aus denen der Körper besteht. Er oder sie löst sie in ihre Essenz auf, in reines, elementares Licht. Während dieses Vorgangs verliert sich die materielle Form des Körpers in einem wunderbaren Reigen vielfarbigen Lichts, das wir Regenbogenkörper nennen. Manchmal bleibt vom toten Körper überhaupt nichts zurück, manchmal nur Haare und Nägel. In jedem Fall ist der Regenbogenkörper ein Zeichen dafür, dass der Praktizierende die höchste Ebene der Verwirklichung erlangt hat und den Dualismus von Materie und Geist bzw. Leben und Tod überwunden hat.

Nachdem die Chinesen Tibet besetzt hatten, begann ein sehr strenges Trainingsprogramm für Bön-Mönche im Menri-Kloster in Dolanji, Indien, und im Tritsen-Norbutse-Kloster in Kathmandu, Nepal. Dies war vor allem der außerordentlichen Anstrengung solcher Persönlichkeiten wie Seiner Heiligkeit Lungtok Tenpa'i Nyima Rinpoche sowie dem Lopön (Meditationsmeister) Tenzin Namdak Rinpoche und vielen älteren Mönchen zu verdanken. Die Ausbildung schloss mit dem Grad eines Geshe ab, einer Art Doktorwürde, die lange Studien voraussetzt. Die erste Klasse, die außerhalb Tibets ausgebildet wurde, machte 1986 ihren Abschluss. Ich war einer von ihnen.

Viele der Bön-Traditionen gingen ebenso wie die tibetisch-buddhistischen Traditionen unter der Herrschaft der Chinesen in Tibet verloren. Andere sind vom Untergang bedroht. Andererseits haben sowohl der tibetische Buddhismus als auch das Bön mittlerweile in Indien und Nepal Fuß gefasst, von wo aus sie sich in der ganzen Welt verbreiten.

Wie viele Leser vielleicht wissen, gibt es auch unter den Praktizierenden des tibetischen Buddhismus viele Missverständnisse, die die Bön-Tradition betreffen. Bön erlitt dasselbe Schicksal wie alle indigenen Religionen. Ähnliches geschah vor Hunderten von Jahren in Europa, als das sich ausbreitende Christentum die schamanischen Urkulte verdrängte. Wenn eine neue Religion auf den Plan tritt, versucht sie häufig, Anhänger zu gewinnen, indem sie die etablierten Glaubensformen als minderwertig darstellt, um so die Menschen zu überzeugen, dass diese alten Formen überwunden werden müssten.

Ich habe festgestellt, dass viele Tibeter, auch hohe Lamas, welche die Bön-Tradition nicht aus eigener Anschauung kennen, leichtfertig negative Urteile über diese Religion äußern. Diese Haltung kann ich nicht verstehen. Natürlich trifft diese Art von Vorurteil nicht nur die Bön-Religion. Auch viele Schulen innerhalb des tibetischen Buddhismus werden auf diese Weise zum Opfer von Vorurteilen. Diese Anmerkungen sind vor allem für die jetzigen Schüler des Bön gedacht. Ich möchte, dass sie über diese Tatsache Bescheid wissen, bevor sie selbst mit derartigen

Vorurteilen konfrontiert werden. Ich hoffe sehr, dass jetzt, wo die tibetische Form der Spiritualität sich allmählich über die ganze Welt verbreitet, die Begrenztheit solchen Denkens ein für alle Mal ein Ende findet.

Glücklicherweise gibt es auch viele tibetische Buddhisten, Laien, Mönche und hohe Lamas, die sich dem ökumenischen Gedanken verpflichtet fühlen, der sich im Tibet des 19. Jahrhunderts ausbreitete. Ihr Bestreben ist es, Toleranz und Verständnis unter den einzelnen spirituellen Schulen zu fördern. Damit stehen sie unter dem Schutz von Seiner Heiligkeit, dem 14. Dalai Lama, der Bön als eine der fünf wichtigsten spirituellen Traditionen Tibets anerkannt hat. Er hat die Arbeit von Seiner Heiligkeit Lungtok Tenpa'i Nyima Rinpoche und Lopön Tenzin Namdak Rinpoche immer wärmstens unterstützt und gefördert. Er bat sie persönlich darum, das Erbe des alten Bön zu bewahren, damit dieser Schatz auch künftig allen Tibetern zur Verfügung stehen möge.

Die Menschen im Westen stehen dem Bön offen gegenüber, wenn sie erst mehr darüber wissen. In den Texten und Übungen finden sie Studium und Praxis, Glauben und kritische Vernunft gleichermaßen angesprochen. Das Bön, das sich in Zeiten entwickelt hat, in denen es keine schriftliche Überlieferung gab, bietet Gelegenheit zu schamanischer Praxis ebenso wie zu philosophischen Auseinandersetzungen. Die klösterliche Tradition hat darin ebenso Platz wie yogische Übungen, tantrische Übertragungen und die höchsten Lehren der Großen Vollkommenheit. Obwohl dieses Buch in erster Linie für den Praktizierenden gedacht ist, hoffe ich, dass ich den Lesern damit auch einen Einblick in den ungeheuren Reichtum und die Tiefe der spirituellen Tradition des Bön geben kann.

Die Übungen des spirituellen Weges zeitigen, wenn sie korrekt verstanden und angewendet werden, konkrete Resultate. Diese wiederum stärken den Glauben. Wenn der Glaube stark und auf innere Sicherheit gegründet ist, ermutigt er zur Praxis. Glaube und Praxis führen zu Weisheit und Glück. Es ist mein aufrichtiger Wunsch, dass dieses Buch dem Wohlergehen und dem spirituellen Fortschritt aller seiner Leser dienen möge.

DIE ELEMENTE

In der tibetischen Kultur stellen die fünf Elemente – Erde, Wasser, Feuer, Luft und Raum – die grundlegende »Substanz« dar, aus der alle Dinge und Prozesse entstehen. So zieht sich die Beschäftigung mit ihrem Zusammenspiel durch das gesamte tibetische Denken. Medizin, Astrologie, Kalenderkunde und Psychologie bauen auf dem Wissen um die Elemente auf, und auch in den spirituellen Traditionen des Schamanismus, des Tantra und des Dzogchen spielen die fünf Elemente eine wichtige Rolle.

Dabei gelten die Bezeichnungen der Elemente als symbolisch. Sie beziehen sich auf bestimmte Eigenschaften und Aktionsweisen, die man aus dem Auftreten der Elemente in der Natur ableitet. Wie die meisten Kulturen nutzt auch die tibetische die Elemente in ihrer materiellen Erscheinungsform als tief greifende Bilder, mit denen innere und äußere Kräfte beschrieben werden. So ordnet man den Elementen bestimmte physikalische Eigenschaften zu: Erde steht für Festigkeit, Wasser für Zusammenhalt, Feuer für Wärme, Luft für Bewegung und Raum für die Dimension, innerhalb derer die anderen vier Elemente existieren. Darüber hinaus assoziiert man mit den Elementen bestimmte Emotionen, Temperamente, Himmelsrichtungen, Farben, Geschmacksrichtungen, Konstitutionstypen, Krankheiten, Denkmuster und Charaktereigenschaften. Aus den fünf Elementen entstehen die fünf Sinne sowie die fünf Bereiche der sinnlichen Erfahrung, die fünf negativen Emotionen und die fünf Weisheitslichter sowie die fünf »Glieder« des Körpers. Es gibt fünf Formen von *Prana* oder Lebensenergie. Aus ihnen besteht jede physische, sinnliche, mentale und spirituelle Erscheinung.

Auch die westliche Kultur kennt den Einsatz der Elemente auf symbolischer Ebene: So kann ein Mensch erdverbunden sein oder feurig. Wenn wir genug Geld haben, sind wir »flüssig«, und wenn jemand die Bodenhaftung verliert, nennen wir ihn »Luftikus« oder bezeichnen ihn als »abgespaced«. Leidenschaft kann »heiß« sein, der Zorn aber »kalt«.

In der tibetischen Kultur jedoch haben die Elemente keineswegs nur sinnbildlichen Wert. Ganz im Gegenteil: Die natürlichen Elemente stehen konkret für die fünf subtilen Formen der grundlegenden Energie des Seins. Es gibt nichts, in welcher Dimension auch immer, das nicht aus dem Zusammenspiel dieser fünf energetischen Aspekte entstanden wäre bzw. entsteht. Die elementaren Prozesse schaffen das Universum, sie erhalten und zerstören es. Dasselbe gilt für das Individuum. Bei der Geburt erschafft das Zusammenwirken der Elemente Körper, Geist und Persönlichkeit. Diese hören im Tod auf zu existieren, wenn die Elemente sich langsam ineinander auflösen. Und während des Lebens bestimmt die Beziehung eines Menschen zu den Elementen die Qualität der Erfahrungen, die er machen wird.

Doch diese Vorstellungen nützen uns wenig, wenn wir uns nur darauf beschränken, alles Existierende nach abstrakten Kriterien in fünf verschiedene Kategorien aufzuteilen. Die Idee der Elemente erhält erst dann Sinn, wenn wir sie auf unsere Erfahrung beziehen und sie dazu einsetzen, unsere Lebensqualität zu verbessern. Doch bevor wir dazu übergehen, sollten wir uns mit den Elementen vertraut machen, indem wir uns mit Hilfe von Bildern und Symbolen mit ihnen beschäftigen.

Unser menschlicher Körper hat sich über Hunderttausende von Jahren aus dem Zusammenspiel mit seiner natürlichen Umwelt entwickelt. Dies zeigt sich sehr deutlich in der tiefen Befriedigung, welche die meisten von uns empfinden, wenn wir die Schönheit der Natur genießen. Der Kontakt mit der Natur kann beleben und heilen. Wir genießen die Klarheit des Wüstensandes ebenso wie die fruchtbare Erde in unserem Garten. Wir machen

Ferien am Meer oder an einem See. In der Badewanne kann sich fast jeder entspannen. Der helle Schein einer Flamme versetzt uns in träumerische Stimmung. Und die Wärme der Sonne bzw. des Kaminfeuers tut unserer Seele gut. Wir atmen tief ein, um Ruhe zu finden. Ein Seufzen entringt sich unseren Lippen: Unsere Belastungen machen sich Luft. Wir fahren in die Berge, damit die reine Luft uns stärkt. Und der Himmel, das sichtbare Symbol des Raumes, fasziniert uns seit jeher: Farbe, Atmosphäre, Wetter und das Licht, das ihn durchdringt, fesseln unsere Aufmerksamkeit. Im weiten, offenen Raum lassen wir los, wohingegen enge, gemütliche Räume uns ein Gefühl der Sicherheit verleihen. Und doch kann beides auch Angst machen. Auf die eine oder andere Weise reagiert jeder Mensch auf die Elementarkräfte.

Werden wir einer Elementarkraft beraubt, leiden wir sehr darunter. In der Wüste begrüßen wir überglücklich die Quelle. Waren wir lange auf See, küssen wir den Boden an Land. Ist es kalt, sehnen wir uns nach einem warmen Feuer. Auf einer grundlegenden, instinktiven Ebene beeinflussen uns die fünf Elementargewalten zutiefst, doch normalerweise verlieren wir uns im oberflächlichen Kontakt mit diesen Kräften. Wir merken gar nicht, dass die Begegnung mit den Elementen uns mit der heiligen Dimension des Lebens verbinden kann. Sie schenkt uns Heilung, inneres Gleichgewicht und mehr Verständnis für uns selbst.

Fünf Elemente scheint ein bisschen wenig für die ungeheure Vielfalt der Dinge und Wesen im Universum. Doch diese fünf Elemente sind nur die fünf Hauptkräfte, die sich in immer subtilere Erscheinungsformen aufgliedern.

Beispielhaft lässt sich dies am Körper veranschaulichen. Der Mensch hat fünf »Glieder«: zwei Beine, zwei Arme und den Kopf. Doch jedes dieser einzelnen Glieder »verzweigt« sich in fünf weitere: Arme und Beine in fünf Finger bzw. Zehen, der Kopf in die fünf Sinnesorgane.

Traditionell werden die Muskeln mit der Erde gleichgesetzt, Blut und andere Körperflüssigkeiten mit dem Wasserelement, die elektrischen und chemischen Körperabläufe sowie der Stoffwechsel mit Feuer, während Atem, Sauerstoff und andere Gase das Wirken des Luftelements anzeigen. Das Element des Raumes zeigt sich in dem Raum, den der Körper einnimmt, in den Räumen innerhalb des Körpers und im Bewusstsein selbst. Doch diese fünf Elemente können ebenso wieder nach elementaren Kategorien unterteilt werden: So findet sich im Körpergewebe zum Beispiel Festigkeit (Erde), Zusammenhalt (Wasser), Wärme (Feuer), Bewegung (Luft) und Empfindung bzw. Gewahrsein (Raum). Dieselbe Einteilung kann auf das Blut angewandt werden: Auch dieses verfügt über feste und flüssige Anteile, über Wärme und Bewegung. Außerdem nimmt es Raum ein. Diese Unterteilungen kann man immer weiter verfolgen, so lange, bis man bei den fünf essenziellen Elementarkräften angekommen ist.

Das Zusammenwirken der fünf Elemente ist aber nicht nur für einzelne Erscheinungen verantwortlich, zum Beispiel für den menschlichen Körper, die Planeten, die Bäume oder die Software unserer Computer. Aus ihm entstehen alle *Existenzbereiche* in allen Dimensionen. Die Dynamik der fünf Elemente liegt der Vielfalt aller Seinsformen zu Grunde.

Die drei Ebenen spiritueller Praxis

Wie die Elemente bei der spirituellen Praxis eingesetzt werden, hängt davon ab, auf welcher Ebene wir uns ihnen nähern: auf der schamanistischen, tantrischen oder Dzogchen-Ebene, anders gesagt: auf der äußeren, inneren oder geheimen Ebene.

Die äußere Ebene

Auf dieser Ebene haben wir zunächst einmal mit der sinnlichen Erfahrung der Elemente zu tun: Wir spüren die Erde. Wir trinken Wasser, wärmen uns am Feuer, atmen die Luft ein und bewegen uns im Raum. Darüber hinaus aber nehmen wir auf dieser Ebene auch Kontakt zu den geistigen Kräften auf, die sich in den Elementen niederschlagen. Dazu gehören Göttinnen (siehe *Khandro*), Elementargeister und andere Wesen. In der tibetischen Kultur arbeitet man häufig mit diesen Wesen zusammen. Dies meine ich, wenn ich von »Schamanismus« spreche, obwohl es ein solches Wort in der tibetischen Sprache nicht gibt.

Die tibetische Tradition der Arbeit mit den Elementargeistern hat ihren Ursprung im Bön, auch wenn sie mittlerweile die gesamte tibetische Kultur durchdringt. Tibetische Beamte und hohe Lamas aller Schulen treffen ihre Entscheidungen, indem sie menschliche oder nicht-menschliche Orakel befragen. Die Tibeter sprechen hier jedoch nicht von »schamanischen Praktiken«, weil sie den Schamanismus mit Tieropfern und anderen primitiven Riten in Verbindung bringen. Was ich hier präsentiere, hat mit solchen Dingen nicht das Geringste zu tun. Die hier vorgestellten Methoden gehören zu den ersten vier der neun Ebenen spiritueller Unterweisungen, wie sie im Südlichen Schatz der Bön-Tradition vorgestellt werden, einem bedeutenden Zyklus von Lehrtexten der Bön-Meister.

Die innere Ebene

Die innere Ebene betrifft die Energie der Elemente und nicht mehr ihre äußere Gestalt. Im Körper sind dies die physikalischen Energien, die dafür sorgen, dass unser Blut durch die Adern gepumpt bzw. die Nahrung verdaut wird und unsere Neuronen für die Weiterleitung von Informationen sorgen. Auch die subtilen Energien, die unsere Fähigkeiten und unseren Gesundheitszustand bestimmen, sind hier gemeint. Einige dieser subtilen Energieströme finden mittlerweile auch im Westen Anerkennung. So studiert man vermehrt die östliche Medizin und ihre Vorstellung von Energiebahnen, wie sie sich in der Akupunktur zeigt. Auch Therapieformen, bei denen elektrische Schwingungen eine Rolle spielen, beruhen auf solchen Modellen. Doch es gibt noch subtilere Arten der Energie, die mit physikalischen Geräten gar nicht gemessen werden können, obwohl ein Mensch, der über lange Zeit hinweg yogische oder meditative Übungen durchgeführt hat, sie spüren kann. Diese Art der Elementarkräfte ist natürlich nicht nur innerhalb des Körpers vorhanden. Erfahrene Feng-Shui-Praktiker erkennen sie auch in der Umgebung des Menschen. Daraus entstand die hoch entwickelte Kunst des korrekten Platzierens bestimmter Objekte. Andere Formen nicht messbarer Energie sind zum Beispiel alle Arten von Massenphänomenen wie das Verhalten von Gruppen oder ganzen Völkern (Nationalismus). Mit solchen Energien arbeitet man im Tantra. Dabei wird die subtile Energie im Körper durch bestimmte Übungen bewusst gelenkt. Man konzentriert sich auf Atem, Körperhaltung, Visualisierung und Mantras. Der tantrische Weg betrachtet die Energien als göttliche Kräfte.

Die geheime Ebene

Die geheime Ebene der Elemente betrifft ihre Bedeutung jenseits des dualen Denkens, weshalb sie naturgemäß mit Worten schwer zu beschreiben ist, teilt doch die Sprache das Kontinuum der Erfahrung in benennbare Objekte ein. Die subtilste Form der elementaren Energien ist das ursprüngliche Licht des Seins, die Fünf Reinen Lichter. Sie sind Aspekte der Klarheit der Natur des Geistes, die untrennbar mit der Leerheit verbunden ist. Zusammen bilden sie die Grundlage jeglicher Erfahrung. Die Methoden und Belehrungen, die sich auf diese Ebene beziehen, nennt man Dzogchen, die Große Vollkommenheit.

Natürlich ist auch die Einteilung dieser drei Ebenen rein gedanklicher Natur. Das sollten wir nicht vergessen, wenn wir dieses Buch lesen. Dann geraten wir nicht in Gefahr, äußere, innere und geheime Ebene der Lehren als getrennte Einheiten zu betrachten. Schamanische Methoden, Tantra und Dzogchen schließen sich keineswegs aus. Dass der Mensch sich dies so selten klar macht, ist für viele absurde Vorstellungen in unserer Welt verantwortlich: Religionen, die den Körper nicht achten bzw. ihm misstrauen; Kulturen, die den heiligen Charakter der Erde nicht anerkennen; Menschen, die nach Reichtum streben, ohne ihrer Seele Nahrung zu geben. Alles Leben ist gleich wichtig. Alles Leben stammt gleichermaßen von den geheiligten Elementen ab.

Wir nennen die Sichtweise des Dzogchen die »letztendliche Sicht«, weil sie alle anderen in sich vereint. Dies bedeutet aber nicht, dass die Erkenntnisse der »unteren« Ebenen vernachlässigt werden dürften. Zu glauben, dass alles substanzlose Lichthaftigkeit ist, heißt ja nicht, dass wir durch die Wand marschieren können. Die höchste Praxis ist daher immer diejenige, welche die besten Ergebnisse zeitigt, nicht die, welche anhand gedanklicher Kategorisierungen als »höchste« betrachtet wird.

Die Verbindung zum Heiligen suchen

Im Schamanismus, im Tantra und im Dzogchen gelten die Elemente gleichermaßen als geheiligt. Sie sind die grundlegenden Kräfte des Seins. Da sie heilig sind, ist alles, was aus ihnen entsteht – also alles Existierende – ebenfalls heilig. Unsere natürliche Umgebung ist ebenso heilig wie der Körper. Innen wie außen – die Elemente entstehen gemeinsam aus derselben Quelle. Die Wärme der Sonne und die des Herzens unterscheiden sich vielleicht quantitativ, aber nicht qualitativ. Das Wasser der Ozeane ist dasselbe, das in unserem Körper fließt. Unser Körpergewebe besteht aus denselben Elementen wie die Erde und kehrt am Ende zur Erde zurück. Die Luft in unseren Lungen ist dieselbe Luft, die den Flug des Falken trägt. Der Raum, in welchem unser Universum sich ausbreitet, ist derselbe wie der, in dem unser Wohnzimmersofa steht. Derselbe Raum, in dem unsere Gedanken entstehen. Ein heiliger Raum. Alles, was im Raum existiert – ob substanzhaft oder ohne Substanz, ob materiell oder geistig –, besteht aus den Elementen.

Da die Elemente im Körper heilig sind, ist das Bewusstsein, das aus ihnen entsteht, ebenfalls heilig. Weisheit oder Leidenschaft, Traum oder Albtraum, die lebendige Erfahrung aller Wesen ist nichts anderes als das Spiel der reinen Elemente im Gewahrsein. Denn auch das letztendliche Gewahrsein ist mit den fünf Elementen verbunden. Es ist die reinste und subtilste Ebene der Elemente, wenn sie im vollkommenen Gleichgewicht sind, die Quintessenz der strahlend klaren Grundlage des Seins.

In der Geschichte des Westens ist das Gefühl der Verbundenheit mit dem Heiligen für viele Menschen verloren gegangen. Wenn wir jedoch die Beziehung des Schamanen zur Natur beobachten oder die des Tantra-Übenden zu den Gottheiten, werden wir Zeugen dieser Verbindung. Manchmal lesen wir auch darüber. Bedauerlicherweise haben wir selbst häufig keine solche Beziehung in unserem Leben.

Fragen Sie sich, was der Begriff »heilig« für Sie bedeutet. Welche Ihrer Beziehungen würden Sie als heilig betrachten? Wenn Sie solch eine Verbundenheit kennen: Wurzelt sie in Ihrer eigenen Erfahrung des Heiligen oder tun Sie einfach nur, was Sie von anderen gelernt haben? Was ist in Ihrem Leben wahrhaft heilig?

Ohne die innere Erfahrung des Heiligen ist es schwierig, eine feste religiöse Überzeugung zu entwickeln. In Tibet heißt es: Wenn du deinen Meister wie einen Hund behandelst, sind die Lehren nicht mehr wert als ein fauler Knochen. Behandelst du ihn wie einen Freund, dann sättigen sie dich wie frisches Obst. Ist dein Meister für dich aber wie ein Gott, dann werden die Lehren zu göttlichem Nektar. Dasselbe gilt für unsere Beziehung zur Natur: Sehen wir die Natur als mechanische Abfolge lebloser Prozesse, kann sie uns schlechterdings kein Leben schenken. Wenn wir unseren Körper wie eine Maschine behandeln, wird er wie eine Maschine reagieren. Betrachten wir Religion als pures Fantasiegebilde, dann gibt sie uns so viel inneren Halt wie eine Fata Morgana. Sehen wir aber die Natur als lebendig, voll von Geistern und Elementarwesen, dann spricht sie zu uns. Betrachten wir den Körper als göttlichen Palast, als Ergebnis einer Vielzahl positiver Handlungen unsererseits, wie die Tantriker dies tun, oder als ideales »Fahrzeug« auf dem Weg zur Erleuchtung, dann wird uns dieses Fahrzeug die Überwindung des Todes ermöglichen. Sehen wir den *Dharma*, die Lehren, als heilig, weisen sie uns den Weg zur Wahrheit, da dies die Aufgabe des Dharma ist. Und gelingt es uns schließlich, die Elemente, d. h. unsere Umwelt, unseren Körper und unseren Geist, als heilig zu sehen, dann nehmen auch sie diese Qualität an. Dies ist kein simpler psychologischer Trick. Vielmehr lernen wir so, unsere wahre Situation zu akzeptieren.

Unsere Beziehung zum Heiligen betrifft natürlich auch uns selbst. Wenn wir sie wieder aufleben lassen, dann finden wir zurück zu dem Heiligen in uns. Schamanen, die eine enge Beziehung zur Erde haben, finden in sich die Verbindung zu allem Leben, zu den Kräften, welche die Welt beherrschen. Die Hingabe an die Meditationsgottheit eines tantrischen Praktizierenden führt am Ende zur Erkenntnis, dass die Gottheit das eigene Selbst ist. Auch im Guru Yoga sucht der Schüler nach dem Meister in sich. Die Erfahrung des Heiligen zeigt sich häufig in unserer Reaktion auf äußere Ereignisse, doch was das Heilige im Außen erkennt, ist das Heilige in uns.

Wir stehen mit der ganzen Welt in Verbindung. Genau das bedeutet Leben: Verbundenheit mit allem. Häufig haben wir Freundschaftsbeziehungen, die uns stützen und helfen. Das ist auch gut so. Diese Beziehungen erfüllen uns als Menschen. Aber wenn wir keine heilige Beziehung zur Natur, zu bestimmten Menschen, religiösen Bildern, Mantras und so weiter aufbauen, dann heißt dies, dass dieser Aspekt unseres Lebens langsam, aber sicher abstirbt. Vielleicht ist er auch einfach begraben oder wir hatten noch nie die Gelegenheit, diese Seite des Daseins zu entdecken. Wir konnten ihr bisher keinen Ausdruck verleihen oder sie verstärken. Sie taucht in unserer inneren Erfahrung nicht auf, weil wir in der Außenwelt dafür keine Entsprechung gefunden haben. Nichts hat diese Seite in uns erweckt, nichts sie genährt. Also verschwindet sie aus unserem Leben und am Ende aus unserer Kultur. Sie wird zum abstrakten Gegenstand, reduziert auf mythologische oder psychologische Aspekte.

In der modernen Welt ist es leicht, das Gefühl für das Heilige zu verlieren. Viele von uns leben ohne jeden Kontakt mit den Kräften der Natur. Wir kennen nur ihre gezähmte Version in den Parks oder Gärten. Über den hell erleuchteten Städten ist der Nachthimmel nicht länger mehr dunkel und weit. Unsere Häuser haben Klimaanlagen. Viele Menschen haben längst den Glauben an die Religion verloren und existieren in einer Welt, in der das Leben auf eine simple chemische Formel reduziert wird. Für sie sind Sterne einfach nur strahlende Materie und das Leben endet mit dem Tod des Körpers. Die Gesellschaften im Westen haben großartige Technologien entwickelt. Wissenschaft und Kunst erreichen hier ein hohes Niveau. Doch die Menschen leben in einer toten Welt. Um Befriedigung zu empfinden, brauchen sie Unterhaltung. Das ist traurig, ein unnötig hoher Preis für den Fortschritt.

Das mangelnde Gefühl für das Heilige kann auf dem spirituellen Weg zu einem ernsthaften Hindernis werden. Wir lernen etwas – wie die Körperübungen in diesem Buch – und fühlen uns besser. Doch wir nehmen diese Übungen einfach als Wohlfühltechnik wie Spazierengehen oder Rad fahren.

Die schamanischen Methoden halten wir für psychologische Symbole, mit denen wir mechanisch versuchen, innere Prozesse zu beeinflussen. Brauchen wir aber wirklich Hilfe, dann werden wir uns kaum an etwas wenden, dem wir einen rein psychologischen Wert zumessen, weil wir instinktiv spüren, dass wir mehr sind als nur das. Bauen wir jedoch eine heilige Beziehung auf – zu den Elementen, den Gottheiten, dem spirituellen Lehrer oder den Unterweisungen –, wenden wir uns damit an etwas, das größer ist als wir selbst, größer als all unsere Probleme. Wir wenden uns an etwas Heiliges, das stärker ist als unsere Depression, Angst oder Enttäuschung, das tiefer geht als unser Selbsthass.

Wenn wir den größten Teil unseres Lebens mit Beziehungen zubringen, die von Misstrauen, Wut, mangelnder Achtung und Ähnlichem geprägt sind, wirkt sich das auf jeden Aspekt unseres

Lebens aus. Mit einem Mal sehen wir alles in schlechtem Licht. Ist unser Leben jedoch von heiligen Beziehungen erfüllt, dann wird es dadurch auch positiv beeinflusst. Unsere negativen Gefühle wachsen erst gar nicht so stark an. Und wir beginnen, den heiligen Kern in jedem Wesen zu sehen.

Das Tor zum Heiligen wird weit aufgestoßen, wenn wir Glauben und Dankbarkeit entwickeln. Daher ist es gut, über die Überlieferungslinie der Unterweisungen nachzudenken, über die Männer und Frauen, die Jahrhunderte vor uns diesem Pfad folgten. Sie erreichten ihr Ziel, weil sie den Pfad als heiligen Weg ins Herz ihres Selbst und der Welt betrachteten. Nun ist die Reihe an uns. Wir haben Glück, dass wir uns für spirituelle Dinge interessieren und auf Lehren einer noch lebendigen Tradition gestoßen sind, die uns ansprechen. Wenn wir unser Herz und unseren Geist den Lehren öffnen, öffnen wir uns für viele Dimensionen. Wir nehmen die heiligen Energien auf, die uns heilen und segnen. Unser Wohlbefinden wird immer weniger abhängig von äußeren Umständen. Die Welt wird weiter für uns, wenn wir sie als lebendig erkennen. Sie ist nicht mehr nur tote Materie, wie sie das für all jene ist, die den Geist leugnen. Andererseits ist sie auch nicht unrein, wie sie jenen erscheint, die dem dualistischen Denken vertrauen. Wir nehmen Verbindung auf zum Heiligen, zu den kreativen Energien, deren Spiel das Leben selbst ist.

Aber wie können wir unsere Erfahrung des Heiligen stärken? Indem wir uns daran erinnern, dass die Quelle, aus der alles Existierende entsteht, heilig ist, dass Raum und Licht heilig sind. Jede Erscheinung ist schön, wenn wir unsere Vorurteile fallen lassen und in ihr die vibrierende, strahlende Natur der Phänomene erkennen. Denken Sie daran, dass jedes Wesen Buddha-Natur besitzt. Alle religiösen Traditionen stellen die Verbindung zum Heiligen her. Verbringen Sie mehr Zeit in der Natur, an Orten, die Ihnen am Herzen liegen. Öffnen Sie sich für die Schönheit der Umgebung. Beginnen Sie jede Meditationssitzung mit einem Gebet, bei dem Sie Ihr Herz öffnen. Und am Ende jeder Übung widmen Sie sich und Ihr Tun dem Wohlergehen aller Wesen. Konzentrieren Sie sich auf die Praxis. Sie hilft Ihnen, das Leiden all jener, die Ihnen wichtig sind, zu lindern. Spirituelle Praxis hilft allen, nicht nur uns selbst. Betrachten Sie den Nachthimmel, wenn Sie die Sterne sehen können. Spüren Sie die Grenzenlosigkeit und Größe des Universums. Vergegenwärtigen Sie sich die ungeheure Vielschichtigkeit Ihrer körperlichen Prozesse, all die geheimnisvollen Kreisläufe, die Ihre Existenz sichern. Erweitern Sie Ihren Horizont, dann stoßen Sie ganz von selbst auf die Mysterien, die so viel größer sind als unsere Alltagssorgen, dass sie uns Ehrfurcht einflößen. So verläuft die Begegnung mit dem Heiligen.

Wenn wir mit den Elementen arbeiten, arbeiten wir mit dem absoluten Grund von Erfahrung und Erfahrendem. Sich der Elemente in der Natur bewusst zu werden, ihrer Schönheit und ihres Zusammenspiels, Teil des heiligen Elementartanzes zu werden, bedeutet, die lebendige Welt zu erkennen, die voller Möglichkeiten, voller Geheimnis steckt.

Die Fünf Reinen Lichter

Die subtilste Dimension der fünf Elemente heißt auch die Fünf Reinen Lichter. In der Dzogchen-Tradition gibt es viele Texte, die Unterweisungen zu den Elementen erteilen. Aus dem *Zhang Zhung Nyan Gyud* (Mündliche Überlieferung von Shang Shung), dem wichtigsten Dzogchen-Lehrzyklus der Bön-Tradition, habe ich zwei Texte ausgewählt, die diese Thematik detailliert behandeln: *Die Sechs Lampen* (tib. *Sgron-ma drug*) und *Der Spiegel des Klaren Geistes* (tib. *'Od-gsal sems-kyi me-long*). In einem der Texte wird mit Hilfe einer Geschichte erläutert, wie die Elementarenergien als substanziell wahrgenommen werden, obwohl sie für sich reines Licht bleiben. Darüber hinaus wird erklärt, dass der Mensch im Bardo, im Zwischenzustand zwischen Leben und Tod, die Wahl zwischen den Illusionen von *Samsara* und der Freiheit des *Nirwana* hat. Letztlich geht es darum, was in jedem Moment des Lebens getan werden kann, um sich aus den Fesseln der karmischen Sicht zu befreien und im natürlichen Zustand des Geistes zu verharren. Im Folgenden finden Sie eine kurze Zusammenfassung dieses Lehrtextes:

Für jeden von uns beginnt alles mit dem ursprünglichen Raum, der Großen Mutter, aus dem alle Dinge entstehen, in dem alle Dinge existieren und in den alle Dinge vergehen. In diesem Raum kommt es zur Bewegung. Was diese Bewegung verursacht, ist nicht bekannt. Die Lehren sagen nur, dass »der Wind des Karma wehte«. Dies ist die Bewegung der subtilsten Ebene von *lung* bzw. Prana, der Energie, die den grenzenlosen Raum frei von allen Eigenschaften und Unterscheidungen durchdringt. Mit dem Fluss des Prana untrennbar vereint ist die Bewegung des ursprünglichen reinen Gewahrseins ohne jede Identität. Aus diesem reinen Gewahrsein entstehen die Fünf Lichter.

Die Fünf Lichter sind Aspekte der grundlegenden Klarheit. Sie sind die Fünf Reinen Lichter, die subtilste Form der fünf Elemente. Wir sprechen zwar über Licht und Farbe der Fünf Reinen Lichter, doch dies ist rein symbolisch gemeint. Die Fünf Reinen Lichter existieren auf einer subtileren Ebene als das sichtbare Licht. Daher können sie auch mit dem Auge nicht wahrgenommen werden. Sie sind subtiler als jede Energieform, die sich – mit welch ausgefeilten Mitteln auch immer – messen oder einfangen lässt. Die Fünf Reinen Lichter sind die Energien, aus denen alle anderen Energien, auch das sichtbare Licht, hervorgehen.

Das weiße oder farblose Licht ist Raum, das grüne Licht Luft, das rote Feuer, das blaue Wasser und das gelbe Licht ist Erde. Dies sind die fünf Aspekte der reinen Lichtnatur, die regenbogengleichen Energien der Einen Sphäre der Existenz (tib. *tigle nyag tschig)*, wie die nicht-duale Natur auch genannt wird.

Werden die Fünf Lichter nun auf dualistische Weise erfahren, d. h. als Objekte eines wahrnehmenden Subjekts, scheinen sie eine substanzhaftere Natur anzunehmen. Die Fünf Lichter gehen dabei nicht etwa auf eine gröbere Ebene über. Es sind die Verzerrungen der dualistischen Sicht des Individuums, die sie so erscheinen lässt. Je substanzhafter die Elemente sich präsentieren, desto stärker unterscheiden sie sich auch. Das daraus entstehende Zusammenspiel bringt alle Erscheinungen hervor, auch Subjekt und Objekt, die Grundlage aller dualistischen Erfahrung sind.

Schließlich erscheinen die Fünf Lichter als die konkreten, sichtbaren Elemente der Natur. Sie zeigen die fünf grundlegenden Eigenschaften der äußeren Wirklichkeit. Sie werden zu den verschiedenen Dimensionen des Seins, zu den Existenzbereichen, in denen formbehaftete und formlose Wesen existieren. Innerlich scheinen sie sich zu verdichten. Aus ihnen entstehen die Organe, die fünf Glieder des Körpers, die fünf Finger jeder Hand, die fünf Zehen an den Füßen, die fünf Sinne und die fünf Wahrnehmungsfelder, die zu ihnen gehören. Die Fünf Lichter werden zu den fünf negativen Emotionen, wenn es uns nicht gelingt, die Schleier von Samsara zu zerreißen, oder zu den fünf Weisheiten und den fünf Buddhafamilien, wenn wir ihre grundlegende Reinheit erkennen.

Bei dieser Schöpfungsgeschichte geht es aber keineswegs um etwas, das in grauer Vorzeit geschah. Sie illustriert vielmehr, wie wir als Menschen noch heute leben. Es geht dabei letztlich um Unwissenheit und Erleuchtung. Werden die Fünf Lichter als die nicht-duale, endlose Manifestation aus dem reinen Grund des Seins (tib. *kunzhi*) erkannt, beginnt das Nirwana. Werden die Fünf Lichter von einem dualistischen Standpunkt aus betrachtet, dann werden sie als äußerlich wahrgenommen, als Objekt, das dem wahrnehmenden Subjekt begegnet. Dies ist der Augenblick, in dem Samsara anfängt. Das Gewahrsein wird nicht verdunkelt oder erleuchtet. Es bleibt nicht-dualistisch und vollkommen rein. Doch die Eigenschaften, die in diesem grenzenlosen Raum auftauchen, können entweder positiv oder negativ sein. Wenn das Gewahrsein sich mit seinen reinen Eigenschaften identifiziert, entsteht aus der Grundlage des Seins ein Buddha. Identifiziert es sich mit seinen negativen Eigenschaften, kommt ein dem Kreislauf der Wiedergeburten unterworfenes Wesen zur Welt. Und dieser Prozess geht immer weiter – jetzt, in diesem Augenblick.

Je nachdem, ob unsere augenblickliche Wahrnehmung sich vor dem Hintergrund nicht-dualen Gewahrseins vollzieht oder ob wir weiter an der falschen Sicht von einem Selbst hängen, das mit äußeren Objekten und Wesen in Verbindung tritt, verweilen wir in der nicht-dualen Natur des Geistes oder sitzen seiner illusionsbehafteten Seite auf.

Die Geschichte von den Fünf Lichtern lehrt uns, wie wir mit unserer Erfahrung arbeiten können. Was sich in der Erfahrungswelt zeigt, beginnt gewöhnlich auf einer sehr subtilen Ebene und pflanzt sich dann auf den gröberen fort. Dies gilt für jeden Vorgang, an dessen Ende etwas Neues entsteht, gleichgültig, ob nun eine Idee geboren wird oder ein Planet. Der höchst materielle Körper eines Menschen beginnt mit dem immateriellen Begehren, das zum Sex führt, der wiederum zwei winzige Zellen zueinander führt, aus denen der gesamte menschliche Körper entsteht. Die Sprache wurzelt im reinen Laut, dem die Bedeutung folgt, aus der wiederum alle Philosophien, alle Sprachkunstwerke der Welt entstanden sind. Physiker berichten, die Erde sei aus reiner Energie entstanden, die sich in einem Punkt ohne Dimensionen zusammenzog. Daraus entstand dann ein Prozess, der zu immer komplexeren Strukturen führte, bis er schließlich Sterne, Planeten und lebende Organismen hervorbrachte. Aus einem schlichten Missverständnis im Hinblick auf religiöse oder politische Ideen entstehen mitunter gravierende Probleme: Streitigkeiten, lebenslange Feindschaften, ja sogar Kriege.

Karmische Gegebenheiten und Prozesse bestimmen die Natur der Welt, in der wir leben: Was wir außen wahrnehmen, ist nur eine Projektion unseres Innenlebens. Für einige Menschen ist diese Welt die Hölle, für andere könnte der Himmel nicht schöner sein.

Die philosophischen Traditionen des Bön und des Buddhismus sagen uns, dass jenseits aller angeblichen Unterschiede Dinge und Menschen frei von wahrhafter Existenz sind, dass sie letztendlich keine substanzhafte Wirklichkeit besitzen. Und auch die moderne Physik stimmt dem zu: Die Materie setzt sich am Ende aus Energie und Raum zusammen.

Wir können also sagen, dass alles ohne Substanz oder leer ist. Aber in unserer Erfahrung erscheinen die Dinge trotzdem als substanzhaft und wohl unterschieden. Wenn Sie sich vor einen heranrollenden Lastwagen werfen, werden Sie überrollt, auch wenn Sie noch so fest an die wesensmäßige Substanzlosigkeit aller Dinge glauben. Und doch müssen wir beginnen, unseren Geist an die andere Erscheinungsweise der Dinge zu gewöhnen. Wenn wir auf unsere Erfahrungen reagieren, als seien sie vollkommen real, sichern wir damit den Fortbestand der gewöhnlichen Welt. Und dabei geht es nicht nur um seltsame, abstrakte Gedankenspiele. Wenn wir auf unsere Probleme reagieren, als seien sie vorhanden und wichtig, dann sind sie das auch – zumindest in unserer Wahrnehmung. Wenn wir sie als etwas Vorübergehendes behandeln, wie eine Luftspiegelung, hervorgerufen durch das ewige Spiel der heiligen Elementarenergien, dann verlieren sie ihren Charakter als Probleme.

Da die Geschichte der Fünf Reinen Lichter sich mit dem, was die Wissenschaft uns beibringt, nur teilweise deckt, könnte man sie für ein Fantasiegebilde halten, etwas, das nicht wahr ist ... worunter man gewöhnlich versteht, dass es nicht den harten Fakten entspricht. Die Fünf Reinen Lichter können weder gemessen noch gewogen werden. Sie sind natürlich keine materiell vorhandenen »Tatsachen« wie ein Auto oder ein Wirbelsturm. Aber wer sagt, dass Tatsachen und Wahrheit dasselbe sind? Dieser Unterschied wird in den spirituellen Lehren immer wieder deutlich hervorgehoben: Wir akzeptieren es als Tatsache, dass wir von toten Dingen und lebenden Wesen umgeben sind, die beide eine substanzhafte Realität aufweisen. Der Dharma aber sagt uns, dass es weder eine substanzhafte Realität noch unterscheidbare, mit einer fest definierten Identität ausgestattete Einzelwesen bzw. Dinge gibt. Aber ist die Liebe denn eine materielle

»Tatsache«? Und doch ist es für uns eine zweifellos höchst realistische Erfahrung, wenn wir uns verlieben.

Die fünf Elemente sind ebenso wahr wie die Liebe, aber auch genauso »wahr« wie ein Auto. Schließlich besteht ein Auto ganz und gar aus »elementaren Tatsachen«: das harte Metall aus der Erde; das wässrige Element findet sich im Benzin wieder, das der Motor verbrennt (Feuer). Der Sauerstoff der Luft trägt zur Zündung bei und ohne den Raum hätte das Auto keine Ausdehnung. Hören Sie auf, an das Auto als »Auto« zu denken, wenigstens eine Minute lang, und beginnen Sie, es als Zusammenspiel der fünf Elemente zu sehen. Auf diese Weise sollten wir die Elemente wahrnehmen.

Die Geschichte von den Fünf Lichtern und alle Geschichten, die in diesem Buch noch folgen werden, sind nicht zur Unterhaltung gedacht. Aber auch nicht zum Transport von Faktenwissen. Diesen Geschichten wohnt eine höhere Wahrheit inne als den Tatsachen. Aus diesem Grund können sie, wenn sie wirklich verstanden werden, unsere Weltsicht zutiefst verändern. Wenn wir begreifen, dass die angeblich so fest gefügte Welt nichts weiter ist als das Spiel der elementaren Lichter, können wir auch in einer turbulenten Welt Frieden finden. Unsere Probleme finden keinen Boden, in dem sie sich verwurzeln können. Und schließlich erkennen wir die letztendliche Natur des Geistes. Alles, was entsteht, tut dies aus der Bewegung, dem Fluss heraus. Haben wir dies erst erkannt, vermögen wir, negative Prozesse aufzuhalten und positive in Gang zu setzen oder zu verstärken.

Die Auflösung der Elemente

Die Manifestation der substanzhaften Welt nimmt ihren Anfang in der subtilen, nicht-materiellen Welt der Elemente und läuft dann auf immer gröberen Ebenen ab. Dies ist der schöpferische Prozess, aus dem Dinge und Wesen entstehen. Der Sterbeprozess, der im Gedicht ganz zu Anfang dieses Buches beschrieben wird, verläuft genau anders herum: vom Substanzhaften zum Immateriellen. Jedes Stadium des Sterbeprozesses wird von der Auflösung der inneren Elementarkräfte geprägt und ist von ganz bestimmten körperlichen Empfindungen und visuellen Wahrnehmungen begleitet. Zuerst löst sich die Energie des Erdelementes ins Wasser hinein auf, dann das Wasser- ins Feuerelement, Feuer in Luft und schließlich Luft in Raum. Tantriker üben die Vorwegnahme des Sterbevorgangs, damit sie dabei ihren Weg nicht verlieren. Sie streben die Aufrechterhaltung des Gewahrseins an, die zur vollkommenen Erleuchtung im Tode führen kann.

Dieser Auflösungsprozess findet jedoch nicht nur beim Sterben statt. Auch das Schlafen und Aufwachen ist von ihm geprägt. So wie der Tod für den erfahrenen Praktizierenden die Möglichkeit bietet zu erkennen, was geboren und was ungeboren ist, so kann die Erfahrung der Auflösung der Elemente zu der Erkenntnis führen, dass alles, was existiert, nichts weiter ist als Raum und klares Licht.

Erkenntnis durch die Elemente

Wenn ich Sie hier bitte, in elementaren Kategorien zu denken, bedeutet dies nicht, dass Sie alles vergessen müssen, was Sie je über Chemie, Physik, Medizin und Psychologie gelernt haben. Die Elemente geben uns nur einen Schlüssel an die Hand, mit Hilfe dessen wir die Dynamik verstehen können, die hinter den einzelnen Disziplinen steht. Begreifen wir das Zusammenspiel der Elemente, erkennen wir, dass auf den ersten Blick unterschiedlich erscheinende Dimensionen unserer Erfahrung in Wirklichkeit nur die subtileren bzw. gröberen Ebenen der Elementmanifestation sind. Ist irgendwo zum Beispiel ein Überschuss an Feuer vorhanden, dann zeigt sich dies sowohl auf körperlicher als auch auf energetischer, mentaler und spiritueller Ebene. Die einzelnen Bereiche des Erlebens sind nicht wirklich voneinander getrennt. Sie stellen nur immer feinere (bzw. gröbere) Repräsentationen derselben Grundlage dar. Feuer tritt uns als lebensspendende Sonnenenergie entgegen, kann aber auch als zerstörerischer Waldbrand auftreten. Des Weiteren manifestiert es sich als »Verdauungswärme«, als geistige Kreativität, als rotes Licht im Regenbogen, als Phänomen der Temperatur, als Hass bzw. Begehren auf emotionaler Ebene, als wärmendes Mitgefühl, als unterscheidende Weisheit und als einer der fünf subtilsten, grundlegenden Aspekte des Seins.

Wenn wir verstehen, wie umfassend die fünf Elemente tatsächlich sind, ist uns klar, dass alles miteinander entsteht. Nichts ist je wirklich getrennt von etwas anderem, sodass alles von allem beeinflusst wird. Ängste kann man auf verschiedene Weise beruhigen: durch Rituale, Drogen, Sport, Meditation, Liebe, Massage oder ein heißes Bad. Das liegt daran, dass Angst durch einen Überschuss des Feuer- bzw. Luftelementes entsteht oder durch eine Verknappung des Erd- bzw. Wasserelements. Alles, was diesen Mangel auf irgendeiner Ebene der Existenz beseitigt, beeinflusst damit automatisch die anderen Ebenen. Natürlich kann in bestimmten Situationen die eine Methode wirksamer sein als die andere. Wenn Sie stark bluten, ist es sinnvoller, einen Druckverband anzulegen als Yoga zu üben. Hat aber die Depression Sie in den Klauen, dann arbeiten Sie besser mit Ihren Gefühlen statt zum Chirurgen zu gehen.

Diese Gegebenheiten werden auch im Westen akzeptiert, selbst wenn man sie nicht auf diese Weise ausdrücken würde. Mittlerweile ist es allgemein bekannt, dass körperliche Krankheiten auch Seele und Geist beeinträchtigen und dass der Geist wiederum auf beides positiv einwirken kann. Heute scheint dies jedem klar zu sein, doch die westliche Medizin hat erst vor kurzem damit angefangen, Entspannungstechniken, Meditation und Yoga zur Behandlung von Herz- bzw. Nervenkrankheiten einzusetzen.

Wenn wir uns auf die Sprache der Elemente einlassen, können wir alle Zustände auf jeder Ebene der Existenz sinnvoll beschreiben und untersuchen. Wenden wir uns den subtileren bzw. gröberen Aspekten der Elemente zu, dann behandeln wir damit auch diese Aspekte in uns selbst.

Eine Beziehung zu den Elementen aufbauen

Wie bereits erläutert werden die Elemente mit Emotionen, Charaktertypen, Denkmustern und anderen Aspekten der individuellen Erfahrung, zum Beispiel meditativen oder visionären Erlebnissen, assoziiert. Sobald wir begriffen haben, was ein Element ausmacht, können wir es auf jeder Ebene wieder erkennen.

Die folgenden Darstellungen der Elemente sind keineswegs vollständig. Sie konzentrieren sich auf die Aspekte, die unserer Erfahrung am nächsten sind. Die medizinischen Qualitäten habe ich hier weggelassen. Sie sind zwar ebenfalls leicht zu erfassen, doch ihre Auflistung hätte den Rahmen dieses Buches gesprengt. So stelle ich Ihnen hier nur die emotionalen, energetischen und mentalen Ausdrucksformen der Elementarenergien vor, Verhaltensmuster, die Sie vermutlich bereits an sich selbst oder Ihren Bekannten beobachtet haben. Da es in diesem Buch um Heilung und spirituelles Wachstum geht, habe ich mich dabei auf die negativen Aspekte beschränkt. Ein positiver Ausdruck der Elementarenergie braucht schließlich weder geheilt noch überwunden zu werden.

Die Beschreibungen sind so allgemein wie möglich gehalten, um ihren Anwendungsbereich nicht unnötig einzuschränken. Es ist sinnvoller, sich ein möglichst breites Verständnis der Elementarenergien zu erarbeiten, das dann in der Praxis verfeinert wird, als die einzelnen Korrespondenzbeziehungen im Detail zu kennen. Wenn Sie also diese vereinfachte Form der Darstellung lesen, sollten Sie dabei im Hinterkopf behalten, dass das Zusammenspiel der Elemente so vielschichtig ist, dass es Grundlage absolut aller

Erscheinungen ist. Jedes Element trägt alle anderen Elemente in sich. Jedes äußert sich im Einklang oder im Widerstreit mit den anderen. So wird ein großes Feuer vom Wind angefacht, ein kleines jedoch ausgeblasen. Auch in unserer alltäglichen Erfahrung stützen die Elemente sich gegenseitig oder heben sich in ihrer Wirkung auf. Was genau nun geschieht, hängt vom Einzelfall ab.

Das Gleichgewicht zwischen den Elementen ist dynamischer Natur. Es passt sich der Situation und den Umständen einmal mehr, einmal weniger an. Außerdem kann ein Mensch zu einem der Elemente eine besonders gute oder eine besonders schlechte Beziehung haben. Achten Sie auf bestimmte, immer wiederkehrende Erfahrungen und gewohnheitsmäßige Verhaltensmuster, um herauszufinden, welche Elemente dies in Ihrem Fall sind.

Erde

In unserem Alltag bildet die Erde den Boden unter unseren Füßen. Der Schamane sieht in ihr das Zentrum der Welt. Daher ist sie der Mittelpunkt jedes Mandalas, sowohl in der grafischen Darstellung als auch in der persönlichen Erfahrung. (Im Tantra und im Dzogchen hingegen gilt der Raum als Mitte und Fundament.)

Die Eigenschaften des Erdelements lassen sich intuitiv leicht erfassen: Schwere, Festigkeit, Verbundenheit, Sicherheit. Die Erde verfügt über eine ihr eigene Anziehungskraft, die Schwerkraft. Wenn sie sich mit den anderen Elementen verträgt, kann sie reiche Frucht tragen – wenn Wärme, Feuchtigkeit und Luft im richtigen Maße vorhanden sind. Fehlt ihr die Wärme, ist sie kalt und unerträglich. Wassermangel führt zur Trockenheit und der Mangel an Luft raubt ihr die Fähigkeit, Frucht zu tragen. Dann wird sie muffig und leblos.

Ist das Erdelement in uns in ausgeglichenem Zustand, fühlen wir uns geerdet. Wir haben Vertrauen und das Gefühl, dass nichts uns umwerfen kann. Wir sind weder zu schwer noch zu leicht, sondern fest in unserer Erfahrung verwurzelt. In diesem Zustand ist es nicht einfach, uns aus dem Gleichgewicht zu bringen. Gleichzeitig wissen wir, was wirklich wichtig ist. Wenn wir einmal etwas gelernt haben, vergessen wir es nicht mehr so leicht. Unser Glaube ist fest und unerschütterlich. Wir lassen uns nicht von irgendwelchen Impulsen aus der einmal eingeschlagenen Bahn werfen. Unser Bemühen ist von Beständigkeit geprägt. Wir sind verantwortungsbewusst und stehen auf eigenen Füßen. Auf einer höheren Ebene bedeutet das, dass wir vollkommen im reinen Sein verwurzelt sind.

Ist zu viel vom Erdelement vorhanden, sind wir schwerfällig, träge, faul und beschränkt. Zu viel Festigkeit. Mangelnde Flexibilität. Unser Denken ist langsam und so buchstabengetreu als möglich. Irgendwie fehlt es uns an Kreativität. Ein Überschuss dieses Elements führt zu Depression. Wir kommen nicht weiter, stecken fest. Wir haben resigniert – im Hinblick auf unsere Karriere, unsere Beziehung oder die spirituelle Praxis. Dann ist es natürlich sehr schwierig, etwas zu verändern. Wir identifizieren uns mit den Problemen, die wir als recht massiv betrachten. Wir weichen gerne in den Schlaf aus. Beim Meditieren nicken wir häufig ein. Am Morgen können wir uns kaum daran erinnern, was wir geträumt haben. Zu viel Erdenergie macht uns unsensibel und raubt uns die Inspiration. Man schweigt entweder die ganze Zeit oder man kann, wenn man erst einmal loslegt, nicht mehr aufhören zu sprechen. Überpünktlich zu sein ist ebenso ein deutliches Anzeichen für ein Zuviel an Erdenergie wie zu jeder Verabredung zu spät zu kommen. Traditionell betrachtet ist der negative Aspekt des Erdelements Unwissenheit.

Haben wir hingegen zu wenig von dieser Energie, fehlt uns die Verankerung. Wir sind fahrig, aufgeregt und verlieren häufig den Faden. Nie gelingt es uns, fertig zu stellen, was wir angefangen haben, was uns unbefriedigt zurück lässt. Auf vertrackte Weise sind wir nirgendwo richtig zu Hause. Und wir suchen ständig nach etwas, das uns erdet, uns Sicherheit vermittelt.

Wollen wir einen Mangel an Erdenergie ausgleichen, gibt es verschiedene Methoden: Wir können die entsprechenden Übungen in diesem Buch machen, aber es gibt noch einige andere Dinge, die hier unterstützend wirken: Ein sicheres Heim, eine gute Beziehung und ein solider Job können zu vermehrter »Erdung« beitragen. In bestimmten Situationen ist diese Art äußerer Korrekturmechanismen wichtig. Sobald die Sicherheit in der Außenwelt gegeben ist, stellt sich ein Gefühl der Stabilität ein, das die Basis für die Entwicklung innerer Sicherheit bildet. Normalerweise ist es besser, wenn wir diese positive Qualität zuerst in uns selbst entwickeln, damit sie sich dann im Alltagsleben manifestiert. Doch mitunter ist es nützlich, diese Abfolge umzukehren.

Wenn wir uns selbst als Wesen mit fester, auch körperlicher Identität betrachten, suchen wir unsere Erdung natürlich in der Substanzhaftigkeit der Außenwelt. Erleben wir uns als energetische Wesen, versuchen wir, uns in unseren Gefühlen zu verankern. Erst wenn wir uns mit dem reinen Gewahrsein identifizieren, finden wir unsere Basis in der Natur des Geistes. Der gröbere Aspekt des Geistes fühlt sich sicher, wenn er von der Festigkeit der Erde getragen wird. Das subtilere, unpersönliche Gewahrsein erkennt sein Fundament im offenen Raum.

Was die Meditationspraxis angeht, so ist ein ausgeglichenes Erdelement nützlich und notwendig. Sogar in den höchsten Praxisformen wie den Übungen zur Erkenntnis der Leerheit im Sutra-Weg oder der Praxis des Durchschneidens (tib. *trekchöd*) im Dzogchen werden Kontemplationsübungen empfohlen, die zum Erdelement gehören und den Geist stabilisieren sollen. Der Geist muss gefestigt sein, wenn er auf dem Pfad der Meditation voranschreiten soll. Diese Stabilität stellt sich ein, wenn wir das Erdelement stärken. In den alten Texten heißt es, dass Menschen, in denen das Feuer- und Luftelement vorherrscht, schnell spirituelle Erfahrungen machen, sie aber ebenso schnell wieder verlieren. Menschen, die mehr Anteile vom Wasser- bzw. Erdelement haben, machen diese Erfahrungen vermutlich später, sind aber dafür auch in der Lage, sie zu halten und zu entwickeln, was ihr spirituelles Wachstum fördert.

Wenn Sie in Ihrer meditativen Praxis nicht ausreichend geerdet sind, sollten Sie die Eigenschaften dieses Elements entwickeln, indem Sie sich in Konzentration üben. Lernen Sie, Geist und Körper bei der Stange zu halten. Essen Sie schwere Nahrungsmittel und vermeiden Sie stimulierende Genussmittel. Machen Sie Körperübungen. Normalerweise wissen wir instinktiv, was wir tun müssen, um Probleme in der Praxis zu beheben. Wir tun es nur einfach nicht. Indem wir uns dazu bringen, das für uns Beste auch zu tun, entwickeln wir jene Beständigkeit, die für das Erdelement so typisch ist.

Haben wir durch immer währende Konzentration den Geist erst einmal stabilisiert, nimmt die unerwünschte Bewegung im Geist zunächst immer stärker ab, um am Ende ganz aufzuhören. Unsere Erfahrung ist klar und tief in der Stille verwurzelt. Das Bewusstsein ist nicht von surrenden Gedanken erfüllt. Dadurch treten Licht und Farbe viel klarer hervor. Haben wir bereits Bekanntschaft mit der Natur des Geistes geschlossen, fällt es uns leichter, im natürlichen Zustand zu verweilen und diese Übung zur Basis unserer täglichen Aktivitäten zu machen. Dann wird das dauerhafte Gewahrsein ein Kinderspiel. Wir können es mühelos den ganzen Tag aufrecht erhalten und am Ende sogar auf die Nacht ausdehnen. Ist der Geist stabil, steigt die Einsicht ganz von selbst auf und zeigt sich in ihrer ganzen Wachheit. Das ist keine Konzentration, sondern eine höhere Ebene der Praxis, die sich aus der Stabilität unseres Geistes ergibt.

Bei einem Überschuss des Erdelements müssen wir hingegen ganz anders vorgehen. Nehmen Sie nur leichte Nahrungsmittel zu sich. Vermeiden Sie Erschöpfungszustände. Versuchen Sie, flexibler zu werden. Stärken Sie die Elementarenergien von Luft und Feuer, um Beweglichkeit, Kreativität und Lebendigkeit zu fördern.

Wird das Erdelement durch die spirituelle Praxis zum vollkommenen Gleichgewicht gebracht, entsteht daraus die Weisheit des Gleichmuts. Dies ist die höhere spirituelle Eigenschaft des Erdelements. Sie erlaubt dem Übenden, selbst in Extremsituationen gelassen zu bleiben und die klare Natur des Gewahrseins in jeder Erfahrung zu erkennen.

Wasser

Ist das Wasserelement ausgeglichen, ist unser Leben außen und innen von einer gewissen Gelassenheit geprägt. Wir »fließen« geradezu durch den Tag, durch Ereignisse und Beziehungen in unserem Leben. Das Wasserelement im Gleichgewicht lässt uns alle Situationen einfach annehmen. Es macht glücklich und zufrieden. Erreicht das Wasserelement in der persönlichen Erfahrung eine höhere Ebene, bringt es reine Lebensfreude, eine tiefe Zufriedenheit, eine Freude, lebendig zu sein, die nicht in äußeren Umständen wurzelt. Haben wir Zugang zur Freude des Wasserelements gefunden, zeigt sich das in der Außenwelt recht deutlich. Wir sind zufrieden mit dem, was uns begegnet, seien es nun Menschen oder Orte. Wir genießen das Leben.

Diese Freude kann in dem unvermeidlichen Leiden, das die dualistische Erfahrung begleitet, verloren gehen. Dann suchen wir in der Außenwelt danach. Wir glauben, dass sie zurückkehrt, wenn es uns wieder gut geht, wenn wir einen neuen Partner haben, einen neuen Job, wenn wir Reichtum, Anerkennung und Status erwerben, was immer uns in diesem Moment eben wichtig ist. Wir glauben, dass Freude aus dem Haben bzw. Tun entsteht und nicht aus dem Sein.

Überwiegt das Wasserelement bei einem Menschen, dann ist er vermutlich sehr gefühlvoll. Manchmal wird die Abgeklärtheit beinahe zu viel. Dann lässt man Verantwortung Verantwortung sein und tänzelt nur noch durchs Leben. Man verliert sich in der inneren Distanz, verliert die Achtsamkeit, ist zufrieden, auch wenn die momentane Lage dringend verändert werden müsste. Es mangelt einfach an Produktivität. Man neigt dazu, Dinge schleifen zu lassen und harter Arbeit bzw. Schwierigkeiten aus dem Weg zu gehen, auch wenn man dafür seine Werte aufgeben muss.

In der Meditation beeinträchtigt ein Überschuss des Wasserelements die Klarheit. Hier wirkt nicht die Schwere und Trägheit des Erdelements, sondern eine Art schwächliches Sich-Treiben-Lassen, das uns daran hindert, unsere Pflichten zu erfüllen und deren Früchte zu genießen.

Übermäßige Wasserenergie kann auch bedeuten, dass wir uns in Emotionen verlieren, ja auf den Wellen unserer Gefühle reiten. Wir lassen uns von vorübergehenden emotionalen Zuständen mitreißen, sind weinerlich und suhlen uns in Selbstmitleid. Dann genießen wir nicht die Gelassenheit des Wasserelements, sondern sind gefangen in Ebbe und Flut unserer Gefühlsaufwallungen.

Ein Mangel an Wasserenergie hingegen nimmt uns eben dieses Gefühl des Aufgehobenseins. Wir empfinden keine Freude und fühlen uns mit anderen Menschen nie richtig wohl. Mögen wir auch im Erdelement fest verwurzelt sein, wenn es uns an Wasser fehlt, dann führt dies zu einer trockenen Form von Rechtschaffenheit ohne Spaß und gegenseitige Wertschätzung. Fehlt es an Erd- und Wasserenergie, dann herrschen Feuer bzw. Luft vor, was dazu führt, dass die betreffende Person zu wenig geerdet ist und daher häufigen Gefühlsschwankungen unterliegt. In der Meditation bewirkt ein Fehlen des Wasserelements, dass man sich bei der Praxis nicht wohl fühlt und keine Freude am spirituellen Weg empfindet. Dadurch wird die Praxis trocken und steril.

Meditationstechniken, welche die positiven Aspekte des Wasserelements fördern, sind alle affektiven Übungen. Für die Praktizierenden der tibetisch-buddhistischen Tradition ist dies zum Beispiel Guru-Yoga (Meditation über den eigenen spirituellen Lehrer), eine Praxis, die das Herz öffnet; die Entwicklung von Liebe und Mitgefühl und der Austausch von sich und anderen. Sind wir nicht mit dem Herzen dabei, kann unsere Praxis zu einer reinen Verstandesübung verkommen. Doch gerade die tibetische Tradition hebt die Bedeutung des Mitgefühls für den spirituellen Pfad hervor. Die höchste spirituelle Entwicklungsstufe des Wasserelements ist die spiegelgleiche Weisheit.

Feuer

Der positive Aspekt des Feuers ist seine schöpferische Kraft. Es hat die Macht, auf jeder Ebene neue Projekte in Gang zu bringen und auch zu vollenden, was die Kreativität begonnen hat. Zum Feuerelement gehören Intuition, Enthusiasmus und Begeisterung. Ist das Feuerelement im Gleichgewicht, kommt es zu inspirierten Unternehmungen. Man ist glücklich, während man arbeitet, und findet darin Erfüllung. Feuer verspricht einen Segen, eine innere Freude, die sich von der des Wasserelements, die auf Akzeptanz und Zufriedenheit beruht, zutiefst unterscheidet. Die Freude im Feuerelement ist eine Art lodernder Begeisterung, eine Seligkeit, die man auch körperlich verspürt, das Glücksgefühl des Erwachens. Die höhere Stufe des Feuerelements ist die Glückseligkeit des Seins, seine höchste spirituelle Entwicklungsform ist die unterscheidende Weisheit.

Menschen, die zu viel Feuerenergie besitzen, geraten leicht in Zorn. Schon ganz simple Dinge lassen sie wütend werden. Dann reagieren sie impulsiv, toben sich aus, ohne nachzudenken, und überrennen ihr Gegenüber mit zornigen Worten und Gesten. Es fehlt ihnen an Toleranz. Eine andere Religion, Rasse oder Philosophie regt sie schnell auf. Manchmal werden sie sogar zornig, nur weil jemand anderer anders sitzt oder spricht, als sie sich das vorstellen.

Da Feuer das Gegenelement zur Erde ist, geht ein Feuerüberschuss häufig mit einem Mangel an Geerdetsein einher. Schnelle Bewegungen und fehlende Stabilität überwiegen. Kommt dazu noch ein Mangel an Wasserenergie, dann kommt es zu dauerhafter Ruhelosigkeit und fehlender Geborgenheit. Solchen Menschen fällt es schwer, auch nur fünf Minuten still zu sitzen. Sie finden immer irgendetwas zu tun. Stille und Ruhe bringen sie aus der Fassung. Daher haben sie auch Schwierigkeiten mit dem Einschlafen. Menschen mit einem Überschuss an Feuerenergie reden viel und schnell. Bevor ein Gedanke noch komplett ausformuliert ist, schießt ihnen bereits der Nächste durch den Kopf. Hier ist alles immer im Werden begriffen.

In der Meditationspraxis führt ein Überschuss des Feuerelements dazu, dass die Gedanken sich geradezu überschlagen und schwer zu kontrollieren sind. Ständig entstehen neue Ideen im Kontinuum des Geistes, die viel zu wichtig wirken, um sie einfach nicht zu beachten. Man kommt nicht recht zur Ruhe, entwickelt keinen inneren Frieden, ist ruhelos und übermäßig aufgeregt. Die Übererregung kommt vielleicht durch den Mangel an Wasserenergie, die mangelnde Stabilität zeigt ein Fehlen des Erdelements an.

Ohne ausreichendes »Feuer« fehlt es dem Praktizierenden jedoch an Energie und Inspiration, die beide unerlässlich sind, wenn wir unsere Praxis zu einem Ende führen wollen. Es fällt dem Betreffenden schwer, Spaß an seinen Übungen zu haben. Die Praxis wird reine Routine. Dadurch fehlt es ihr an der nötigen Inspiration, damit aus der Übung eine neue Einsicht hervorgeht. Daher entwickelt man die positiven Qualitäten der Praxis sehr viel langsamer.

Fehlt es an Feuer, mangelt es uns an Eingebungen und an Lebensenergie. Wir haben keinen Spaß an der Arbeit. Wir zeigen keinen Enthusiasmus und glauben, es gäbe »nichts Neues unter der Sonne«. Das Leben gerät zur lähmenden Routine. Haben wir zu wenig Feuerenergie, aber einen Überschuss des Luftelements, dann gibt es zwar Bewegung in unserem Leben, doch diese ist wenig kreativ und wiederholt sich auch ständig. Diese Menschen haben meist einen scharfen Intellekt (Luftelement), sind aber nicht fähig, aus dem Gelernten etwas Neues zu schaffen.

Meditative Übungen, die das Feuerelement stärken, sind *Tummo* (die Praxis des inneren Feuers, die bekannt wurde, weil die Übenden dabei mit nassen Kleidern im Schnee sitzen und das feuchte Tuch einzig mit der Wärme ihrer Körper zum Trocknen bringen); die Praxis des Äußeren *Rushen*, bei der man sich der karmischen Erfahrung aussetzt, um sie vom reinen Gewahrsein unterscheiden zu lernen; und bestimmte körperorientierte Yogaübungen.

Luft

Luft ist das Element des Wandels. Wenn das Luftelement richtig entwickelt ist, lässt sich Negatives in Positives umwandeln, Hass in Liebe, Eifersucht in Offenheit, Verlangen in Großzügigkeit, Stolz und Egoismus in Frieden. Zum Luftelement gehören Neugier, Lerneifer und die Flexibilität des Intellekts. Seine höchstentwickelte Form ist die vollendende Weisheit.

Überwiegt das Luftelement, bedeutet dies meist, dass Wasser und Erde weniger stark ausgeprägt sind. Solche Menschen sind wenig gefestigt und nur selten mit sich und der Welt zufrieden. Es fällt ihnen schwer, bei irgendetwas zu bleiben. Kaum sind wir an einem Ort, erscheint uns ein anderer höchst verlockend. Haben wir diesen erreicht, wollen wir schon wieder weiter. Es fällt uns schwer, die Dinge hinzunehmen, wie sie sind, und uns damit zufrieden zu geben. Wir reagieren nervös, können uns nicht konzentrieren. Wir machen uns zu viele Sorgen oder benehmen uns kapriziös und flatterhaft. Beim kleinsten Problem schlägt unser Glücksgefühl in Trauer um. Auch der Glaube schenkt uns keinen inneren Halt. Es ist, als hätten wir kein Zentrum, daher werfen uns die äußeren Einflüsse so schnell aus der Bahn.

Ist das Luftelement hingegen zu wenig ausgebildet, kommen wir nicht vorwärts. Jede Veränderung fällt uns unendlich schwer. Tauchen Sorgen auf, dann nisten sie sich regelrecht ein. Selbst die geringste Befürchtung lässt sich kaum loswerden.

Befindet sich das Luftelement im Gleichgewicht, dann lassen Sorgen automatisch auch wieder nach und eine Lösung zeichnet sich am Horizont ab. Wir sind flexibel. Wenn etwas schief läuft, so schaffen wir es doch immer noch, die positiven Aspekte der Erfahrung zu genießen. So hören wir vielleicht schlechte Nachrichten, können aber zur selben Zeit den strahlenden Himmel bewundern. Das Luftelement erlaubt dem Geist, eine neue Richtung einzuschlagen und die Dinge aus verschiedenen Perspektiven zu betrachten. Nur so lassen sich Wissen und Verständnis aufbauen. Wie schnell Sie in der Lage sind, negative Gemütszustände wie Wut, Depression, Ärger oder Selbstmitleid in etwas Positives zu verwandeln, hängt von Ihrer Beziehung zum Luftelement ab.

Das Luftelement ist außerdem Prana, die Energie, die als Träger des Geistes fungiert. Aus diesem Grund werden im Tantra und im Dzogchen Körperübungen bzw. -haltungen dazu benutzt, das Luftelement zu kontrollieren, was wiederum bestimmte Erfahrungen fördert. Wenn das Luftelement aus der Balance gerät, fällt es dem Geist schwer, sich zu konzentrieren oder gar zu meditieren. Man wird ungeduldig. Eine Menge Fragen tauchen auf und man möchte sie unbedingt stellen. Bei einem Überschuss fällt es uns schwer, Kunzhi, den leeren Grund des Seins, zu erfahren, weil die Energie des Geistes da- und dorthin schießt, angezogen von den Erfahrungen der Klarheit bzw. der Erscheinungen.

Luft kann sich mit allem verbinden. Jede Form der Kommunikation wird dem Luftelement zugeordnet. Wie das Prana ist das Luftelement alles durchdringend. Es ist die essenzielle Energie der Existenz.

Bei bestimmten tibetischen Meditationspraktiken zur Zeit des Todes ruft der Lama den Geist des Toten durch das Luftelement, indem er einatmet. Sobald er Kontakt zu dem Geist hat, hilft der Lama ihm, die Probleme, die zur Zeit seines Todes unbewältigt geblieben sind, zu lösen.

Einige tantrische Übungen bringen das Luftelement mit magischen Kräften in Verbindung. Magie hat immer mit der Kraft der Verwandlung zu tun. Ohne die Elementarenergie der Luft gibt es keine Transformation. Daher heißt es traditionell, dass ein unterentwickeltes Luftelement magische Fähigkeiten beeinträchtigt. Außerdem soll es verhindern, dass man Einfluss auf die eigene Wiedergeburt nimmt.

Zu wenig vom Luftelement behindert auf jeden Fall den spirituellen Fortschritt. Man ist einfach nicht in der Lage, das, was uns begegnet, zur Praxis zu machen.

Das Luftelement wird durch jede Art von Tsa-Lung-Praxis, das heißt durch die Arbeit mit dem Prana und den Energiekanälen im Körper, gestärkt. Dazu gehören die yogischen Übungen des *trul khor*, das Phowa (die Übertragung des Bewusstseins) und die kontemplativen Atem- und Visualisierungsübungen, die den Zentralkanal öffnen. Einige dieser Übungen werden später im Buch beschrieben. Allgemein gesagt trennen die Übungen, die sich aufs Luftelement beziehen, reines von unreinem Prana, was bedeutet, dass wir auch reine und unreine Geisteszustände voneinander scheiden. Die Luft ist das Element, das uns erlaubt, diese Zustände zu erkennen und zu unterscheiden.

Raum

Alles entsteht aus dem Raum, lebt im Raum und löst sich in den Raum hinein auf. In uns zeigt sich das heilige Element des Raums als Bewusstsein. In diesem Bewusstsein erscheint die Erfahrung. Sie ist der Inhalt des Bewusstseins und von diesem doch nicht verschieden.

Ist dieses Element in uns ausgeglichen, dann haben wir Raum in unserem Leben. Wir werden mit allem fertig, was auf uns zukommt. Wir haben immer genug Zeit, genug emotionale Kapazitäten, genug Toleranz. Die Elemente der Erfahrung passen einfach. Sie sind weder zu viel noch zu wenig. Wir sind von der Erfahrung keineswegs losgelöst, gehen aber andererseits auch nicht in ihr auf. Wir laufen dem Inhalt unseres Bewusstseins nicht nach, lehnen ihn aber auch nicht ab. Wir sind in uns selbst verankert, in der Person, die diese Erfahrungen macht.

Wenn das Raumelement im Übermaß vorhanden ist, verlieren wir den Boden unter den Füßen. Wir können keine Verbindung mehr zu den Rauminhalten, also den anderen Elementen, herstellen. Dieser Zustand hat nichts mit der Erkenntnis der Natur des Geistes zu tun. Wir verlieren nur einfach die Verbindung. Wir sehen keinen Sinn mehr in den Dingen, und zwar nicht wie beim Erdelement aus einer Depression heraus, sondern weil wir nur oberflächlich mit dem Leben verbunden sind und daher wurzellos umhertreiben. Ein Überschuss des Raumelements führt zu einem Mangel an Gewahrsein. Wir sind einfach nicht präsent. Wir verlieren uns selbst und die Bodenhaftung.

Zu viel Raum lässt uns also den Kontakt zu allem verlieren, was im Raum auftaucht. Zu wenig hingegen bedeutet, dass wir dem Auftauchen und Vergehen zu viel Aufmerksamkeit schenken. Dann erscheint uns alles sehr fest gefügt und undurchdringlich. Kleine Probleme machen uns fassungslos, große überwältigen uns. Wenn das Raumelement nicht stark ausgeprägt ist, geschieht es leicht, dass ein anderes Element sich in den Vordergrund schiebt.

Ein Mensch, bei dem dieses Element sich im Gleichgewicht befindet, arbeitet vielleicht den ganzen Tag. Er hat eine Familie, ein Heim, meditiert und interessiert sich für die spirituelle Seite des Lebens. Alles passt. Alles hat Raum. Ein anderer Mensch hingegen, bei dem das Raumelement unterentwickelt ist, kann dieselbe Situation einfach nicht ertragen. Die Arbeit wird ihm zu viel, die Kinder nerven. Er findet nie Zeit für Entspannung, Freunde oder ein gutes Essen. Ein Dritter wiederum, bei dem das Raumelement überwiegt, treibt durchs Leben: Der Job ist nicht so wichtig, zu den Kindern findet er keinen Kontakt, der Partner ist nicht mehr als ein Zimmergenosse. Die Pflichten werden erfüllt oder auch nicht, je nachdem. Diese Person ist einfach nicht in der Lage, sich auf etwas zu konzentrieren.

Gewöhnlich identifizieren wir uns mit unseren äußeren Gegebenheiten: Beruf, Beziehung, Interessen, Körper und so weiter. Auf diese Weise identifizieren wir uns mit dem Inhalt des Raumes, mit der Erfahrung statt mit dem Erfahrenden. Dann fühlen wir uns natürlich verloren, wenn wir irgendetwas davon aufgeben müssen. Die Beziehung scheitert, wir werden gekündigt, ziehen um und fühlen uns orientierungslos. Wir leben zwischen einer Unmenge von Dingen und wissen trotzdem nicht, wer oder was wir sind.

Verschmelzen wir mit dem Element des Raumes, dann erfahren wir die Natur des Geistes. Dann sind wir wirklich frei, weil wir nicht mehr länger an das gefesselt sind, was in unserem Bewusstsein als Erfahrung auftaucht. Wir erkennen unsere wahre Natur und verbeißen uns nicht mehr in den Details. Wir sind mit der Essenz verbunden und suchen die Ursache für unsere Probleme nicht im Außenleben. Wir wissen, dass jede Schwierigkeit, der wir begegnen, einfach nur etwas ist, was im Raum erscheint. Wir müssen uns nicht mit dem Problem identifizieren. Wir ziehen unsere Kraft aus dem Sein und nicht mehr aus dem, was andere von uns denken, oder aus dem, was wir sein oder tun zu müssen glauben. Wir können uns selbst besser annehmen und damit auch alles, was uns begegnet.

Ein Mensch, der eine wunderbare Familie und Erfolg im Beruf hat, kann beides verlieren, wenn er sich damit identifiziert. Als Reaktion kann er sich selbst verlieren oder sich öffnen, je nachdem, wie es mit dem Wirken des Raumelementes in ihm bestellt ist. So bestimmt unsere Reaktion, ob eine schmerzhafte Situation sich für uns positiv oder negativ auswirkt. Wenn das äußere Identifikationsangebot verloren geht, wird unser Ich-Gefühl entweder eingeschränkt oder zerbrechlich, was uns mit Angst erfüllt, oder es dehnt sich über seine gewöhnlichen Grenzen hinweg aus, indem es sich mit dem umgebenden Raum identifiziert, in dem alle Erfahrung aufscheint.

In der Meditationspraxis führt ein unausgeglichenes Raumelement zu einem Verlust der Konzentration und der Präsenz. Der Geist lässt sich leicht von allem, was auftaucht, ablenken, weil er sich mit der Erfahrung identifiziert statt mit deren Grund. Wenn wir daher das Raumelement entwickeln wollen, ist die beste Praxis zweifellos Dzogchen. Doch das Raumelement kommt auch ins Gleichgewicht, wenn alle anderen Elemente ausgeglichen werden. Der Raum ist mit der Weisheit der Leerheit verbunden.

Die Elemente und ihr Einfluss auf unser Wohlbefinden

Die ideale Umgebung für Menschen ist ein Land, in dem die Erde fruchtbar, die Luft klar und frisch, die Temperatur angenehm und das Wasser rein und in ausreichender Menge vorhanden ist. Es sollte genug Raum für Bauernhöfe, Tiere und Städte geben. Der

Mensch braucht Platz für seine Projekte. Anders gesagt: Wir brauchen eine Umgebung, in der alle Elemente ausgeglichen sind. Natürlich sind wir in der Lage, unter allen möglichen Bedingungen zu überleben, von den kalten, unfruchtbaren Hochebenen Tibets bis zu den Sümpfen, Regenwäldern und Steppen des amerikanischen Kontinents. Ist das Klima rauer, sind wir stärker gefordert, wenn wir überleben wollen. Wir brauchen mehr Energie und müssen viel mehr kämpfen als in einer idealen Umgebung.

So ist unsere Lebensqualität dann am höchsten, wenn die inneren Elemente ausgeglichen sind, selbst wenn wir auch unter anderen Bedingungen überleben können. Sogar die biologischen Funktionen des Körpers gelten nur dann als normal, wenn sie bestimmte Werte weder über- noch unterschreiten. Das gilt für den Blutdruck ebenso wie für die Hormone. Sobald die Werte aus diesem schmalen Korridor, den die Natur uns setzt, ausscheren, nehmen die negativen Effekte zu. Ist das Ungleichgewicht sehr groß, erleidet unser Körper irreparable Schäden. Vielleicht sterben wir sogar. Dies gilt im Großen und Ganzen auch für die anderen Dimensionen menschlicher Erfahrung, auch wenn zum Beispiel im Falle der Emotionen sehr viel schwieriger zu definieren ist, was noch als normal gelten kann und was bereits krankhaft ist. Fast jeder Mensch leidet hin und wieder unter depressiven Verstimmungen, doch diese werden nicht als Problem betrachtet, solange sie sich nicht zu schweren chronischen Beschwerden auswachsen. In Furcht erregenden Situationen ist es ganz normal, dass wir Angst haben, doch ständige Furcht gilt als anormal und schwächt den Betroffenen enorm. Wir müssen unsere Emotionen also nicht loswerden, sondern sie einfach nur ins Gleichgewicht bringen. So heißt es von den Wesen im Götterbereich (siehe *Loka*), dass sie keineswegs ihre Emotionen hinter sich gelassen hätten. Ihre inneren Energien seien nur einfach in einem Maße ausgeglichen, dass sie ständige Glückseligkeit erfahren.

Daher können wir Erfolg haben, eine gute Beziehung führen und unser Leben genießen, doch wenn wir innerlich nicht ausgeglichen sind, werden wir immer das Gefühl haben, dass uns etwas fehlt. Stecken wir umgekehrt in einer sehr schwierigen Lebenssituation, in der wir weder Geld noch Freunde haben, können wir stabil, geerdet und flexibel bleiben, wenn die Elementarenergien im Einklang miteinander stehen. Die Situation gefällt uns vielleicht nicht, doch wir fühlen uns trotzdem sicher.

Das Studium der Elemente sowie die Arbeit mit ihnen verbessert unser Wohlbefinden, weil wir auf diese Weise die Mittel an die Hand bekommen, mit denen wir die Elemente in jenen ausgeglichenen Zustand bringen können, der in jeder Dimension der Erfahrung zu Gesundheit und Ganzheitlichkeit führt. Um zu spüren, ob wir im Gleichgewicht sind oder nicht, sind keine großen intuitiven Fähigkeiten vonnöten. Wir alle wissen ja, wie sich das anfühlt. Diese Erfahrungen sind auf einer ununterbrochenen Linie angesiedelt, die vom schwer wiegenden Ungleichgewicht psychotischer Störungen oder ernsthafter körperlicher Erkrankungen bis zur vollkommenen Balance reichen, welche nur dann auftritt, wenn es uns gelingt, ruhig in der Natur des Geistes zu verweilen, in der Buddha-Natur. In unserem Alltagsleben befinden wir uns meist irgendwo dazwischen, ja mehr noch: Wir schwanken ständig zwischen mehr oder weniger Ausgeglichenheit hin und her.

Die Vorstellung vom Ausgleich der Elementarenergien lässt sich auf sämtliche menschlichen Lebensbereiche, Eigenschaften oder Aktivitäten anwenden: Gesundheit, Beziehungen, spirituelle Praxis, innerseelische Vorgänge, Gefühle, Umwelt und so weiter. Wenn wir die Vorstellung von der mangelnden Balance zwischen den Elementen als grundlegendes Symbolbild benutzen, fällt es uns sehr viel leichter, Krankheit, Unglück oder Hindernisse auf dem spirituellen Pfad zu verstehen. Dann wird der Ausgleich dieser Energien zum Sinnbild der Heilung, der Entwicklung positiver Qualitäten und dem Abbau negativer Eigenschaften. Wird ein Element zu dominant, müssen wir eben das entgegengesetzte stärken. Überwiegt der Feuereinfluss, dann müssen wir Wasser bzw. Erde aktivieren – und umgekehrt. Ist Erde die vorherrschende Energie – wir sind müde, schläfrig und fühlen uns schwerfällig –, dann benötigt das Luft- bzw. Feuerelement eine Stärkung. Ist das Luftelement vorherrschend – wir sind fahrig, nervös und können uns kaum konzentrieren –, dann setzen wir besser auf Erde oder Wasser. Das Leben selbst liefert uns dazu die besten Beispiele: Hat jemand lebensbedrohliches Fieber, taucht man ihn in kaltes Wasser oder macht kalte Wickel. Bei Erkältungen hingegen wenden wir Wärme an. Und wenn wir Durst haben, also ausgetrocknet sind, trinken wir ebenfalls Wasser.

Natürlich sind gedankliche Vorstellungen wie diese naturgemäß rein symbolisch. Die fünf Elemente sind tief greifende Symbole mit einer langen Tradition. Doch jenseits aller bildhaften und symbolischen Vorstellungen sind sie auch machtvolle Energien, mit denen der Übende direkt arbeiten kann – mit Hilfe von Körper- bzw. Energieübungen und dem ungehinderten Fluss des Gewahrseins.

Wie die Elemente aus dem Gleichgewicht geraten

Jeder von uns tritt ins Leben als einzigartige Manifestation der fünf Elemente. Unsere karmischen Tendenzen unterscheiden uns voneinander. Wären wir schon zu unserer Geburt im perfekten Gleichgewicht, würden wir als vollkommen erwachte Buddhas geboren. Doch wir kommen als gewöhnliche Wesen zur Welt, was bedeutet, dass die Elementarenergien bis zu einem gewissen Grad nicht ausgeglichen sind. Ist das Ungleichgewicht gravierend, wird es unter Umständen sofort diagnostiziert. Auf der vergleichsweise groben Ebene des Körpers wird eine Stoffwechselkrankheit, die eine geregelte Verdauung verhindert, schnell erkannt. In Tibet würde man dies als Unterversorgung mit dem Feuerelement bezeichnen. Winzige Unterschiede in der Stärke und Kombination der Elementarenergien führen zu den einzelnen Charakteristika jedes Individuums, zu den verschiedenen Temperamenten, geistigen Fähigkeiten und äußerlichen Merkmalen.

Nach der Geburt verstärken der Einfluss der Umwelt und die Reaktion des Individuums darauf die Dynamik der Elemente noch. Unfälle und Krisen, also alles, was starke Reaktionen bis hin zur vollständigen Abkehr von der betroffenen Energie hervorruft, wirken sich ebenso aus wie kleine Gesten und scheinbar unbedeutende Alltagsentscheidungen.

Alles, was wir tun, ist – auf jeder Ebene des Seins – Ausdruck der Elementarenergien, die in einer bestimmten Mischung auftreten und zusammenwirken. So werden die Bedingungen, die diese spezielle Mischung hervorgebracht haben, noch verstärkt. Ärger zum Beispiel ist normalerweise eine »hitzige« Reaktion. Reagieren wir häufig ärgerlich, schüren wir das Feuer in uns, auch wenn das in diesem Fall mit Hilfe einer der negativen Feuer-Qualitäten geschieht. Da auch die Kreativität zur lodernden Natur des Feuers gehört, können wir das Element auch stärken, indem wir schöpferisch tätig werden und so die positiven Aspekte des Feuers intensivieren. So fördern unsere gewohnheitsmäßigen Reaktionen mit der Zeit die Ausbildung bestimmter Elemente, während andere vernachlässigt werden. Dieser Prozess wird durch kulturelle Normen, welche bestimmte Elementarenergien für wichtiger erachten als andere, weiter vorangetrieben. Um das Beispiel mit dem Feuer fortzuführen: Leben wir in einer sozialen Gruppe, in der aggressives, von Stolz geprägtes Verhalten gefragt ist, werden diese Eigenschaften entwickelt statt eines sanfteren, eher »wasserbetonten« Umgangs mit der Welt.

Solche Ungleichgewichte können vorübergehenden Charakter haben oder ein Leben lang andauern. So kann ein Mensch beispielsweise generell viel Selbstvertrauen besitzen und gut mit Menschen umgehen. Trotzdem mag er in bestimmten Situationen, zum Beispiel beim Sprechen vor einer großen Menschenmenge oder vor Prüfungen, ängstlich werden. Andererseits kann ein allgemein schüchterner Mensch recht extrovertiert und selbstbewusst werden, wenn er einen Schluck Wein trinkt. Ein ansonsten glücklicher Mensch kann nach dem Scheitern einer Beziehung depressiv werden und ein gläubiger Mensch mag nach dem Tod eines geliebten Menschen seine Sicherheit im Glauben verlieren. Dies alles sind vorübergehende Störungen im Gleichgewicht, die durch äußere Situationen entstehen.

So ein Mangel kann ohne jede Vorwarnung auftreten. Nach einem schweren Mittagessen werden wir träge. Dann dominiert das Erdelement. Wenn wir zu unserem Chef gerufen werden, verlieren wir vielleicht den Kontakt zur Erde, sodass sich plötzlich Sorge (das Luftelement) in uns breit macht. Eine lange Besprechung erschöpft uns, weil die Schöpferkraft des Feuers verloren geht, die wir später bei einem guten Gespräch mit Freunden wieder herstellen.

Fast alles kann die Elemente aus dem Gleichgewicht bringen: Nahrung, Gedanken, Emotionen, Filme, Freunde, unsere Kultur, Krankheiten und so weiter. Doch das bedeutet nicht, dass wir den Elementen hilflos ausgeliefert sind. Denn dieselben Dinge ermöglichen uns auch, einem eventuellen Ungleichgewicht zu begegnen. Wenn uns zum Beispiel das Luftelement beherrscht, hilft gewöhnlich nichts so gut wie ein Gespräch mit guten Freunden, die über ein eher bodenständiges Naturell verfügen.

Natürlich sind bestimmte Ungleichgewichte beständiger als andere. Eingefahrene Charakterzüge haben beispielsweise die Tendenz, sich selbst zu verstärken. Unsere Art zu sprechen, zu gehen und zu gestikulieren, ja selbst unsere Lieblingsfarben drücken die Energie unserer charakteristischen Elemente-Mischung aus. Wenn wir wissen, wonach wir suchen, ist es nicht schwer, die Elemente zu erkennen, die in uns am stärksten angelegt sind. Im Westen denken wir meist an Psychologie, wenn es um solche Typologien geht, doch die Elemente operieren auf einer sehr viel grundlegenderen Ebene.

Einige Menschen sind von Natur aus ziemlich ausgeglichen. Sie haben genug Abstand, sind gelassen, gut geerdet, kreativ und flexibel. Vielleicht verfügen sie auch noch über edlere Eigenschaften: Mitgefühl, Liebe, Großzügigkeit, Geduld und so weiter. Meist sind sie auch körperlich völlig gesund. Wir alle kennen solche Menschen. Sie arbeiten mit ihrer Lebenssituation und lassen sich von ihr unterstützen: Ihr Beruf und ihre Beziehungen lassen nichts zu wünschen übrig.

Plötzlich aber kommt es zu einer der unvermeidlichen Tragödien, die dieses Leben für alle bereithält. Sie werden krank, ein geliebter Mensch stirbt. Sie haben einen Autounfall oder werden im Geschäftsleben betrogen. Dann gibt es zwei Möglichkeiten: Entweder es kommt zu einer natürlichen Ausgleichsbewegung oder die Balance geht verloren. Von solchen Dingen hören wir immer wieder: Ein Mann kann den Tod seiner Frau nicht verwinden. Eine Frau wird mit ihrem Krebsleiden nicht fertig. Plötzlich steht die ganze Welt Kopf. Der Sinn des Lebens scheint mit einem Mal verloren gegangen zu sein. Der Mensch wankt im Glauben oder verliert ihn gar. Die Elemente haben ihr Gleichgewicht eingebüßt. Die Stabilität ist dahin, die Freude oder die Schöpferkraft verloren. Solche Menschen werden dann meist von einem Element dominiert: Sie reagieren entweder mit Zorn oder Depression, werden zerstreut bzw. traurig oder verlieren schlicht die Bodenhaftung.

Wir können natürlich bis an unser Lebensende in diesem Zustand verharren. Wir können uns der Disharmonie aber auch stellen. Wir können einen Arzt aufsuchen, unsere Ernährung umstellen, ins Fitnessstudio gehen oder einen Therapeuten konsultieren. Vielleicht beginnen wir gerade jetzt, uns für eine bestimmte Religion zu interessieren oder die religiöse Praxis wieder aufzunehmen. Wenn wir den spirituellen Pfad noch nicht betreten haben, ist dies auf jeden Fall eine der gesündesten Reaktionen auf ein leidvolles Ereignis.

Wenn wir uns also neuen Wegen zuwenden, dann wird dabei immer etwas gefördert und etwas anderes aussortiert. Iss dies, lass jenes weg. Denk nicht so, sondern so. Vermeide einen sitzenden Lebensstil, werde aktiv. Wenn in unserem Leben etwas falsch zu laufen scheint, wollen wir etwas verändern. Wir möchten mehr von dem haben, was wir zu brauchen scheinen, und etwas anderes loswerden, das uns stört.

In uns ist ein natürlicher Impuls, der uns zum Gleichgewicht drängt, so wie wir uns ganz natürlich von Bewusstheit und spirituellem Wachstum angezogen fühlen. Beides kann verkümmern oder geleugnet werden, doch die Weisheit, die uns zur Balance führt, ist uns angeboren.

Wie Probleme entstehen

Auf jeder Ebene des Seins kann es zu Schwierigkeiten kommen. So können auf der körperlichen Ebene Krankheiten auftauchen. Dann ziehen wir einen Arzt zu Rate, lassen uns röntgen und Blutuntersuchungen durchführen. Schließlich erhält die Krankheit einen Namen. Sie hat eine Form: ein Bakterium, ein Virus oder Krebs – in jedem Fall etwas Substanzhaftes. Diese Krankheit behandeln wir auch mit etwas Substanzhaftem: mit Tabletten, Injektionen, Chemikalien oder Kräutern. Möglicherweise ist das Problem auch ein mentales. Es geht um den Geist, doch der Körper leidet mit. Dann geht der Betroffene zum Psychotherapeuten, versucht, das Problem intellektuell zu erfassen, die dahinter stehenden Gefühle zu erkennen, einen Sinn im Geschehen zu sehen und seine Sicht der Situation zu ändern.

Die tibetische Kultur kennt noch eine weitere Dimension, in der sich Probleme zeigen können: im energetischen Bereich. Traditionell werden hier Störungen angesiedelt, welche die Medizin nicht zu entschlüsseln vermag. Man glaubt, dass diese Schwierigkeiten auf den negativen Einfluss von körperlosen Wesen zurückgehen. In so einem Fall wird natürlich auch die Diagnose weniger substanzhaften Methoden überantwortet: Orakel, Vorhersagen, Intuition, Träume oder Astrologie helfen hier weiter. Genauso wenig substanzhaft sind die Behandlungsmethoden: Exorzismen durch den Kontakt mit heiligen Texten und anderen geheiligten Objekten, Reinigungsrituale mit Rauch bzw. Wasser, Seelenrückholung und die Stärkung der Lebenskraft durch Rituale, Prana-Yoga, Meditation, Kontemplation und Gebete.

Wenn wir ein Problem haben, ist es von enormer Wichtigkeit, dass wir die richtige Methode finden, um es anzugehen. Am besten ist es natürlich, wir lösen die Dinge, indem wir die klare Natur des Geistes erkennen und in ihr ruhen. Dann brauchen wir keine anderen Techniken mehr anzuwenden. Greifen wir hingegen auf eine falsche Methode zurück, zeigt sich das in erster Linie darin, dass unsere Technik nicht hilft. Haben wir zum Beispiel Schwierigkeiten auf dem energetischen Niveau, wird eine intellektuelle Analyse uns nicht weiterbringen. Gehen unsere Schwierigkeiten hingegen auf falsche Ideen und Vorstellungen zurück, nützt es uns wenig, wenn wir Weihrauch verbrennen oder Federn schwenken.

In dem Abschnitt über die Fünf Reinen Lichter haben wir erfahren, wie die falsche dualistische Sicht das Nicht-Substanzhafte als Substanz erlebt. Haben wir dies verstanden, dann begreifen wir auch, wie es zu Problemen, Hindernissen und Störungen kommt. Sie beginnen auf der subtilen Ebene des Seins, um dann eine immer konkretere Gestalt anzunehmen. So kann eine Krankheit sich lange vor ihrem Ausbruch zum Beispiel in den Träumen des Betreffenden ankündigen. Danach macht sie sich auf energetischem Niveau bemerkbar, als Müdigkeit zum Beispiel oder zunehmende Ruhelosigkeit. Am Ende produziert sie dann deutlich spürbare Symptome im Körper.

Erkennen wir das Problem bereits auf einer subtileren Ebene, zum Beispiel in einem Traum, können wir es auf dieser Ebene zu beseitigen versuchen: durch Rituale, luzides Träumen, Gebete oder Energiearbeit am Körper. Nehmen wir die Krankheit jedoch nicht wahr, bevor sie sich körperlich äußert, dann müssen wir zu den gröberen Mitteln wie Arzneien oder Operationen greifen. Mitunter ist die Krankheit auf dieser Ebene nicht mehr aufzuhalten. Dann kommt es unweigerlich zum Tod.

Selbst eine Missstimmung zwischen Freunden kann sich in einem Traum, einem Tagtraum oder einer schlichten körperlichen Empfindung äußern, wenn die betroffenen Personen zusammen sind. In diesem Fall kann das Problem noch durch einen Wandel der inneren Einstellung gelöst werden.

Ist es jedoch bereits auf die gröberen Ebenen des Materiellen übergegangen, dann sind mehr Arbeit, mehr Gespräche, mehr Anstrengung nötig, um sie wieder aus der Welt zu schaffen.

Wenn wir uns also erlauben, die Welt gedanklich in einzelne Ebenen einzuteilen, dann geschieht das, damit wir bestimmten Situationen in unserem Leben wirksamer begegnen können. Doch das ändert nichts daran, dass die Wirklichkeit ein Kontinuum ohne Unterscheidungen ist. Da die Einteilung der Erfahrung in bestimmte Ebenen nur in unserem Kopf passiert, sind Ursachen, Konsequenzen und Gegenmittel auf allen Ebenen gleichermaßen wirksam. Aus diesem Grund sind sogar bei auf der körperlichen Ebene relativ weit fortgeschrittenen Krankheiten subtile Behandlungsmethoden wie Rituale von Nutzen. So hat die Wissenschaft mittlerweile festgestellt, dass es besonders bei gläubigen Menschen auch im fortgeschrittenen Krankheitsstadium zu Spontanheilungen kommt, obwohl dies ja nicht recht zur materialistischen Weltsicht der westlichen Medizin passen will. Umgekehrt können Behandlungen auf der materiellen Ebene die subtilen Dimensionen beeinflussen, wenn zum Beispiel Yogaübungen oder Medikamente die »Samen« einer Krankheit unschädlich machen.

Unter einem gewissen Blickwinkel könnte man sagen, dass Probleme nicht nur auf der subtilen Ebene entstehen und sich dann in die gröberen Schichten des Seins hinein fortpflanzen. Manchmal ist es auch umgekehrt. So können körperlich traumatische Erlebnisse zu heftigen emotionalen Störungen führen. Unfälle und Krankheiten beeinflussen natürlich auch den Geist.

Die tibetische Tradition geht allerdings davon aus, dass die äußeren Ursachen dieser Störungen zuerst von den subtilen karmischen Spuren verursacht wurden, die sich auf dem üblichen Weg in der materiellen Welt manifestierten.

Negative und positive Aspekte

Doch es gibt Möglichkeiten, die negativen Aspekte der Erfahrung an ihrer Manifestation zu hindern. Hier sind Reinigungsrituale von großem Nutzen. Auf der körperlichen Ebene kann es sich dabei um Diätanweisungen handeln. Vielleicht müssen wir fasten oder andere Vorschriften beachten. Auf der emotionalen Ebene sollten wir uns bestimmte negative Einstellungen möglichst abgewöhnen. Im Tantra gibt es viele Meditationstechniken, die auf die Reinigung des Selbst, der anderen Wesen und der gesamten Existenz abzielen.

Umgekehrt können wir auch die positiven Aspekte des Seins entwickeln. Wie wir negative Eigenschaften zustande bringen, müssen wir ja nicht erst lernen: Wenn wir ein Problem haben, brüten wir endlos darüber. Stattdessen können wir üben, positiv zu denken. Ertappen wir uns bei zornigen Gedanken, so können wir uns stattdessen in Mitgefühl üben. Auf diese Weise bringen wir Liebe und Freude, Schöpferkraft und Beständigkeit hervor, die positiven Qualitäten der reinen Elemente.

So existiert im Sutra-Weg von Bön bzw. Buddhimus eine Übung, die uns lehrt, die Vier Unermesslichen zu kultivieren: Liebe und Mitgefühl, Freude und Gleichmut. Diese vier Eigenschaften werden als besonders förderlich für den Pfad erachtet. Wenn wir versuchen, Freude zu entwickeln, müssen wir sie zuerst in uns selbst finden. Zu diesem Zweck sollten wir, wann immer wir Freude empfinden – in Gesellschaft lieber Menschen, in der Natur, beim Hören von Musik –, uns diese bewusst machen. Unsere Freude ist nämlich nicht von diesen »Auslösern« abhängig. Sie ist eine uns innewohnende Fähigkeit, die durch ein äußeres Objekt bzw. eine entsprechende Situation nur aktiviert wird.

Wenn wir wissen, wie Freude sich anfühlt, können wir ihr in unserer Erfahrung Raum geben – was der Reinigung gleichkommt – und sie direkt empfinden. Sobald wir mit dieser Erfahrung vertraut sind, kultivieren wir sie, indem wir uns darin üben. Wenn wir am Morgen erwachen, können wir beispielsweise darüber nachdenken, was für ein großes Glück es doch ist, als Mensch geboren worden zu sein, genug zu essen zu haben, in Freiheit zu leben und dem spirituellen Pfad begegnet zu sein. Vielleicht rezitieren wir ein freudvolles Mantra, opfern Gebete und ziehen etwas an, was uns daran erinnert, dass wir Freude aufbauen wollen. Wir können uns mit den Elementen Feuer und Wasser beschäftigen, die beide mit der Freude verbunden sind.

Auf diese Weise können wir jede Eigenschaft in uns entwickeln: Liebe, Mitgefühl, Mut, Beständigkeit, innere Zufriedenheit, Dankbarkeit und so weiter. Auf diese Weise unterstützt unser Handeln in der Außenwelt unsere geistige Entwicklung. Was steht im Zentrum Ihres Lebens? Womit umgeben Sie sich täglich? Welche Bücher lesen Sie? Welche Bilder hängen an Ihren Wänden? Welche Fähigkeiten haben Sie bislang erworben?

Doch natürlich ist die Reinigung negativer und der Aufbau positiver Aspekte nicht die einzige Art und Weise, wie Sie für einen Ausgleich der Elementarkräfte sorgen können.

Das richtige Element finden

Die Übungen in diesem Buch sind für alle Menschen gut, die sie anwenden wollen, ob sie sich nun mit den Elementen beschäftigen oder nicht. Studieren wir die Elementarenergien genauer, dann finden wir auch heraus, was uns fehlt bzw. was im Übermaß vorhanden ist und wie wir die nötige Balance wieder herstellen können.

Die vorangehenden Beschreibungen der Elementarkräfte sollten Ihnen ausreichend Information an die Hand geben, um mit einer selbstständigen Beobachtung der Elemente zu beginnen. Diese wiederum schärft unsere Intuition, sodass wir die abstrakte Idee der einzelnen Elemente zunehmend innerhalb unseres Erfahrungsbereiches wiederfinden. Vor diesem Hintergrund entdecken wir uns selbst und unser Leben neu. Mir geht es in diesem Buch weniger um die Diagnose des Ungleichgewichts in den Elementarenergien, wie sie Grundlage der tibetischen und chinesischen Medizin ist. Vielmehr möchte ich ein allgemeines Verständnis vermitteln, das dem Praktizierenden als Werkzeug auf dem spirituellen Pfad dient.

Lang andauernde Anomalien in der Elementeverteilung erkennt man daran, dass man sich fragt, was man an sich immer schon verändern wollte. Wie reagieren Sie gewöhnlich im Alltagsleben? Was ist Ihnen wichtig? So eine Selbstbefragung fördert normalerweise einige Charakterzüge zu Tage, die man ablegen bzw. entwickeln möchte. Was wollen Sie an Ihrem Befinden auf körperlicher, emotionaler, energetischer oder geistiger Ebene verändern? Wo gibt es immer wieder Probleme? Kommen Sie häufig zu spät? Reden Sie zu viel? Oder zu wenig? Sind Sie wach oder eher träge? Ruhig oder zappelig? Sind Sie kreativ? Selbstsicher? Gut geerdet? Machen Sie sich zu viele Sorgen? Haben Sie Verantwortungsgefühl? Verwirklichen Sie Ihre Träume? Wie läuft Ihre Meditationspraxis? Machen Sie Fortschritte oder bringen Sie einfach nur jeden Tag ein paar Minuten in einer Art Trance zu? Hat sich Ihre Meditationserfahrung in den letzten Jahren verändert? Verfügen Sie jetzt über mehr Einsicht? Ist Ihr Geist ruhiger geworden? Empfinden Sie mehr inneren Frieden? Ist Ihre Praxis freudvoll oder ist sie Ihnen eine Last?

Die Antworten auf diese Fragen können Sie in die Sprache der Elemente übersetzen. Wenn Sie etwas ändern wollen, überlegen Sie, welche Elementarenergie verringert bzw. gestärkt werden müsste. Wahrscheinlich – aber nicht notwendigerweise – entdecken Sie ein oder zwei Elemente, die Ihre Erfahrung beherrschen, während die anderen kaum auftauchen oder zumindest nur schwach ausgeprägt sind.

Eine andere Möglichkeit ist es, Freunde zu fragen, welches Element sie Ihnen wohl zuordnen würden. Sie werden erstaunliche Antworten erhalten, auch wenn Ihre Bekannten über die Elementarkräfte gar nichts wissen.

Das Hauptziel ist, sich selbst besser zu verstehen. Benutzen Sie Ihren Kopf, um sich Gedanken über die wichtigen Fragen in Ihrem Leben zu machen. Nutzen Sie die gewonnenen Einsichten, um Ihre Lebensqualität zu verbessern und Ihre spirituelle Praxis effektiver zu machen. Selbst arg eingeschliffene Gewohnheiten lassen sich auf diese Weise verändern, doch dazu müssen Sie sich wirklich anstrengen und zwar auf möglichst intelligente Weise. Das Leben ist zu kurz, um es auf unpassende oder unwirksame spirituelle Übungen zu verschwenden. Zu kurz, um nicht nach sinnvollen und wirksamen Übungen zu suchen.

Wählen Sie aus den Übungen, die ich Ihnen später vorstellen möchte, die für Sie passenden aus. Wenn Sie nervös sind, stärken Sie Ihren Geist, indem Sie das Erdelement fördern. Sind Sie zu träge, dann geben Sie dem Luftelement Nahrung, indem Sie Prana-Übungen machen. Sorgen Sie sich zu viel, muss das Luftelement gebremst werden, damit Erde und Wasser besser zum Tragen kommen. Reagieren Sie häufig mit Zorn, müssen Sie das überwertige Feuerelement mit Wasser ausgleichen. Neigen Sie zur Verantwortungslosigkeit, reduzieren Sie die Wasser- bzw. Raumenergie und stärken dafür Erde und Feuer. Und so weiter.

Wenn Sie erst wissen, wie Sie mit den Elementen arbeiten können, haben Sie die nötigen Werkzeuge in der Hand, um sich selbst in jeder Situation Ausgleich zu verschaffen. Werden Sie beispielsweise nervös, wenn Sie mit Fremden sprechen, verstärken Sie Ihre Verbindung zur Erde, sodass Sie im entscheidenden Moment darauf zurückgreifen können. Nehmen Sie Kontakt zum Erdelement auf, erden Sie sich. Machen andere Menschen

Sie dagegen schnell schläfrig, dann sollten Sie die Fähigkeit trainieren, im entscheidenden Moment die Qualitäten von Feuer und Luft zu Hilfe zu holen.

Diese Art der Übung verstärkt die Lebensqualität, und das ist gut. Aber was noch wichtiger ist: Sie stärkt die spirituelle Praxis. Wenn Sie beim Meditieren leicht müde werden, können Sie die alles durchdringende Qualität der Luft oder die Inspiration des Feuers zu Hilfe rufen. Wenn Sie fahrig sind, erden Sie sich. Kommt innere Unruhe auf, verbinden Sie sich mit der tröstlichen Qualität des Wassers.

Die Arbeit mit den Elementen

Alle Übungen, die ich hier vorstelle, haben ihre Wurzeln im Bön, in zum Teil sehr alten Texten wie dem »Muttertantra«. Es handelt sich also durchweg um spirituelle Übungen, nicht um medizinische, da sie weder mit Substanzen arbeiten noch auf die Heilung von Krankheiten abzielen. Es geht auch nicht um psychologische Techniken, die uns erlauben würden, unsere emotionalen Reaktionsmuster zu verändern. Genauso wenig zielen sie auf die Entwicklung intellektueller Qualitäten zur Heilung des Geistes ab. Obwohl sie die Gesundheit verbessern sowie emotionale Stabilität und geistige Klarheit schenken, konzentrieren sie sich in der Hauptsache auf die Arbeit mit den heiligen Energien des Seins. Mit ihnen kann der Übende Kontakt mit dem Heiligen aufnehmen und selbst gesegnet werden. Damit die Übungen überhaupt wirken können, muss der Praktizierende begreifen, dass sein »Rohmaterial« lebendig und heilig ist.

Die Erkenntnis, dass die Elemente die Heimstatt unzähliger lebender Wesen sind, zu denen auch Göttinnen und Halbgötter gehören, macht die Kraft schamanischer Rituale überhaupt erst aus. Wenn wir lernen, dieses geheime Leben in der Natur und in uns selbst zu akzeptieren, wird sich unser Wohlbefinden enorm verbessern.

Die Tantrapraxis beruht auf dem Prinzip, dass Makrokosmos und Mikrokosmos einander widerspiegeln. In diesem Buch gehen wir also davon aus, dass die Energien, die wir im Körper spüren, und jene, aus denen die Schöpfung erwächst, ein und dieselbe Kraft sind. Betrachten wir diese Energien einzig als »mein« Feuer und »mein« Wasser, verlieren wir einen wichtigen Teil der Praxis aus den Augen: Wir versäumen es, die Verbindung mit dem Heiligen aufzunehmen und uns dadurch segnen zu lassen. Wenn wir die Praxis daher psychologisieren, machen wir aus den Elementen schlichte Abstraktionen, mit deren Hilfe wir unseren Körper und unsere Psyche »behandeln« können. Wir verpassen die Auflösung unserer begrenzten Identität in der heiligen Essenz all dessen, was ist.

Obwohl die drei Ebenen der Praxis mit verschiedenen Dimensionen der Erfahrung arbeiten, sind sie im Leben des Übenden eng miteinander verknüpft. Einige Tantra-Praktizierende führen schamanische Rituale durch und üben auch Dzogchen. Manche Dzogchen-Schüler hingegen bringen den Schützern Opfer dar. Gewöhnlich fällt es dabei den Schülern der unteren Stufen schwerer, »höhere« Belehrungen in ihre Praxis einfließen zu lassen, als umgekehrt. Für den Lernenden hingegen ist es nützlich, die verschiedenen Ansätze zu trennen, damit er den Unterschied versteht. Dann taucht keine Verwirrung hinsichtlich der grundlegenden Ansichten, Methoden und Ziele der einzelnen Wege auf.

Nichtsdestotrotz arbeiten wir auf allen Ebenen der Praxis mit Symbolen und abstrakten Vorstellungen der Elementarenergien, denn nur so können wir die energetischen Prozesse nachvollziehen. Stellen Sie sich vor, Sie werden im Traum von einem giftigen Tier gebissen. Das kann nun auf symbolischer Ebene sehr viele Bedeutungen haben. Nur der Träumer selbst kann letztlich sagen, welche davon auf ihn zutrifft. Allgemein kann man davon ausgehen, dass da etwas Giftiges in Ihnen oder Ihrem Leben ist, das Sie bedroht. Der schamanisch Praktizierende wird nun in einem Ritual den Geist, der das Gift verabreicht hat, herbeizitieren, um ihm zu opfern. Oder er wird ihn mit einem anderen Ritual schwächen, sodass das Gift seine Wirkung verliert. Der Tantriker führt ebenfalls Rituale durch, doch er arbeitet direkt mit den Energien des Körpers, indem er auf das Prana und die Energiekanäle einwirkt. Eine andere Möglichkeit ist eine Form der *Yidam*-Praxis. Möglicherweise ist der tantrisch Praktizierende auch bereits in der Lage, alle Erscheinungen als Illusion zu sehen, woraufhin er beschließt, dass dieser Traum keine Macht über ihn hat. Der geübte Dzogchen-Meditierende ruht hingegen in der Erfahrung der nicht-dualen Wirklichkeit, wo ihm ein Traum ohnehin nichts anhaben kann. Er oder sie hat aufgehört, seine Erfahrungen zu interpretieren. Da jedoch die meisten Dzogchen-Schüler noch nicht so sicher in der Natur des Geistes verankert sind, müssen auch sie sich häufig mit den Ereignissen der relativen Wirklichkeit und ihren Folgen auseinander setzen. Daher nutzen auch sie tantrische oder schamanische Methoden, um solchen Problemen zu begegnen.

Die richtige Ebene auswählen

Ob Meditation und spirituelle Übungen sinnvoll sind oder nicht, hängt wesentlich stärker vom Praktizierenden ab als von der Form der Übungen. Wenn man nicht versteht, wie die Praxis durchgeführt werden muss und wohin sie uns führen soll, können wir wenig Nutzen daraus erwarten. Der Übende mag sich seinen Fantasien über seine angeblichen spirituellen Fortschritte hingeben, eine wirkliche innere Entwicklung bleibt in diesem Falle höchstwahrscheinlich aus. Wenn wir schwach, energetisch aus dem Gleichgewicht und deprimiert sind, wenn wir uns krampfhaft an eine zerbrechliche Identität klammern, haben innere und äußere negative Einflüsse leichtes Spiel. Versuchen wir dann auch noch, Übungen für Fortgeschrittene wie das Dzogchen zu praktizieren, hat das nicht viel Sinn. Wenn wir unbedingt eine der »fortgeschrittenen« Übungen machen wollen, aber damit keine positiven Ergebnisse erzielen, erliegen wir einer Selbsttäuschung. Die »höchste« und beste Praxis ist immer jene, welche die größte Wirkung erzielt, wie auch immer sie nun heißen mag.

Niemand kann Ihnen wirklich sagen, welche Praxis Sie zu einem bestimmten Zeitpunkt üben sollen. Sie selbst müssen Sinn und Zweck der Übungen wirklich verstehen und wissen, wie Sie wirken sollen und in welchen Situationen sie nützlich sind. Dann brauchen Sie nur noch schonungslose Ehrlichkeit sich selbst gegenüber, vor allem was Ihre persönlichen Fähigkeiten angeht. Machen Sie sich nichts vor. Verklären Sie nichts. Suchen Sie sich den richtigen Lehrer. Lernen Sie. Und treffen Sie dann Ihre Entscheidung. Es geht nicht darum, welche Praxis »objektiv« besser ist. Es geht darum, welche Praxis Sie jetzt gerade brauchen. Wenn Sie nicht ehrlich zu sich selbst sind oder sich über die einzelnen Übungen nicht ausreichend informieren, dann können Sie Jahre, ja sogar ein ganzes Leben vergeuden, indem Sie praktizieren, ohne überhaupt (und wenn, dann höchstens geringfügige) Fortschritte zu erzielen.

Im Westen will immer jeder die »beste« oder »höchste« Praxis haben. Doch dieser Wunsch zeugt nur von einem grundlegend falschen Verständnis des spirituellen Pfades. Jeder will die Vorbereitenden Übungen (*Ngöndro*) möglichst schnell hinter sich bringen oder – besser noch – überspringen. Doch alle großen Meister führen diese Übungen ihr ganzes Leben lang aus. Sie denken über die Vergänglichkeit nach, entwickeln Mitgefühl, unterziehen sich den Reinigungsübungen, bringen Opfer dar und meditieren über ihren Lehrer (Guru Yoga). Die Vorbereitenden Übungen sind kein Anfängerstadium, das man möglichst schnell hinter sich bringen sollte. Die am höchsten verwirklichten Meister führen diese Übungen aus und bemühen sich, die Qualitäten zu entfalten, für die sie entwickelt wurden, selbst auf den höchsten Stufen der Realisation. Und warum? Weil sie immer noch Nutzen daraus ziehen.

Der Grund jeder individuellen Existenz ist das Gewahrsein der Leerheit. Das klingt vielleicht nicht gerade verlockend. »Leerheit« – das hört sich nicht sehr viel versprechend an: Ein Gefühl der Leere, ein leeres Leben, ein leerer Kopf oder ein leeres Herz – all das gilt uns als negativ. Daher versuchen wir seit anfangsloser Zeit, die Leere zu füllen. Wir erfinden Identitäten, Geschichten, Objekte. Doch weil wir einfach nicht begreifen, was wirklich dahinter steckt, sind all diese Dinge nie ganz befriedigend.

Die schamanische Praxis zielt darauf ab, Ordnung in dem zu schaffen, was den Raum füllt. Wir lernen, das, was im Raum aufsteigt und sich auf uns auswirkt, zu beherrschen und lassen uns dabei von der Umwelt unterstützen. Der Schamane schert sich keinen Deut um abstrakte Philosophien. Er oder sie lernt, wie er mit unsichtbaren Kräften Verbindung aufnimmt, sie zu seinen Zwecken einsetzt und sich in Notfällen dagegen verteidigt.

Der Sutra-Weg beruht auf Entsagung. Man ist dessen überdrüssig, was sich im Raum angesammelt hat. Der Praktizierende versucht, das Negative auszusortieren und die Ich-Verhaftung loszuwerden, die ihm so viel Kummer bereitet. Er will Verlangen, Ärger und Unwissenheit abbauen, weil diese ihn so lange Zeit unglücklich gemacht haben. Stattdessen strebt er nach Liebe, Mitgefühl, Glauben, Gleichmut, innerem Frieden und Weisheit.

Der Tantriker hingegen sortiert nichts aus. Stattdessen nimmt er, was vorhanden ist und verwandelt es in Schönheit, in heilige Ornamente, die den leeren Raum schmücken. Gewöhnliche, der Täuschung unterworfene Wesen werden als Buddhas betrachtet. Alle Klänge verwandeln sich in heilige Mantras. Sinneswahrnehmungen werden zu reiner Glückseligkeit. Der Übende tauscht seine begrenzte, kleine, ängstliche, unglückliche, ärgerliche Identität gegen ein Selbstbild der Größe, Grenzenlosigkeit, Geerdetheit, Freude und Friedensliebe ein.

Die Praktizierenden der Großen Vollkommenheit leben im reinen, leeren Raum und genießen es. Sie lassen alles los, auch das Gefühl eines Selbst, damit es sich im grenzenlosen Grund, Kunzhi, auflösen kann, aus dem alle Erscheinungen als klares Licht und reine Erfahrung hervorgehen. Alles ist Leerheit, und die Leerheit allein genügt. Die lichte Erfahrung des Raumes.

Welcher Praxisweg ist also der Ihre? Nun, der, welcher im Moment die besten Ergebnisse verspricht. Der, dem Sie sich verbunden fühlen, den Sie am besten verstehen, praktizieren und anwenden können. Wenn Sie nicht alles mit einer Übung lösen können, greifen Sie einfach auf andere Techniken zurück. Experimentieren Sie mit den Übungen in diesem Buch, bis Sie wissen, wie Sie sie anwenden müssen und wie sie bei Ihnen wirken. Denken Sie daran: Je länger Sie bei einer Praxis bleiben, desto tief greifender wird ihre Wirkung sein. Finden Sie heraus, was funktioniert und was Sie brauchen. Der spirituelle Pfad ist keine passive Angelegenheit. Sie müssen nicht einfach irgendwelchen Anweisungen folgen. Sie müssen forschen, experimentieren, sich selbst befragen. Sie müssen sich selbst, Ihre Zeit und Ihr Leben in den Pfad investieren. Dann wird der Pfad sich Ihnen ganz von selbst enthüllen. Sie können ihm folgen, aber gleichzeitig müssen Sie ihn auch selbst ins Dickicht schlagen.

DIE FÜNF ELEMENTE IM SCHAMANISMUS

Im Westen gebraucht man häufig den Ausdruck »tibetischer Schamanismus«, in Tibet hingegen existiert – wie bereits gesagt – kein solcher Begriff. Die Bön-Tradition spricht von den »Ursachen-Fahrzeugen«, den ersten vier der neun Ebenen der Bön-Lehren in der Tradition des Südlichen Schatzes. Diese vier Sammlungen von Lehren und Übungsanweisungen heißen: *Chashen* (Der Weg des Shen der Vorhersage), *Nangshen* (Der Weg des Shen der Sichtbaren Welt), *Trulshen* (Der Weg des Shen der Magischen Illusion) und *Srishen* (Der Weg des Shen des Seins).

Chashen, der erste Weg, befasst sich mit medizinischer Diagnose, Heilung sowie Zukunftsvorhersage und Diagnose mit astrologischen Mitteln. *Nangshen*, der zweite Weg, umfasst Methoden der rituellen Reinigung, Rituale zur Erlangung von Energie und Wohlstand sowie zur Neutralisierung bzw. Lösung negativer Kräfte. Ferner erläutert es die Praktiken, mit der Besessene von Dämonen befreit werden können, sowie Opfer- und Anrufungsrituale für die Götter. Die Praktizierenden des dritten Weges, *Trulshen*, begeben sich in die Wildnis, um die dort hausenden Dämonen und Geister zu unterwerfen. Die unterworfenen Kräfte der Dunkelheit werden alsdann durch Gelübde verpflichtet, die spirituellen Lehren und die Übenden vor Schaden zu bewahren. Sie werden zu so genannten »Schützern«. *Srishen*, der vierte Weg, arbeitet mit der Energie von Lebenden und Toten. Für die Lebenden werden Rituale durchgeführt, die ihnen helfen, verlorene Lebenskraft oder Seelenqualitäten zurückzugewinnen. Auf diesen Punkt werde ich weiter unten noch ausführlicher eingehen. Für die Verstorbenen hingegen hält man Zeremonien ab, um sie gegen negative Einflüsse während der Erfahrung des Zwischenzustandes zu schützen und ihnen auf diese Weise bis zur nächsten Wiedergeburt beizustehen.

Als »schamanisch« bezeichne ich Praktiken, die mit Hilfe nicht-materieller Wesen und heiliger Naturkräfte die Beziehung zwischen dem Menschen und seiner Umwelt verbessern sollen. Im Allgemeinen hat der Schamane es mit Kräften und Wesen zu tun, die er der äußeren Welt zurechnet. Der Schamane arbeitet mit den Naturelementen und ihrer Energie, aber auch mit Geistern, Göttern, Heilgöttinnen, Ahnengeistern und anderen nichtmateriellen Wesen.

In den schamanischen Fahrzeugen geht es nicht primär um die Erleuchtung, sondern um die Beseitigung von Hindernissen im Leben, um die Verbesserung unserer Lebensqualität und die Verminderung des Leids, das wir durch eine gestörte Beziehung zu den Kräften der Umwelt erfahren. Man nennt sie die »Ursachen-Fahrzeuge«, weil sie die Ursachen und Grundlagen für die Auseinandersetzung mit den »Wirkungs-Fahrzeugen«, also Sutra, Tantra und Dzogchen, schaffen.

Westliche Praktizierende haben eine ausgesprochene Neigung, zwischen dem Schamanismus und dem Weg der Großen Vollkommenheit oder anderer Lehren der Nicht-Dualität zu polarisieren. Dies kann viele Gründe haben. Manche Menschen sind für nicht-materielle Wesenheiten und Kräfte empfänglich und fühlen sich daher von Lehren angezogen, die ihnen ein tieferes Verständnis bereits vertrauter Erlebnisse ermöglichen. Andere wiederum sind ganz in der materialistischen Weltsicht des Westens verwurzelt und halten Schamanismus für bloßen Aberglauben, der überwunden werden muss, wenn man zur »höheren Wahrheit« vordringen möchte, nach der sie sich sehnen.

Nichtsdestotrotz können schamanische Techniken den Schülern von Tantra und Dzogchen helfen, die Ursachen persönlicher Probleme zu beseitigen und daher so manches Hindernis auf dem spirituellen Pfad auszuräumen. Ich zum Beispiel kenne einen sehr gelehrten Mönch, der sich fast ausschließlich philosophischen und akademischen Studien widmet. Aber als er eines Tages krank wurde, ging er in die Küche und bereitete ein Speiseopfer für die Geister zu, die seiner Ansicht für die Krankheit verantwortlich waren. In Tibet ist so etwas ganz alltäglich. Für uns existiert diese Kluft zwischen philosophischem, spirituellem und schamanischem Denken einfach nicht. Der schamanische Praktizierende übt sich genauso in den anderen Ebenen der Lehre. Aber möglicherweise ist diese Mischung von schamanischen, sutrischen, tantrischen und Dzogchen-Elementen ja ein einzigartiges Merkmal der tibetischen Kultur.

Im Bön arbeitet der schamanische Praktizierende hauptsächlich mit sichtbaren Symbolen und symbolhaften Ritualen. Im Symbol tritt der konzentrierte Geist des Übenden mit dem Aspekt des Seins, der im Symbol repräsentiert ist, in Beziehung – sei dies nun eine Energie oder eine Wesenheit. So stellt man zum Beispiel Speiseopfer für Götter oder Geister vor die Tür. Insekten, Vögel und andere Tiere verzehren es. Das heißt nicht, dass damit der Wert der Opferung gesunken ist. Auf energetischer Ebene haben das Symbol bzw. die symbolische Handlung eine Verbindung hergestellt: Der Mensch hat etwas gegeben, die Geister haben etwas bekommen. Durch diesen symbolischen Akt kam es zu einem Energieaustausch und der Praktizierende, der diese Kräfte wahrnehmen kann, weiß auch, welche Wesenheiten oder Kräfte daran beteiligt waren.

Wenn Krankheiten auftreten, wenn unsere Erfahrungswelt zunehmend von negativen Emotionen geprägt wird, kann der schamanisch Tätige ein Ritual durchführen, um jene Geister zu rufen, die für die Krankheit verantwortlich sind und daher ihren Verlauf beeinflussen können. Kräuter, die mit den entsprechenden Elementarenergien in Verbindung stehen, werden verabreicht, zum Beispiel als Aufguss, oder verbrannt, wobei der Kranke den Rauch einatmen muss. Mitunter werden die benötigten Energien auch aus ihren materiellen oder spirituellen Manifestationen herbeigerufen: Erdenergie von einem Baum bzw. von den Erdgeistern; Feuerenergie vom Feuer bzw. von den Feuergeistern. Ein schamanischer Heiler nutzt viele verschiedene Methoden, um jenen zu helfen, die auf körperlicher, emotionaler oder intellektueller Ebene leiden.

Da in dieser Welt alles mit jedem verbunden ist, ist es auch möglich, Zeichen und Omen zu erhalten. Ein Omen ist nicht deshalb bedeutsam, weil es von irgendeiner höheren Macht extra für einen einzelnen Menschen inszeniert wurde, sondern weil im Universum alles vernetzt ist. Wenn wir die entsprechenden Antennen entwickeln, können wir in der Welt lesen wie in einem Buch, das alle Bedeutungen enthält. Träume können ebenso bedeutsam sein wie Karten, Orakelsteine, Wolkenformationen, die Klänge des Wassers, das Wetter und die Bewegungen von Tieren. Geister kommunizieren durch Zeichen und Symbole im Alltagsleben. Im schamanischen Bewusstsein gibt es keine Zufälle. Alles ist sinnerfüllt, und der erfahrene Schamane zieht in dem unendlich vielschichtigen Bedeutungsgeflecht, das alle Dinge und Wesen verbindet, die entscheidenden Fäden.

Das Achten auf Zeichen und Omen ist in jeder Kultur bekannt. Wenn allerdings der ursprüngliche Zusammenhang verloren geht, dann degeneriert der Gebrauch der Zeichen wirklich zum Aberglauben. So gilt es in den Vereinigten Staaten als Unglück verheißend, wenn einem eine schwarze Katze über den Weg läuft. Die meisten Leute lachen zwar darüber, doch immer noch geht kaum jemand unter einer Leiter hindurch. In anderen Kulturen ist es die Schlange, die Pech bringt, wenn sie vor einem den Weg überquert, oder der Uhu, der frühmorgens im Wald ruft. In den meisten Kulturen würde ein Traum, bei dem die Sonne untergeht und das Licht mit sich nimmt, als böses Omen gelten, während dem Sonnenaufgang oder dem Sich-Öffnen einer Blüte Glück verheißende Qualitäten zugeschrieben werden.

Die tibetische Kultur kennt natürlich auch Mittel und Wege, wie man das drohende Unheil, das ein solches Omen verkündet, abwendet und das gefährdete Gute schützt bzw. wieder findet, wenn man es bereits verloren hat. Wenn ein Tibeter ein schlechtes Omen erhält, stellt er sich vor, seine rechte Hand sei die Sonne und die linke der Mond. Man visualisiert die Gestirne, spürt deren Energie im Körper und klatscht dann in die Hände. Man sagt: »Was mich auch in diesem bösen Traum bedroht haben mag – « und klatscht dann in die Hände. Oder: »Ich löse die negativen Energien auf, die in diesen Symbolen (im Omen) stecken!« Und erneut klatscht man in die Hände. Das laute Klatschen soll die negativen Kräfte verscheuchen.

Man kann dieses Ritual mit dem Kreuzzeichen der Katholiken vergleichen, das instinktiv gemacht wird, wenn etwas Böses den Weg des Gläubigen kreuzt. Andere Kulturen nutzen andere Symbole. Selbst Menschen, die all dies für bodenlosen Humbug halten, fühlen sich nicht ganz wohl in ihrer Haut, wenn sie bestimmten Zeichen oder einer Reihe negativer Bilder bzw. Ereignissen begegnen. Irgendwie scheint etwas nicht zu stimmen. Man fühlt sich scheinbar grundlos bedrückt. In materialistischen Kulturen schiebt man dieses Unwohlsein dann auf die Verdauung oder eine beginnende Krankheit – irgendetwas eben, das als ideologisch akzeptabel gilt. An der Situation ändert dies allerdings nicht viel. Die schamanische Praxis aber stellt in diesem Augenblick Mittel bereit, die eine Situation energetisch ausbalancieren und die Harmonie zwischen dem Menschen und seiner Umgebung wieder herstellen können.

La, Yi und Sem

In den schamanischen Unterweisungen des Bön gibt es verschiedene auf den Elementen beruhende Metaphern für Gesundheit. Wie ich bereits an anderer Stelle ausgeführt habe, geht man davon aus, dass ein Mensch umso gesünder ist, je ausgeglichener die Elemente sind. Ist die Bilanz der Elementarkräfte hingegen unausgeglichen, kommt es zu Krankheiten. Dies gilt für alle Ebenen des Seins: die körperliche, emotionale, psychische, energetische und spirituelle. Einige Texte beschreiben die Ebenen des Seins in den drei Begriffen *La* (tib. *bla*), *Yi* (tib. *yid*) und *Sem* (tib. *sems*). Diese Begriffe lassen sich nicht in andere Sprachen übersetzen. Darüber hinaus bezeichnen sie unterschiedliche Dinge, je nachdem, auf welcher Ebene der Lehren wir uns befinden. In Dzogchen-Texten zum Beispiel umfasst Sem (Geist) etwas, das in den »Ursachen-Fahrzeugen« in Sem und Yi aufgespalten wird. Beachten Sie bitte, dass die Art, wie die Begriffe hier verwendet werden, sich ausschließlich auf die schamanische Praxis beziehen. In anderem Zusammenhang können diese Begriffe daher ganz anders interpretiert werden.

La wird gewöhnlich übersetzt mit »Seele«. In Wirklichkeit ist damit das gemeint, was wir tief im Inneren sind. Im Grunde ist damit die vollkommene Balance der Fünf Reinen Lichter gemeint, der puren Elementarenergien. Auf der Ebene des Individuums geht es dabei um die Fähigkeit, die fünf elementaren Qualitäten zu erkennen: Geerdetsein, Geborgenheit, Inspiration, Flexibilität und Raum.

Das La hat mit den karmischen Spuren zu tun, die uns zum Menschen und nicht zu einem anderen Wesen, einer Schildkröte zum Beispiel oder einem Gott, haben werden lassen. Unser La ist ein menschliches La. Das La eines Tigers ist ein Tiger-La. Das La bestimmt, welche Art Wesen wir sind und welche individuellen Fähigkeiten wir haben. Es steht für unsere Identität.

Unsere Vitalität und innere Stärke ruht auf dem La. Es kann verletzt oder gestärkt werden, gestohlen und wieder gefunden. Werden wir gedemütigt, wird unser La schwächer. Haben wir Erfolg in den Dingen, die uns wichtig sind, nimmt es an Kraft zu. Handeln wir im Einklang mit uns selbst, wird das La mächtig. Betrügen wir uns selbst, verliert es an Stärke.

Ich übersetze La manchmal mit »grundlegendes menschliches Gut-Sein«, denn es ist die Basis unserer Fähigkeit zum Guten.

Unser Vertrauen in unsere Mutter ist uns angeboren. Ebenso unsere Fähigkeit zu leben und uns auszutauschen, mit Menschen zu leben und freundlich zu sein. Dies ist die grundlegende menschliche Güte: Urliebe, Urvertrauen, Urverbundenheit und so weiter. Wir können das grundlegende menschliche Gut-Sein zwar im Rahmen unserer moralischen, spirituellen und religiösen Traditionen kultivieren, im Grunde aber ist es uns angeboren. Wenn es gepflegt wird, wird das La stärker. Außerdem kann man es heilen, wenn es verletzt wurde.

Wir werden immer mit Ereignissen konfrontiert, die das La beeinträchtigen: familiäre Probleme, politische Unterdrückung, Krankheiten, Unfälle. Auch nicht-materielle Wesenheiten können einen negativen Einfluss auf uns haben. All diese Dinge verletzen das La, und wenn es nicht stark genug ist, mit diesen Verletzungen fertig zu werden, kann unsere grundlegende menschliche Güte Schaden nehmen. Die Fähigkeit zu lieben, zu vertrauen, zu geben und zu empfangen kann dauerhaft eingeschränkt werden. Auf diese Weise zeigt sich eine Verletzung des La auf psychischer Ebene. Doch natürlich macht sie sich auch körperlich und energetisch bemerkbar. Dann geht unter Umständen die positive Ausrichtung der Elementarkräfte im Betroffenen verloren.

In der tibetischen Astrologie heißt es, dass La die Mutter der Lebenskraft ist. Erleidet das La Schaden, wird auch unsere Vitalität herabgesetzt. Das kann langsam vor sich gehen, über sehr lange Zeiträume, oder urplötzlich geschehen. Nach einem Unfall zum Beispiel kommt es häufig zu lang andauernden Beeinträchtigungen: Ängste oder ein plötzlicher Wandel der Perspektive, der uns das Leben als negativ erleben lässt, und so weiter. Diese Art von Behinderung der grundlegenden menschlichen Güte nennen wir »Seelenverlust«.

Während das La die Eigenschaften und Fähigkeiten des Individuums bestimmt, ist das Yi das Erfahrungskontinuum, das vom La geprägt wird. La ist die Voraussetzung, um Freude oder Trauer, Vertrauen oder Misstrauen zu empfinden, Yi fühlt sie.

Das Yi ist folglich der reflexive Aspekt des Geistes, in dem sich die Fähigkeiten und Eigenschaften, die das La repräsentiert, als Erfahrung widerspiegeln.

Das Sem hingegen ist der aktive, begriffliche Aspekt des Geistes. Er ist es, der intellektuell versteht, urteilt, weiß und entscheidet. Wie gut oder schlecht er seine Aufgabe erfüllt, hängt ganz vom Zustand von La und Yi ab.

Der Zustand des La zeigt sich an den Eigenschaften des individuellen Geistes. Ist das La im Gleichgewicht, dann sind auch die Bilder und Gedanken, die im Geist erscheinen, gesund und ausgeglichen. Hat es hingegen Schaden erlitten, dann sind auch die geistigen Eindrücke negativ und ungesund.

Diese drei Aspekte des Seins – La, Yi und Sem – können nicht voneinander getrennt werden. In der schamanischen Praxis müssen alle drei berücksichtigt werden, weil das Funktionieren des einen immer vom Funktionieren der anderen abhängt. Alle drei sind dann in optimalem Zustand, wenn die Elementarenergien im Gleichgewicht sind.

La, Sok und Tse

In den schamanischen Fahrzeugen wird noch eine weitere Dreiteilung vorgenommen, um die Gesundheit des Individuums zu beschreiben: La, Sok (tib. *srog*) und Tse (tib. *tshe*). Das La habe ich bereits als karmische Basis für die positiven Qualitäten des Menschen erläutert. Tse (Lebensspanne) bezeichnet die potenzielle Länge unseres Lebens. Auch diese kann in der Sicht der Tibeter verlängert oder verkürzt werden. Sok, die Lebenskraft, meint unsere Vitalität. Sie ist eng mit *Rigpa*, dem ursprünglichen Gewahrsein, verbunden. Wie Rigpa ist auch die Lebenskraft im Grunde grenzenlos und ohne Identität. Ihr haftet nichts Persönliches an. Anders als Rigpa aber kann die Lebenskraft verloren gehen bzw. verstärkt werden. Wenn wir eine Abneigung gegen unsere Erfahrungen verspüren, wird die Lebenskraft herabgesetzt. Sind wir hingegen in der Lage, auch der schrecklichsten Lage noch einen positiven Aspekt abzugewinnen, nimmt unsere Lebenskraft zu. Relative Schönheit kann den Intellekt beflügeln und uns öffnen, doch die Schönheit des Seins nährt die Lebenskraft noch auf einer weit tieferen Ebene.

Aufrichtiges Gebet und der Ausdruck reiner, unverfälschter Gefühle lässt unsere Lebenskraft anwachsen. Die sinnliche Erfahrung der Farben, der Schönheit der Natur und die freudvolle Akzeptanz unserer Erfahrungen macht uns stärker. Wenn Sie Ihre augenblicklichen Lebensumstände nicht besonders schätzen, sollten Sie Ihren Verstand einsetzen, um dies zu ändern. Sagen Sie zu sich selbst: »Dies ist ein schönes Hotel, ein wunderbarer Baum, ein guter Mensch« oder was auch immer den Sachverhalt trifft. Wenn wir uns öffnen, unsere Situation annehmen und zu schätzen lernen, holen wir die Lebenskraft aus den Bereichen zurück, in die sie abgedrängt wurde. Menschen, die einen Partner haben, den sie lieben, oder ein Haustier, leben sehr viel länger als Alleinstehende. Auch ihre Krankheiten heilen schneller. Wo Liebe ist, da ist auch Verbundenheit und Wertschätzung. Damit aber aktivieren wir das Erdelement, das seinerseits die Lebenskraft stützt.

Da unsere Beziehung zur Natur – zu der materiellen Ebene der Elemente und der schlichten Schönheit unserer Umgebung – so unendlich wichtig ist, sollten wir es uns zur Gewohnheit machen, Erde, Luft, Himmel, Wärme und Wasser ganz bewusst zu begrüßen und zu genießen. Denn auch die positive Einstellung zu den Elementargeistern verlängert die Lebensspanne.

Übungen

Die schamanischen Fahrzeuge umfassen eine große Anzahl von Übungen wie Meditation, Visualisierung, Mantras und Gebete. Es gibt unzählige Rituale zur Opferung, für Seelenrückholung

Die Elementargöttin Dekche Drölma

und Stärkung der Lebenskraft, für Langlebigkeit, Heilung und Reinigung, für Anrufung und Schutz. Einige dieser Methoden sind sehr einfach auszuführen, andere wiederum verlangen lange Vorbereitungen. Ich werde mich hier auf zwei Methoden beschränken. Bei der Ersten geht es um die Arbeit mit den Elementarkräften zum Zwecke des Schutzes und der Heilung. Bei der Zweiten werden die Göttinnen der Elemente angerufen. Sie sollen helfen, verloren gegangene oder geschwächte Energien zurückzuholen. In Tibet nennt man dies die »Rückholung der Elementaressenzen« (tib. *'byung ba'i bcud 'dus*). Darüber hinaus habe ich noch einige Hinweise zu den Opferungen aufgenommen.

Arbeiten mit den Naturelementen

Wenn wir mit den reinen Elementarkräften, wie sie in der Natur vorkommen, arbeiten wollen, dann versuchen wir, eine Verbindung zur äußeren Erscheinungsform der Elemente herzustellen und ihre Qualitäten zu verinnerlichen. Dadurch gelangen wir zur Essenz der Elemente, die aus schamanischer Sicht Teil der Seele sind. Auf dieser Ebene übt die Verbindung heilsame Kräfte aus. Die Verinnerlichung der Elementarenergien hilft uns, positive Qualitäten zu kultivieren und negative abzubauen.

Überall, wo wir der unberührten Natur begegnen, übt diese auf uns eine heilsame Wirkung aus: in der Wüste, auf Bergen, im Dschungel, in der Steppe. Dabei berührt uns nicht nur die sichtbare Schönheit der Landschaft. Vielmehr reagiert unser gesamter Körper auf unsere Umgebung. Diese inneren Reaktionen laufen meist unbewusst ab. Doch durch Übung und Ausdauer können wir schließlich die Energie der Naturelemente verinnerlichen und sie bewusst zur Heilung und Regeneration einsetzen. Doch auch wenn wir uns nicht in die Wildnis begeben, haben wir ständig Kontakt zu den Elementen, sodass wir immer fleißig üben können.

Wir nehmen ein heißes Bad und spüren die Entspannung, die von der Wärme ausgeht, die tröstliche Qualität des Wassers, das uns umschließt. Beides dringt tief in unseren Körper ein. Beim Visualisieren können wir uns vorstellen, wie wir bestimmte Qualitäten mit dem Atem in uns aufnehmen. Diese beeinflussen die subtileren »Strukturen« des Körpers wie zum Beispiel den Zentralkanal oder das Herzzentrum. Wir können uns zum Beispiel vorstellen, dass die liebevolle Umhüllung des Wassers nicht nur uns gilt, sondern auch dem Raum, der uns umgibt, und allen Wesen und Orten, die er umfasst. Positive Qualitäten aufzunehmen, um sie dann an alle fühlenden Wesen weiterzugeben, ist eine der grundlegenden Meditationsmethoden im Tantra.

Auch im Umgang mit den Elementen kommt diese Übung immer wieder zum Einsatz. Wir können sie mit der Erfahrung der Elemente im Alltag verbinden – der Wärme der Sonne zum Beispiel. Wenn Sie die Wärme der Sonne auf Ihrer Haut spüren, entspannen Sie sich und lassen Sie diese bis in die tiefsten Tiefen Ihres Selbst vordringen. Lassen Sie Ihre Vorstellungskraft spielen. Spüren Sie, wie der warme Strom durch die Kanäle Ihres Körpers bis in den Zentralkanal zieht. Dort sammelt er sich in der Mitte, d. h. auf der Höhe Ihres Herzens. Dann lassen Sie ihn noch tiefer in Sie vordringen, bis er Ihre Seele berührt. Tauchen Sie ein in das Gefühl der Wärme, das Ihren Körper, die Kanäle, Chakras, den Zentralkanal, das Herz und schließlich die Seele erfüllt. Das Sonnenlicht ist die äußere Erscheinung, welche die heilsamen Energien des Feuerelements in Ihnen weckt. Diese sind immer da. Die grundlegende Essenz der Sonnenenergie ist die subtile Energie des Feuers. Wenn Sie diese Übung vervollkommnen, dann lernen Sie, wie Sie diese Energie mit Hilfe von Vorstellungskraft und Visualisierungen bis in die innersten Bereiche Ihres Seins lenken.

Am Ende verschmelzen wir mit dem Element. Wir verbinden die äußere Energie mit der inneren und sorgen dafür, dass dieser Unterschied sich auflöst. Wenn wir durch Übung gelernt haben, die beiden Ebenen der Praxis zu verbinden, arbeiten wir mit den äußeren Aspekten und wirken dadurch gleichzeitig auf die inneren ein. Wenn nicht, dann konzentrieren wir uns auf äußere Eigenschaften und entfernen uns dabei von uns selbst.

Die unten stehende Übung machen Sie am besten an einem Ort, an dem die Energien der Elemente stark sind. Sehr gut funktioniert das zum Beispiel am Strand, in den Bergen, vor dem offenen Kamin oder hoch oben auf einem Felsen, wo Sie den Wind spüren. In jedem Fall dann, wenn Sie eines oder mehrere der Elemente deutlich spüren können. Wenn wir uns bewusst auf eine starke Manifestation der Elemente in der Natur einstellen, stärken wir damit die innere Entwicklung dieser Qualität.

Wie für alle Übungen kennt die Tradition auch hier die klassischen Zeichen des Erfolgs. Das Wichtigste ist wohl die Tatsache, dass positive Veränderungen im Leben stattfinden. Was vorher schwach war, wird stärker. Und die negativen Eigenschaften, die vorher unser Leben beherrschten, beginnen sich Schritt für Schritt aufzulösen. Achten Sie auf diese Veränderungen. Sie zeigen Ihnen an, bis zu welchem Grad Sie die Praxis erfolgreich in Ihr Leben eingebaut haben.

Am wirkungsvollsten ist diese Übung, wenn Zeit, innere Haltung, Form des Elements, Mantras, heilige Bilder und unsere Vorstellungskraft harmonisch zusammenwirken. Versuchen Sie, sich mit klarem Bewusstsein auf die Frische der Erfahrung einzulassen und diese aufrechtzuerhalten. Die Länge der Sitzung ist beliebig, doch sollten es wenigstens 30 bzw. 45 Minuten sein, damit die Erfahrung eine deutliche Wirkung erzielt. Sie können diese Übung allein oder mit jemand anderem machen. Bevor Sie jedoch mit irgendeiner spirituellen Übung beginnen, sollten Sie mit den neun Atemzügen der Reinigung die Kanäle des Körpers öffnen.

Die neun Atemzüge der Reinigung

Mit den neun Atemzügen der Reinigung können Sie schnell und wirkungsvoll die Kanäle reinigen und öffnen sowie Geist und Körper entspannen. Daher eignen sie sich vor allem zur Vorbereitung von Meditationsübungen, sind aber auch morgens nach dem Aufwachen und abends vor dem Einschlafen nützlich.

Nehmen Sie die klassische Meditationshaltung mit gekreuzten Beinen ein. Legen Sie die Hände in den Schoß, die Handflächen zeigen nach oben. Die linke Hand ruht auf der rechten. Ziehen Sie das Kinn ein klein wenig ein, damit der Nacken gerade ist. Auch den Rücken halten Sie gerade, aber nicht steif. Die Brust fühlt sich weit und offen an. Die Augen können Sie geöffnet lassen oder schließen.

Visualisieren Sie die drei Hauptenergiekanäle in Ihrem Körper. Der Zentralkanal liegt mitten im Körper. Er beginnt etwa vier Finger breit unter dem Nabel und zieht sich bis zum Scheitel durch. Er ist etwa so dick wie ein kräftiger Füllhalter. Oberhalb des Herzens erweitert er sich leicht. Die Seitenkanäle hingegen haben einen Durchmesser, der in etwa dem eines Bleistifts entspricht. Sie entspringen am unteren Ende des Zentralkanals und steigen beiderseits des Zentralkanals auf bis zur Schädeldecke, um dann hinter den Augen wieder abzusteigen, bis sie an den Nasenlöchern austreten. Bei Frauen ist der rechte Kanal rot, der linke weiß. Bei Männern ist es genau umgekehrt. Der Zentralkanal ist bei Männern und Frauen blau.

Die ersten drei Atemzüge

Männer: Heben Sie die rechte Hand. Der Daumen drückt dabei auf das Grundgelenk des Ringfingers. Schließen Sie die rechte Nasenöffnung mit dem Ringfinger und atmen Sie durch die linke Nasenöffnung grünes Licht ein. Danach halten Sie die linke Nasenöffnung mit dem rechten Ringfinger zu und atmen durch die rechte Nasenöffnung vollständig aus. Wiederholen Sie dies drei Mal.

Frauen: Heben Sie die linke Hand, wobei der Daumen auf das Grundgelenk des Ringfingers drückt. Schließen Sie die linke Nasenöffnung mit dem Ringfinger und atmen Sie durch das rechte Nasenloch grünes Licht ein. Halten Sie die rechte Nasenöffnung mit dem linken Ringfinger zu und atmen Sie durch das linke Nasenloch ganz aus. Wiederholen Sie den ganzen Vorgang drei Mal.

Stellen Sie sich bei jedem Ausatmen vor, dass alle mit männlichen Energien verbundenen Hindernisse als hellblauer Luftstrom aus dem weißen Kanal austreten. Dazu gehören zum Beispiel alle Krankheiten, die auf die *Wind*energie zurückgehen, sowie alle Hindernisse und »Verdunkelungen« (negative Qualitäten) aus der Vergangenheit.

Die nächsten drei Atemzüge

Frauen und Männer: Wechseln Sie die Hand und die Nasenseite und führen Sie die Übung wieder drei Mal aus. Stellen Sie sich bei jedem Ausatmen vor, wie alle mit weiblichen Energien verbundenen Hindernisse als hellrosafarbener Luftstrom aus dem roten Kanal austreten. Das sind alle Krankheiten, die auf die Galle-Energie zurückgehen, sowie alle Hindernisse und »Verdunkelungen« der Zukunft.

Die letzen drei Atemzüge

Frauen und Männer: Legen Sie die Hände wieder in den Schoß, die linke auf die rechte mit nach oben weisenden Handflächen. Atmen Sie heilsames grünes Licht durch beide Nasenöffnungen ein. Visualisieren Sie, wie es durch die Seitenkanäle nach unten bis zur Einmündung in den Zentralkanal strömt, vier Finger breit unter dem Nabel. Beim Ausatmen stellen Sie sich vor, wie die Energie im mittleren Kanal aufsteigt und am Scheitel austritt. Üben Sie diesen ganzen Vorgang wieder drei Mal. Stellen Sie sich vor, wie alle mit bösen Geistern zusammenhängenden Krankheits-Samen als schwarzer Rauch aus Ihrem Scheitel austreten. Dadurch werden alle auf die Einwirkung von Schleim-Energie zurückgehenden Krankheiten unschädlich gemacht sowie alle Hindernisse und »Verdunkelungen« der Gegenwart beseitigt.

Erde

Begeben Sie sich an einen Ort in der Natur, wo die Eigenschaften dieses Elements besonders deutlich hervortreten. Setzen Sie sich dort auf den Boden. Wenn Sie solche Energien gut spüren können oder diese Qualität entwickeln möchten, suchen Sie nach dem Platz mit der höchsten Ausstrahlung an Erdenergie. Aber machen Sie keine große Sache daraus. Entweder Sie spüren es oder Sie setzen Ihre Vorstellungskraft ein. Für den Augenblick ist diese Unterscheidung nicht wichtig. Sie suchen nach Unterstützung für Ihre Praxis, das ist alles, was im Moment zählt. Wenn Sie einen passenden Platz gefunden haben, setzen Sie sich. Wollen Sie noch mehr tun, graben Sie ein nicht allzu tiefes Loch, wenn es geht, in quadratischer Form. Dann legen Sie sich bäuchlings auf die Erde und versuchen, die Erdenergie durch Ihr Nabelchakra in sich aufzunehmen. Machen Sie sich keine Gedanken darüber, ob Ihre Erfahrungen nun »real« sind oder nicht. Die Vorstellungskraft ist das Werkzeug, mit dem Sie die Praxis entwickeln. Setzen Sie sie also ruhig ein, ohne lange zu überlegen.

Sobald Sie die Übungen im nächsten Kapitel kennen gelernt haben, können Sie auch das dazu passende Mantra aufsagen bzw. sich selbst in die Erdgöttin verwandeln. Für den Augenblick soll uns die einfache Verbindung mit dem Element genügen.

Der Kontakt mit der physischen Erde ist wichtig, muss aber nicht immer so eindeutig sein wie gerade beschrieben. Sie können die Übung auch auf einem Stuhl sitzend machen. Fangen Sie sofort damit an. Jetzt gleich, während Sie dies lesen. Spüren Sie den Boden unter sich. Fühlen Sie seine Unerschütterlichkeit, die gewaltige Kraft unseres Planeten, die Schwerkraft, die uns anzieht. Nehmen Sie Kontakt mit dem Element Erde auf. Lassen Sie ihre Kraft auf sich wirken und Ihrem Vorstellungsvermögen freien Lauf. Spüren Sie die Stabilität und nehmen Sie diese Qualität in sich auf. Sie durchdringt Ihre Haut, Ihr Fleisch, Ihre Knochen. Sie dringt ein in den Zentralkanal, ins Herz, ins Bewusstsein. Lassen Sie sie feiner und feiner werden, bis sie Ihre ganze Erfahrung durchdringt, bis Sie mit ihr verschmelzen.

Diese unerschütterliche Kraft ist immer vorhanden. Sie können jederzeit mit ihr Kontakt aufnehmen und sie in sich aufsaugen. Wenn Sie sich nächstes Mal flatterig, nervös, fahrig, unsicher oder schwach fühlen, brauchen Sie ERD-ung. Wenn Sie in der Beziehung, im Beruf oder in der spirituellen Entwicklung das Gleichgewicht verloren haben, verbinden Sie sich mit der Erde, um sich geerdet, konzentriert, unerschütterlich und ausgeglichen zu fühlen. Nutzen Sie Ihre natürliche Umgebung, um diese positiven Eigenschaften zu entwickeln. Suchen Sie Orte auf, an denen Sie sich gewöhnlich geerdet fühlen und nehmen Sie die äußerliche Qualität in sich auf. Oder konzentrieren Sie sich auf Ihren Körper. Der Körper ist sehr erdverbunden. Das Körpergefühl ist der Pulsschlag der Erde in uns. Konzentrieren Sie sich bewusst auf diese Energie, entspannen Sie sich und stellen Sie die Verbindung her. Die Elementarenergie ist bereits in Ihnen vorhanden, ja mehr noch: Sie sind die Elementarenergie. Es geht nur darum, sich dies bewusst zu machen, sie zu aktivieren und sich an die Verbindung zu erinnern.

Wasser

Wenn Sie am Meer leben, an einem See, einem Fluss oder Teich, sollten Sie dieses Gewässer aufsuchen. Ist dies nicht der Fall, konzentrieren Sie sich auf das Wasser in der Badewanne, unter der Dusche oder auf das Wasser, das Sie trinken. Sie können sich auch nur in Ihrer Fantasie mit dem Wasser verbinden. Denken Sie ans Meer: seine Kühle, seine Macht, an die Wellen an der Oberfläche und die Stille in der Tiefe. Der Körper des Ozeans bleibt immer ruhig und friedlich, auch wenn die Oberfläche aufgewühlt scheint.

Nehmen Sie nun Kontakt zu diesen Eigenschaften auf. Versuchen Sie, die Energie des Wassers in Ihrem Körper zu fühlen. Verinnerlichen Sie diese. Spüren Sie sie auf der Haut. Lassen Sie

sie in Ihren Körper eindringen. Spüren Sie die tröstliche Umarmung des Wassers, die Entspannung, die Leichtigkeit, mit der es jeden Felsen umgeht. Es öffnet sich für alles, was hineinfällt, passt sich jedem Gefäß an, in das wir es gießen.

Leider verlieren wir diese Leichtigkeit nur allzu oft. Die Leichtigkeit, wir selbst zu sein, die virtuose Balance des Seins. Wir sehen jemanden, über den wir uns aufregen. Wir gehen zu einem Fest oder einem Meeting und sind angespannt, aufgeregt, ängstlich. Dann kommt das Wasserelement nicht zu seinem Recht. Rufen Sie sich solche Situationen ins Gedächtnis, doch dieses Mal behalten Sie die Leichtigkeit der Wasserenergie bei. Lassen Sie die Ereignisse auf sich zukommen, ohne aus dem Gleichgewicht zu geraten. Wenn Sie sich dann beim nächsten Mal zu sehr aufregen oder ärgern, wenn Sie sich zu viele Sorgen machen oder überkritisch sind, nehmen Sie Kontakt zum Wasser auf. Die Elementarenergie ist überall, sogar in der trockensten Wüste. Wenn Sie allerdings noch im Lernprozess sind, ist es sehr hilfreich, mit Wasser auch auf der materiellen Ebene arbeiten zu können.

Wasser ist tröstlich. Wie die Erde gibt es uns ein Gefühl von Stabilität. Es akzeptiert sich selbst, andere Menschen und Ereignisse. Das Wasser nimmt Dinge mit sich fort, es reinigt und klärt. Daher wird Wasser assoziiert mit innerem Frieden, Geborgenheit und einer stillen Freude.

Feuer

Suchen Sie sich ein sonniges Plätzchen, eine sonnenbeschienene Parkbank zum Beispiel, und nehmen Sie sich viel Zeit. Ist es draußen bedeckt, können Sie die Übung auch vor dem offenen Kamin machen. Haben Sie kein offenes Feuer zur Verfügung, dann setzen Sie sich in die Nähe des Ofens oder benutzen Sie einfach Ihre Fantasie. Achten Sie auf Ihre Empfindungen: die Wärme auf der Haut, die Entspannung. Lassen Sie das Gefühl der Hitze in Ihren Körper eindringen, bis es den Zentralkanal erreicht. Spüren Sie, wie die Wärme in Ihrem Körper zirkuliert: Blut ist warm, der Stoffwechsel erzeugt Hitze, die Muskeln erwärmen sich, wenn sie eingesetzt werden. Auch die Nerven geben »flammende« Energie ab, wenn sie ihre Impulse weiterleiten. Wie fühlt Wärme sich auf der emotionalen Ebene an? Spüren Sie die Qualität der Freude auf. Lassen Sie zu, dass die Wärme Ihren Körper von innen her erfüllt. Spüren Sie sie im Herzen, im Mittelpunkt Ihres Seins. Lassen Sie sie Ihr Bewusstsein durchdringen.

Im Sonnenlicht zu sitzen fühlt sich gut an, doch wenn Sie sich die Qualitäten des Feuers nicht zu Eigen machen, empfangen Sie nur einen Teil der Geschenke, die dieses Element zu vergeben hat. Doch Feuer schenkt nicht nur Wärme und Gemütlichkeit, sondern hat auch mit Reife zu tun. Es reinigt, indem es Negatives restlos verbrennt. Feuer ist die Energie, die Kreativität und Höchstleistungen zu Grunde liegt. Es ist die Essenz von materiellem und immateriellem Segen. Feuer drückt sich im Orgasmus aus oder, auf subtilerer Ebene, in der Glückseligkeit, die entsteht, wenn diese Energie durch den Zentralkanal strömt.

Wenn Sie sich uninspiriert, schwer und träge fühlen, nehmen Sie Kontakt mit der Feuerenergie auf. Arbeiten Sie mit negativen Gewohnheiten und Tendenzen in Ihrem Innenleben, lassen Sie diese in den Flammen Ihrer Praxis aufgehen. Benutzen Sie Ihren Geist, um Feuer in die Teile des Körpers zu lenken, die krank oder verwundet sind. Die Feuerenergie reinigt zuerst den betreffenden Körperteil, dann regt sie den Heilungsprozess an. Fühlen Sie sich schwächlich und unsicher, stellen Sie Verbindung zum Feuer her, das Ihnen seine Kraft und seine kreative Vision vermittelt. Sind Sie ausgelaugt und ohne Schwung, verlassen Sie sich auf die Feuerenergie, die Ihnen Willenskraft verleiht.

Zu den Praktiken für Fortgeschrittene zählt zum Beispiel Tummo, die Entwicklung des inneren Feuers. Yogis, die diese Praxis erfolgreich üben, verbringen nur spärlich bekleidet Tage und Nächte im eisigen Klima Tibets. Dies ist nur deshalb möglich, weil sie jederzeit mit der allgegenwärtigen Energie des inneren Feuers Kontakt aufnehmen können.

Luft

Die Luft ist vor allem Bewegung. Wenn ein starker Wind aufkommt, nimmt er Ihr schlechtes Karma mit. Weht eine leichte Brise, dann geben Sie ihr alles mit, was Sie belastet, beängstigt und bedrückt.

Suchen Sie sich einen Ort, an dem Sie den Wind gut spüren können, einen Strand oder einen Berggipfel vielleicht. Sie können auch an einen Ort gehen, wo die Luft rein und kühl ist, in den Wald zum Beispiel oder ans Ufer eines Flusses. Lassen Sie Ihren Atem zur Ruhe kommen. Machen Sie sich die Bewegung der Luft bewusst. Nehmen Sie dann ihre Qualitäten in sich auf – die Freiheit, die Schnelligkeit, die Auffassungsgabe. Spüren Sie, wie sich diese Energie in Ihrem Körper und Ihren Gedanken bewegt. Der Wind des Prana weht durch die Kanäle des Körpers. Machen Sie sich klar, dass Luft sich im Zentralkanal bewegt, im Herzen, im Bewusstsein. Die wichtigste Eigenschaft der Luft ist ihre ungeheure Beweglichkeit. Sie ist absolut frei.

Luft hebt die Lebensgeister, hellt unsere Stimmung auf. Wenn Sie niedergeschlagen oder deprimiert sind, sollten Sie zur Luftenergie Zuflucht nehmen. Luft ist leicht, ungebunden, alles durchdringend. Machen Sie sich dies bewusst. Wann immer Sie sich in ein Streitgespräch verbeißen, wann immer sie in Depression versinken, weil sie nur Ihren Standpunkt für möglich halten und sonst keinen, stellen Sie den Kontakt zur Luftenergie her. Brechen Sie aus dem Gefängnis geistiger Gewohnheiten aus, indem Sie sich von der Luft davontragen lassen und hoch über den engen Wänden der negativen Konditionierung dahinschweben.

Eine starke Luftbetonung führt zu schnellen Fortschritten auf dem spirituellen Weg, doch wenn Erde und Wasser kein gesundes Gegengewicht bilden, erzielt man keine dauerhaften Resultate. Beim Phowa, der Praxis der Bewusstseinsübertragung, nutzt man das Luftelement, um das Bewusstsein aus dem Dunkel der Unwissenheit in die Klarheit der Verwirklichung zu heben. Nur das Luftelement erlaubt einen solch unmittelbaren Wandel im Bewusstsein. Das Luftelement zeigt sich auch als Prana, als Lebenskraft, die den Körper durchzieht. Nehmen Sie Kontakt zur Luft auf, wenn Sie Freiheit und Vitalität brauchen.

Raum

Das Betrachten des Himmels als Meditation über den Raum ist eine sehr wichtige Praxis. Suchen Sie einen hoch gelegenen Ort auf, von dem aus Sie einen ungehinderten Blick auf den Himmel haben. Vor Ihnen ist nichts als leerer Raum. Öffnen Sie die Augen, entspannen Sie Ihren Körper. Ihr Atem geht frei und leicht. Atmen Sie den offenen, klaren Himmel ein. Beim Ausatmen lösen Sie sich in den Himmel hinein auf. Der reine, grenzenlose Raum durchdringt Ihren Körper, Ihre Energie, Ihren Geist. Verschmelzen Sie Ihr Bewusstsein mit dem Raum. Werden Sie eins mit ihm.

Wenn Sie sich mit dem Raum vereinen, übt dies eine starke positive Wirkung aus. Die engen, zwanghaften Knoten von Ärger und Furcht, Begehren und Sorge vergehen. Spannungen lösen sich auf. Gedanken vergehen im Nichts. All Ihre zahlreichen Identitäten verfliegen von selbst. Je stärker Sie mit dem Raum verschmelzen, je klarer und weiter Ihr Bewusstsein wird, desto deutlicher wird Ihnen, dass es von nichts, was darin erscheinen mag, wirklich berührt wird. Es ist immer frisch, immer offen und weit. Der Raum passt sich allem an – ohne die geringste Anstrengung. Achten Sie darauf, dass diese Übung nicht zum reinen Gedankenspiel verkommt. Fühlen Sie die Erfahrung des leeren Raumes. Entdecken Sie sie in sich, werden Sie eins mit ihr. Auf dieser Ebene der Praxis geht es weniger darum, die Natur des Geistes zu erkennen (was das Ziel auf der Dzogchen-Ebene wäre), sondern die täglichen Probleme loszulassen, für positive

Erlebnisse Platz zu schaffen und die Fähigkeit zu entwickeln, alles Negative loszulassen.

Wird das Raumelement erfahren, klärt sich der Geist, was Raum für Freude schafft. Die Anspannung wird geringer. Es ist mehr Raum für die täglichen Erfahrungen. Wenn jemand zu spät zu einer Verabredung kommt, dann ist das in Ordnung. Es stört Sie nicht weiter. Auch eine schwer auf Ihnen lastende Verantwortung bringt Sie nicht aus dem Gleichgewicht. Es ist einfach Raum für alles da. Das heißt nicht, dass Sie alles akzeptieren müssen. Doch Sie können bewusst handeln, statt impulsiv auf alle möglichen emotionalen Reize zu reagieren.

Wenn in der Meditationspraxis der Aspekt des Raumes in den Vordergrund tritt, wird die Übung zum Dzogchen, zum Ruhen in der klaren Natur des Geistes, zur reinen Präsenz. Mit dem Raum zu verschmelzen heißt Einswerden mit dem Grund des Seins.

Widmung

Am Ende der Übung machen Sie sich bewusst, dass Sie jetzt Verdienst angesammelt haben, weil Sie sich um Ihre spirituelle Entwicklung bemüht haben. Dieses Verdienst widmen wir dem Wohlergehen aller fühlenden Wesen. Erwecken Sie in sich den tief empfundenen Wunsch, dass alle Wesen frei vom Leid sein und einen fruchtbaren spirituellen Pfad finden mögen. Es gibt viele Widmungsgebete, die hier gesungen oder rezitiert werden können, am wichtigsten aber ist, dass dies alles aus einer Haltung des ehrlichen Mitgefühls heraus geschieht.

Die Elementargeister

Viele Kulturen, die in enger Verbundenheit mit der Natur leben, verehren die geistige Dimension der Elemente. Sie erkennen, dass die Elemente nicht bloß rohe, materielle Kräfte sind, sondern betrachten sie als beseelt von Göttern sowie höheren und niederen geistigen Wesen. In jedem Element lebt ein fühlendes Wesen.

Auf der Ebene der Praxis, die wir hier als schamanisch bezeichnen, betrachten wir diese Kräfte als äußere. Sie sind weder von unserem Körper noch von unserem Geist abhängig. Der Schamane sieht die Natur als lebendig an. Flüsse, Bäume, Felsen, Berge, Wasserfälle, Flammen, Planeten, Täler, Höhlen, ja der Himmel selbst sind von Geistern bewohnt. Diese Geister sind auf dieselbe Weise mit den fünf äußeren Elementen verbunden wie unsere innere Erfahrung mit unserem Körper. Was auch immer wir glauben mögen, in gewisser Weise empfinden wir uns immer als »Insassen« unseres Körpers. In genau derselben Weise sind Seen, Bäume oder Felsen die Körper der Geistwesen, die sie beseelen. Der Schamanismus geht nicht davon aus, dass es sich dabei um mentale oder psychische Projektionen handelt. Sie werden als vollkommen real anerkannt, als autonome Wesen mit eigenem Willen. Diese nicht-materiellen Wesen können uns neutral gegenüber stehen. Sie können uns behindern oder fördern.

Wenn wir Land kaufen oder ein Haus, fühlen wir am Ende eine tiefe Befriedigung, dass es jetzt uns gehört. Aber auf jedem Grundstück gibt es zahlreiche Wesen, die an unserer Immobilientransaktion nicht beteiligt waren. Da sind zum einen die nicht-materiellen Wesen, die wir mit dem Auge nicht wahrnehmen können, zum anderen die sichtbaren Wesen wie Insekten, Vögel und andere Tiere, die in den Bäumen oder in der Erde leben. In gewisser Weise gehört das Land auch ihnen. Wesen von derselben Rasse bekämpfen sie gar, um ihr Territorium zu verteidigen – genau wie wir. Und trotzdem kommen wir an und zerstören ihren Bau, indem wir die Erde aufreißen. Wir schneiden die Bäume nieder, auf denen sie nisten. Wir reißen die Pflanzen aus, die ihnen als Nahrung dienen. Wir zerstören ihre Eier und töten ihre Jungen. Wie würden Sie reagieren, wenn plötzlich ein anderes Wesen Ihr Heim besetzte, Ihre Besitztümer zerstörte oder Ihre Heimstatt gar unter Beton begrübe? Doch eben diese Art von Leid fügen wir anderen sichtbaren und unsichtbaren Wesen zu.

Wenn wir ein neues Haus bauen, werden wir von den Geistern des Ortes entweder unterstützt oder behindert, je nachdem, welche Beziehung wir zu ihnen aufbauen. Sie können uns schaden, indem sie uns mit Krankheit schlagen, uns Hindernisse in den Weg legen, unsere Arbeit oder unsere Beziehung unterminieren. Sie wirken auf unseren Geist ein und erschweren die spirituelle Praxis. Sie beeinflussen unser Energieniveau, sodass wir uns schlapp und müde, deprimiert und verwirrt fühlen. Aber sie können unsere Vitalität auch steigern und uns vor störenden nicht-materiellen Energien in unserer Umgebung schützen. Sie können unsere Konzentration auf die spirituelle Praxis fördern, uns heilen und eine harmonische Verbindung mit uns eingehen.

In Tibet gibt es ein bestimmtes Wort für die Energie der Erde, *sadak*. Es bedeutet Erdgeist, wenn man es auch korrekt mit »Herr der Erde« übersetzen müsste. Wenn Tibeter die Erde brauchen, um Nahrung anzubauen, ein Haus oder eine Straße zu bauen, bitten sie vorher die Erdgeister unter Führung des Herrn der Erde um Erlaubnis.

Wie die Erde ist auch der Raum von körperlichen und nichtkörperlichen Wesen bevölkert. Und auch hier sind die Wesen nicht da, um unseren Wünschen zu gehorchen. Der Raum ist ein grundlegender Aspekt des Seins, und so bietet er vielen verschiedenen Wesen Platz, die mehr oder weniger auf dieselbe Weise darin leben wie wir. Die Tibeter glauben, dass in der Ecke eines Zimmers schon mehrere Tausend Wesen leben, von denen wir nichts wissen.

Wir teilen also die Elemente mit anderen Wesen. Einige leben im Feuer, andere im Weltraum. Alles, was wir tun, übt auf diese Wesen einen Einfluss aus, und umgekehrt.

Die Tibeter sprechen von den »acht Klassen von Wesen« und nennen sie: *srin po*, *ma mo*, *'dre*, *rak sha*, *btsan*, *rgyal po*, *bdud* und *klu*. Diese Wesen unterscheiden sich in Erscheinungsform,

Temperament und in ihrer Beziehung zu den Menschen. Die *klu* zum Beispiel sind Geister, die unter der Erde leben, aber zum Wasserelement gehören. Sie sind meist sehr intelligent und treten häufig in Verbindung mit der Menschenwelt. In der Bön-Tradition glaubt man, die *klu* seien für viele Krankheiten und Hindernisse im Leben verantwortlich. Andererseits wurde die Welt der *klu* auch der Dzogchen-Belehrungen und anderer Lehren teilhaftig, sodass sie selbst auch Belehrungen geben können.

Die Felsengeister sind die *btsan*. Sie werden normalerweise als rote Menschen dargestellt, die rote Pferde reiten und dabei manchmal auch rote Banner schwingen. In felsigen Gegenden gibt es häufig Höhlen, Felslöcher und Gänge, die unterirdisch zwei Regionen miteinander verbinden. Dies ist das »Straßennetz« der *btsan*, das man auf keinen Fall blockieren darf. Denn dann rächen sich die Felsengeister, indem sie den Schuldigen Schmerzen in der Herzgegend schicken, ihn manchmal sogar an einem Herzanfall sterben lassen.

Die *gyalpo* waren einst mächtige Menschen, die nach ihrem Tod als Geister wieder geboren wurden. *Gyalpo* bedeutet »König«. Manchmal nehmen diese Geister körperliche Formen an, die uns vertraut sind. Sie erscheinen als Geist oder als Tier. Es kann aber auch vorkommen, dass sie uns in einer völlig unbekannten Form erscheinen. Man findet sie vor allem in Schlössern, wo Könige oder Edelmänner ermordet wurden. In Europa bin ich auf ziemlich viele solcher Geschichten gestoßen. Gewöhnlich starben diese Menschen einen gewaltsamen Tod. Ein Tibeter würde diese Schlossgeister als *gyalpo* bezeichnen. Praktizierende, die ein Sensorium für die nicht-materielle Wirklichkeit entwickelt haben und in der eigenen Praxis fest verwurzelt sind, können die *gyalpo* zähmen. Sobald sie gezähmt sind, kann man sie im Dharma unterweisen und ihnen befehlen, die Lehre oder die Gläubigen zu schützen.

Darüber hinaus gibt es Geister, die in Bäumen oder Wiesen leben. Und solche, die an so genannten »Kraftorten«, also zum

Beispiel in der Mitte weiter, flacher Ebenen, hausen. Wichtig sind auch die Geister der Straßenkreuzungen. Sie sind Raumgeister – gehören also nicht zu den acht Klassen der Wesen – und werden *namthel* genannt. Sie sollen sehr stark behaart sein. In Nordtibet, wo meine Mutter zur Welt kam, gibt es besonders viele von ihnen. Die Einwohner versuchen, sie günstig zu stimmen. Häufig werden sie zu Beschützern von Dörfern oder Menschen. Diese Beziehung dauert dann an, solange der Mensch lebt. Meist machen sie sich in Träumen bemerkbar und übermitteln Botschaften für ihre Schutzbefohlenen.

Da die Geister den Menschen entweder helfen oder schaden können, sollte man mit Anrufungspraktiken sehr vorsichtig sein. Heute ist es populär geworden, mit Hilfe von Trommelmusik Reisen in die eigene Vorstellungswelt zu unternehmen und dort nach Schutzgeistern oder Krafttieren Ausschau zu halten. Normalerweise wirkt sich dies auf den Betroffenen positiv aus oder ist zumindest harmlos. Trotzdem sollte man nicht vergessen, dass es durchaus Wesen gibt, mit denen man nicht unbedingt Kontakt aufnehmen sollte. Ich habe den Eindruck, dass dies nicht immer ausreichend beachtet wird, und das kann sehr gefährlich werden. Viele Menschen wählen ihre Geschäftspartner oder Mitbewohner mit größerer Sorgfalt aus als das Geistwesen, das ihnen als Führer oder Schutzengel dienen soll.

In der tibetischen Tradition nehmen wir nur zu solchen Gottheiten bzw. Geistwesen Verbindung auf, die innerhalb der Tradition bekannt sind. Bei den meisten Heilzeremonien werden Wesen angerufen, die bereits gezähmt wurden und ihre Zustimmung gaben, künftig als *Schützer*, Hüter und Heiler zu dienen. In den entsprechenden Ritualtexten findet sich meist ein kurzer Hinweis darauf, wann dieses Wesen Teil der religiösen Praxis wurde. Diese Wesenheiten waren einst wilde Kreaturen, die von einem spirituellen Meister gezähmt wurden. Der Name des Meisters taucht daher auch immer im Text auf. Teil ihrer Zähmung war es, dass sie zustimmten, künftig auf ganz bestimmte

Weise zu helfen. Daran sind sie durch ein Gelübde gebunden. Im Gegenzug bringen ihnen die Praktizierenden Opfergaben dar, meist festgelegte rituelle Opferungen oder liturgische Rezitationen. Der Ritualtext führt dann genau aus, was der Übende zu tun hat. Diese Rituale werden innerhalb der Praxislinie vom Meister an den Schüler, von den Eltern an die Kinder weiter gegeben. Wenn wir also unsererseits beginnen, diese Rituale auszuüben, treten wir in eine bereits etablierte Beziehung zu diesen Geistern ein. Wir müssen keine neue Verbindung begründen. Die Lehren, welche die Praxis erläutern, zeigen exakt, was wir zu tun haben, um Teil dieser Überlieferungslinie zu werden.

Ich weiß, dass viele Menschen damit Probleme haben, Geistwesen so zu sehen, wie ich sie hier beschreibe. Doch in tibetischen Texten finden sich viele Hinweise auf Geister, die mit ganz bestimmten Orten verbunden sind. Wenn wir in Tokio oder New York leben, mag es wenig hilfreich sein, wenn wir die Ortsgeister Tibets anrufen. Vielleicht haben Sie mit der Vorstellung, dass Geister durch unsere Straßenschluchten rasen und bei Autofahrern Ärger und Aggressionen auslösen, weniger Schwierigkeiten. Wenn uns selbst der »Virus des aggressiven Fahrens« befällt, sollten wir tief durchatmen und uns entspannen. Sonst werden wir zur Beute der Verkehrsdämonen!

In jedem Fall ist es sinnvoll, mit den Elementargeistern Verbindung aufzunehmen und um Erlaubnis und Unterstützung zu bitten, bevor man ihre Wohnstatt zerstört oder verändert. Nachdem wir Veränderungen vorgenommen haben, sollten wir den Wesen danken, die davon betroffen sind. Wir sind nur eine einzige Spezies und um uns herum leben Tausende von anderen fühlenden Wesen aller Art. Alle diese Wesen wünschen sich Glück und Freiheit vom Leid.

Dieses Gespür zu entwickeln, diese Form des Mitgefühls zu kultivieren ist Teil unseres inneren Wachstums. Nur so können wir anerkennen, dass unsere Erde lebendig und heilig ist, dass die Elemente nicht nur Rohstoffe darstellen, sondern für die grundlegenden Aspekte des Seins in einem lebendigen Universum stehen. Im Einklang mit der Natur zu leben ist nicht nur für den Menschen eine Überlebensfrage. Wie viele Arten haben wir wohl schon ausgerottet durch unser Streben nach Fortschritt? Und wie viele haben wir geschädigt, ohne es auch nur zur Kenntnis zu nehmen? Nicht alle Wesen sind gegen unser Tun machtlos. Wir sollten die Geistwesen daher nicht einfach dem Untergang preisgeben.

Stellen Sie sich vor, ein Wesen aus einer anderen Dimension würde auf Menschen treffen und uns nur als Nahrung betrachten. Es würde vielleicht gar nicht bemerken, dass wir lebendig sind, dass wir über Intelligenz und Fantasie verfügen, dass das Fleisch der substanzhafte Aspekt unseres Daseins ist, die Lebenskraft der nicht-substanzhafte. Stattdessen sähe es nur Fleisch, einen gewaltigen Fleischberg. Genau dasselbe aber geschieht, wenn wir die Elemente nur als tote physikalische Einheiten ansehen. Wir sind blind für den heiligen, lebendigen Aspekt der Elemente, für den Geist, der in ihnen lebt, ja sie eigentlich ausmacht. Wenn wir krank werden, leidet auch der nicht-materielle Geist, nicht nur der physische Körper. Auf dieselbe Weise brauchen die Geister die Elemente als materielle Lebensgrundlage. Für sie ist die fortschreitende Zerstörung der Natur wie eine schwere körperliche Krankheit. Und sie leiden darunter wie wir.

Natürlich kann man die Vorstellung von unsichtbaren Geistwesen ganz einfach ablehnen. Die Frage ist nur, ob das auch klug ist. Wenn wir sie nämlich nicht beachten, wird die Geistwelt negativ reagieren. Dann kommt es zu Krankheiten, die – so glauben wir – immer dann auftreten, wenn die Geister gestört wurden. Wir nennen solche Probleme »Zeitkrankheiten«. Im Westen betrachtet man sie wohl eher als Reaktion auf negative Einflüsse aus der Umgebung wie chemische, radioaktive oder akustische Umweltverschmutzung und dergleichen mehr.

Einige dieser nicht-materiellen Wesen sind sich unserer Anwesenheit bewusst, andere nicht. Einige schaden den Menschen, andere sind uns wohlgesinnt. Die Geister können zu Verbündeten werden oder zu Feinden, je nachdem, welche Art von Beziehung wir zu ihnen aufbauen.

Eine Beziehung zu nicht-materiellen Wesen aufbauen

Rituale durchzuführen ist etwas anderes als zum Arzt zu gehen und sich ein paar Tabletten verschreiben zu lassen. Wir versuchen vielmehr, die Heilkräfte in uns selbst anzusprechen. Wir müssen lernen, wie wir uns vor Krankheit und Negativität schützen können. Opfergaben sind dafür besonders geeignet, weil sie zum einen die Geister beruhigen, zum anderen in uns selbst einen Geist der Großzügigkeit und des Mitgefühls fördern.

Die folgende Opferungspraxis lädt vier Arten von Gästen zum Mahl, wobei unsere Beziehung zu jeder einzelnen unterschiedlich ist.

Die erste Gruppe von Gästen

Die ersten Gäste an unserer Opfertafel sind die vollkommen Erleuchteten: Buddhas, Bodhisattvas und andere erleuchtete Wesen. Auch die persönlichen Meditatonsgottheiten (Yidam), die vollkommen erwachten Göttinnen (tib. *khandro*) und alle Wesen, welche den Schleier der Unwissenheit abgeworfen und die fünf Arten von Weisheit entwickelt haben, gehören dazu. Diese Gäste werden von uns nicht kontrolliert. Wir sagen ihnen auch nicht, was sie zu tun haben, sondern bitten einfach um ihren Segen.

Die ersten Gäste werden regelmäßig zur Meditation geladen. Vor ihnen verbeugen wir uns, wenn wir Niederwerfungen machen oder Zuflucht nehmen. Wir brauchen Energie, um die Heilkräfte in uns anzustoßen, und es ist ungeheuer wichtig, dass wir die richtige Quelle finden und die richtige Beziehung zu ihr aufbauen. Die beste Quelle für unsere Heilenergie sind die ersten Gäste.

Die zweite Gruppe von Gästen

Die nächsten Gäste sind gewöhnlich keine vollkommen erleuchteten Wesen, sind aber trotzdem recht mächtig. Sie kommen aus dem Bereich der Götter. Dazu gehören neben den Gottheiten auch Wesen aus ihrem Gefolge, alle möglichen Schutzgottheiten und die Schützer des Dharma. Generell gehören zu der zweiten Gruppe von Gästen alle mächtigen Wesen aus den sechs Existenzbereichen. Die westliche Tradition versteht darunter zum Beispiel die Engel, die häufig Furcht erregen, wenn man ihnen begegnet. Engel würden in Tibet zur Gruppe der zweiten Gäste zählen. Auch Planetargeister gehören in diese Gruppe. Im Westen sehen wir die Himmelskörper nicht als Wesen, aber natürlich sind auch sie lebendig. Sonne, Mond und all die anderen Himmelskörper sind Wesen wie wir.

Die Gruppe der »zweiten Gäste« hilft bei vielen Heilzeremonien, daher begegnen wir ihnen mit Hingabe und Dankbarkeit.

Die dritte Gruppe von Gästen

Die dritte Gruppe von Gästen sind alle Wesen, mit denen uns karmische Beziehungen verbinden sowie die »acht Klassen von Wesen«, die ich bereits beschrieben habe. Dies bedeutet, dass hierzu all jene zählen, mit denen wir früher einmal Verbindung aufgenommen haben und zu denen wir die karmischen Bande noch nicht gelöst haben: Freunde und Feinde aus allen Lebenszeiten, der jetzigen und den früheren. Was uns verbindet, muss nicht unbedingt negativ sein. Manchmal sind dies einfach nur Dinge, die bislang nicht zum Abschluss gekommen sind. Da es hier jedoch darum geht, Schwierigkeiten aufzulösen, sollten wir all jene einladen, zu denen wir eine belastete Beziehung hatten. Karmische Schuld bedeutet immer auch, dass wir mit diesen Menschen irgendwie verbunden sind. So kann es passieren, dass im Geschäftsleben zwei Menschen, die nicht besonders gut miteinander auskommen, aneinander gebunden sind. Oder es gibt Menschen, die nur auf der Welt zu sein scheinen, um uns das

Leben schwer zu machen. Wir reagieren scheinbar grundlos gereizt auf sie. Solche Situationen zeigen eine karmisch belastete Beziehung an.

Viele der Probleme und Hindernisse, die sich vor uns auftun, haben mit dem Einfluss der karmischen Gäste zu tun. Denn ebenso wie es Nachbarn und Kollegen gibt, mit denen wir nicht auskommen, können wir auch zu manchen nicht-materiellen Wesen ein schlechtes Verhältnis haben. Es ist nur nicht sonderlich hilfreich, die Schuld dem anderen zuzuschieben, sei er nun ein menschliches oder ein Geistwesen. Die Lösung solcher Schwierigkeiten fällt leichter, wenn wir uns klar machen, dass es hier noch etwas zu tun gibt – und zwar für uns. Denn der andere will schließlich genauso wenig gestört werden wie wir.

In diesem Fall sind Rituale sinnvoll. Mit Hilfe eines Rituals können wir unsere Schuld begleichen. Dies ist das Prinzip der schamanischen Praxis. Wir können solche problematischen Beziehungen mit Zeremonien oder Opferungen heilen. Weiter unten finden Sie Hinweise, wie Sie Rauch- oder Nahrungsopfer darbringen können.

Die vierte Gruppe von Gästen

Die vierte Gruppe sind die Gäste des Mitgefühls. Hier werden Wesen eingeladen, die schwächer sind als wir und auf unsere Hilfe angewiesen sind. Auch in der schamanischen Bön-Tradition ist das Mitgefühl Grundlage jeder Form von Praxis.

Wenn wir schamanische Praktiken durchführen, weil wir ein spirituelles Abenteuer suchen oder etwas Besonderes sein wollen, ist das nicht sehr sinnvoll. Tatsächlich habe ich den Eindruck, dass viele der augenblicklich ausgeübten schamanischen Traditionen keinen wirklichen Entwicklungsweg bieten. Trommeln, Fantasiereisen, das Verlassen des Körpers zum Zwecke der imaginativen Erfahrung – dies scheint alles zu sein, was zählt. Doch wenn es nur darum geht, können Sie genauso gut lebhafte Erfahrungen im Körper selbst anstreben.

Ist Ihre Motivation aber davon getragen, anderen wirklich zu helfen und ihr Leid zu lindern, dann ist Mitgefühl die Basis Ihres Handelns. In diesem Fall wird auch Ihre schamanische Praxis Früchte tragen und Sie automatisch auf andere Techniken der Geistesschulung neugierig machen.

Je glücklicher die Geister sind, zu denen wir Verbindung haben, desto glücklicher verläuft unser Leben. Dies gilt auf jeder Ebene des Daseins. Sind die Menschen um uns herum – Nachbarn, Partner, Freunde, Kinder, Kollegen – glücklich, dann sind wir es auch. Ist ein Mensch aus unserer Umgebung aber nicht glücklich, dann will er oder sie von uns mitunter »glücklich gemacht« werden. Manchmal wissen wir nicht, was wir zu geben haben. Manchmal wollen oder können wir auch nichts geben. Und dann haben wir ein Problem.

Im Reich der Geister kommt es ebenfalls vor, dass Wesen von uns etwas wollen oder brauchen, wir aber nicht wissen, wie wir ihnen etwas zukommen lassen können. Uns ist nicht klar, dass wir auch immaterielle Werte zu geben haben. Der Westen schätzt alles Materielle hoch. Und obwohl wir wissen, wie wichtig die nicht-materiellen Dinge des Lebens sind, fällt es uns schwer, sie zu schätzen. Liebe, Vertrauen, Respekt, Aufrichtigkeit und Freundschaft sind wertvolle Geschenke, die man mit Geld nicht kaufen kann. Da die Geister nur auf der nicht-materiellen Ebene der Wirklichkeit existieren, sind sie auch mit nicht-materiellen Opferungen zufrieden. Das wirksamste Geschenk ist zweifellos Mitgefühl.

Die Darbringung von Opfergaben

Alle spirituellen Traditionen Tibets führen Opferungen an die Geister durch. Das Mandala-Opfer, das sowohl im Bön als auch in den vier Schulen des tibetischen Buddhismus zu den Basis-Übungen zählt, ist ein Opfer für die erste und zweite Gruppe der

Gäste. Die Praxis des Chöd hingegen ist eine Opfergabe an alle vier Gruppen, vor allem jedoch an die karmischen Gäste. Mit der Widmung des Verdienstes am Ende aller Meditationsübungen opfern wir ebenfalls allen Gruppen, vor allem aber den unteren drei Gruppen, die sich noch nicht aus dem Kreislauf der Wiedergeburt befreit haben. Im Geist stellen wir uns vor, dass wir alles, was wir essen bzw. trinken, zur Opfergabe machen. Alles, was in unseren Augen schön ist, schenken wir jenen, die über uns stehen. Sogar unsere Abfälle opfern wir jenen, denen sie dienlich sein können. Alles kann zur Opfergabe werden. Die Grenzen bestimmen wir selbst. In den Texten der »Ursachen-Fahrzeuge« werden zahlreiche Opferrituale beschrieben.

Einige dieser Rituale sind ausgesprochen aufwändig und erfordern viele Tage Vorbereitung. Man opfert alle Arten von Nahrung, Tormas (kleine Figuren aus getrocknetem und gefärbtem Gerstenmehl), Alkohol, besonders vorbereitete Texte, kostbare Juwelen, lange Gebete, Mantra-Rezitationen und viele andere Dinge. Wir können uns auch vorstellen, dass wir unsere Essensreste opfern. Außerdem ist es auch möglich, die Opferungen vollständig im Geist durchzuführen. In der täglichen Praxis opfern wir meist nur, indem wir visualisieren, doch es ist auch nützlich, hin und wieder ein »echtes», d.h. materielles Opfer darzubringen. Dies verleiht unserem Ritual mehr Tiefe und macht es wirkungsvoller.

Auch bei der Seelenrückholung, bei der wir zurückholen, was verloren ging, und heilen, was zerstört wurde, sind Opfergaben die Regel. Aber wir sollten auch Opfergaben darbringen, wenn es uns gut geht. So können wir opfern, um die Harmonie mit den nicht-materiellen Wesen zu fördern, damit sie uns keine Hindernisse in den Weg legen oder bereits bestehende aus dem Weg räumen. Wir können opfern, um den Geistern etwas Gutes zu tun, ihre Hilfe in weltlichen und spirituellen Angelegenheiten zu erbitten oder unseren Verpflichtungen den Schützern und den tantrischen Gottheiten gegenüber nachzukommen.

Wir können auch einfach opfern, um Großzügigkeit zu entwickeln.

Da es über die Opferungen viel zu sagen gibt, werde ich sie jetzt nicht allzu ausführlich behandeln, möchte aber doch einige wichtige Hinweise zur regelmäßigen Praxis geben.

Eine beliebte Opfergabe in Tibet ist *chang bu*, der Handabdruck-Torma. Diese Praxis kann man für sich selbst, aber auch für andere durchführen. Zuerst macht man aus Gerstenmehl und Wasser einen festen Teig. Man kann auch anderes Mehl nehmen. Der Teig sollte nicht an den Fingern kleben bleiben, andererseits aber feucht genug sein, um geformt werden zu können. Man dreht ihn zu einer dicken Rolle und drückt ihn dann in der Hand, so als hielte man einen Gartenschlauch. Vorher ölt man sich die Hände leicht ein, dann bleibt der Teig nicht so leicht kleben. Männer nehmen dazu die rechte Hand, Frauen die linke. So prägt sich dem Teig der Abdruck der eigenen Finger ein. Wo er sich in die Falten der Handinnenseite schmiegt, weist er kleine Erhöhungen auf. In Tibet sieht man den Abdruck der fünf Finger als symbolische Darstellung der fünf Elemente und die Erhöhungen, wo der Teig sich in die Beugefalten der Finger gepresst hat, entsprechen den fünf Sinnesopfern.

Sobald der Teig seine Form erhalten hat, berühren wir damit jeden Teil des Körpers, der Heilung benötigt. Diese Berührung lenkt unsere Aufmerksamkeit auf die entsprechende Stelle. Da der Geist und die Lebenskraft, Prana, sich immer gemeinsam bewegen, lenken wir so Prana an die betroffene Stelle. Wenn wir die Aufmerksamkeit auf einen bestimmten Körperteil richten, nehmen wir diesen intensiver wahr. Wir können dies überprüfen, indem wir einen Teil unseres Körpers berühren und unsere Aufmerksamkeit dorthin lenken. Tun wir das mit dem *chang bu*, dann visualisieren wir, wie der Teig alle Krankheiten, Traumata oder Negativität in sich aufsaugt. Dann stellen wir uns vor, wie dieser Körperteil entlastet wird. Oder spüren es vielleicht ganz von selbst. Danach berühren wir mit dem Torma einen anderen

Teil des Körpers, der auf Heilung angewiesen ist. Haben wir diese Übung beendet, dann halten wir ein recht gegenständliches Symbol für all unsere Krankheiten in der Hand, das energetisch mit uns verbunden ist. Dieses Symbol opfern wir nun der Gruppe der »dritten« bzw. der »vierten Gäste«, die diese Krankheiten vermutlich verursachen bzw. aufrecht erhalten. Im Ritual geht es nämlich nicht nur darum, den Einfluss des Geistes aus dem Körper zu drängen, sondern auch darum, dem Geist etwas dafür anzubieten. Dazu ist die Opferung da. Was wir geben, hat zwar ebenfalls die energetischen Qualitäten der Krankheit, wurde jedoch auf eine höhere Ebene gehoben, sodass es den Geist nährt und ihn befriedigt. Wenn er das Opfer akzeptiert, verlässt er die Person, die er gequält hat.

Nachdem das Ritual beendet ist, nimmt man die Opfergabe und wirft sie aus dem Fenster. Dabei ist die Richtung wichtig. Sie sollte in der Richtung entsorgt werden, die dem Geburtszeichen des Betreffenden gegenüber liegt, da dies die Richtung ist, aus der die Störungen höchstwahrscheinlich kommen. (In der Tabelle am Ende des Buches finden Sie die tibetischen Tierkreiszeichen und die zugehörigen Richtungen.) Traditionell achten wir nach solch einem Ritual besonders auf Träume, die einen Erfolg der Praxis anzeigen. Ein klassisches Motiv wäre es, wenn Insekten, Tiere oder Flüssigkeiten (oder andere negative Wesenheiten bzw. Substanzen) den Körper verlassen.

Wir können auch pyramidenförmige Tormas herstellen, um den Schützern und Hütern der Lehre zu opfern. Die Pyramidenform ist dem Element Feuer zugeordnet, daher wird der Torma rot angemalt. Zornvolle Gottheiten wie Dorje Phurba oder Yeshe Walmo werden häufig mit solchen Formen dargestellt. Runde Tormas hingegen werden weiß oder gelb bemalt und friedvollen Gottheiten wie Shenla Odkar, Chamma oder dem weiblichen Bodhisattva Tara geopfert. Energetisch gesehen opfern wir verschiedene Qualitäten, um diese Qualitäten in den einzelnen Wesen anzusprechen.

Für rituelle Exorzismen sind ausgefeiltere Opferzeremonien nötig, weil dabei ein Besessener gleichsam »losgekauft« wird. Dies ist dann nötig, wenn der Betreffende von seinen negativen Vorstellungen und Gefühlen nicht mehr loskommt. Und das Ritual des Loskaufens (tib. *bcud*) ist hier ganz wörtlich zu verstehen: Wenn jemand fest gehalten wird (die negativen Emotionen ihn also fest in ihren Klauen haben), dann zahlt man »Lösegeld« für die Freilassung des Betroffenen. Nur dass wir kein Geld dafür geben, wie das beim Kidnapping der Fall ist. Stattdessen schenken wir den nicht-materiellen Wesen, was für sie nützlich ist. Wir opfern ihnen Dinge, die ihre Lebenskraft stärken.

Das Lösegeld ist ein symbolisches Abbild der Person, das wie die Tormas aus Teig geschaffen wird. Rund um diese Figur ordnet man dann alle möglichen Opfergaben an: Brot, Käse, Zucker, Salz, Nahrungsmittel, die alle Geschmacksrichtungen abdecken, ein bisschen Geld als Symbol für Reichtum, und einige Kleidungsstücke, die dem Kranken gehören. Manchmal schreibt der Kranke alles Unerwünschte, alles, was weggegeben werden soll, auf ein Blatt Papier. Dies legt man dann als weitere Opfergabe zu den anderen Dingen. Die »Puppe« kann groß oder klein sein. Als Shardza Rinpoche, einer der berühmtesten Bön-Meister der letzten Jahrhunderte, sehr krank wurde, fertigten seine Schüler ein lebensgroßes Ebenbild von ihm an und opferten es den Geistern. Die Größe ist letztlich nicht so wichtig. Vielmehr ist es die Intensität, mit der wir die Praxis durchführen, die ihre Wirksamkeit bestimmt.

Meine Mutter war sehr lange krank. Wir brachten sie zu vielen verschiedenen Ärzten, doch die Krankheit ließ nicht nach. Das Einzige, was wirklich half, war ein dickes »Lösegeld«, das wir den Geistern bezahlten. Wir schufen ein Ebenbild meiner Mutter, zogen der Puppe ihre Kleider an und opferten sie den Geistern. Dabei gaben wir ihr so viele Nahrungsmittel mit, als begebe sie sich auf eine sehr lange Reise. Und dann übereigneten wir das alles den Geistern. Sogar der Name meiner Mutter wurde mitgeopfert. Vor dem Loskauf hieß meine Mutter Dolma. Danach trug sie den Namen Yeshe Lhamo. Meine Mutter hatte sich vollkommen mit der kranken Person identifiziert. Das Lösegeld erlaubte ihr, diese Person gehen zu lassen und diejenige zu sein, die gesund war. Wenn wir uns mit unserem Leiden identifizieren, wird die Heilung sehr schwierig. Schaffen wir aber diesen Identitätssprung, dann können wir mit der alten Identität auch die Krankheit hinter uns lassen. Auch der Geist hat sich an eine bestimmte Persönlichkeit geheftet. Wenn wir diese Identität hinter uns lassen, bleibt der Geist bei ihr.

Opferungen können aber auch sehr einfach sein. Als Lopön Tenzin Namdak Rinpoche zum ersten Mal in den Vereinigten Staaten war, nahm ich ihn zu einem großen Lebensmitteldiscounter mit. Erstaunt betrachtete er diese Unmengen Nahrungsmittel. Daraufhin meinte er, es sei eine sehr gute Praxis, durch die Gänge des Supermarkts zu gehen und alle diese Schätze den vier Gästen zu opfern. Wir müssen nicht einmal etwas kaufen. Alle Opfergaben leben schließlich von der Energie, die unser Geist hineinsteckt, um sie wirklich zu machen. Das echte Opfer findet auf der Ebene des Geistes statt, in unserer Vorstellung. Das äußere, materielle Opfer ist nur ein Symbol, das für das wirkliche, energetische Opfer sozusagen als Träger dient.

Es gibt viele Geister, die sehr gerne an unseren Opfergaben teilhaben würden, die aber zu schwach oder zu ängstlich sind, sich uns anzuschließen. Also müssen wir sie gezielt einladen. Erst dann sind sie in der Lage, von unserem Opfermahl zu profitieren.

Bevor Sie eine Mahlzeit zu sich nehmen, sollten Sie diese der Gruppe der »ersten« und »zweiten Gäste« opfern. Am Ende können Sie das, was übrig bleibt, den »dritten« und »vierten Gästen« überlassen. Natürlich heißt das nicht, dass nun die Reste von unseren Tellern verschwinden. Auf energetischer Ebene aber wird etwas gegeben und auf der anderen Seite in Empfang genommen. Wenn wir ein Feuer anzünden, können wir den

Rauch opfern, den unsere Vorstellungskraft in alles verwandeln kann, was die Geister nötig haben.

Natürlich können wir auch kleine Mengen besonders vorbereiteter Nahrung verbrennen, damit unsere Opfergaben auch sicher zu Geistern und Verstorbenen gelangen. Wenn ein uns nahe stehender Mensch stirbt, veranstalten wir 49 Tage lang Rauchopfer. Die Tibeter glauben, dass jedes Wesen sieben Mal sieben, also 49 Tage braucht, um durch den Zwischenzustand, das Bardo, zu gehen und wieder geboren zu werden.

Opfern Sie grundsätzlich allen vier Gästen. Vor allem die karmischen Gäste sollten Sie nicht vernachlässigen. Da Sie mit diesen Wesen in Verbindung stehen, vielleicht sogar eine Art »Schuld« zu begleichen haben, werden sie ohnehin in Ihrem Leben auftauchen. Laden Sie sie daher ruhig ein. Öffnen Sie Ihr Herz und bitten Sie sie herbei, um sich an Ihren Opfergaben zu laben. Wenn Sie dann ruhig und gelassen bleiben, erhaschen Sie vielleicht sogar einige Bilder, die mit diesen Gästen verbunden sind. Häufig tauchen diese in Träumen auf. Aber es müssen keine Bilder sein. Mitunter verspüren Sie auch eigenartige Emotionen. Was ist das nun genau, was sich da bei Ihnen bemerkbar macht? Manche Traumfiguren geben Ihnen etwas, aber dies sind nicht die karmischen Gäste, um die es hier geht. Die anderen scheinen etwas von Ihnen zu wollen. Sie fordern oder bitten. Opfern Sie ihnen, was immer sie verlangen. Verbrennen Sie ein wenig Speise und stellen Sie sich vor, wie der Rauch sich in das verwandelt, worum der Geist Sie gebeten hat. Das genügt schon. Mit jeder Form der Opfergabe entwickeln wir mehr Großzügigkeit, Einfühlungsvermögen und Mitgefühl.

Achten Sie auf Ihre Träume, wann immer Sie umziehen. Sie bekommen nämlich nicht nur auf der materiellen Ebene neue Nachbarn. Auch in der Geistwelt leben Sie plötzlich neben ganz anderen Wesenheiten, mit denen Sie gute Nachbarschaft halten sollten. Bringen Sie den Ortsgeistern Opfergaben dar. Wenn Sie vorhaben, etwas zu bauen oder das Land, auf dem Sie nun leben, auf andere Weise zu verändern, bitten Sie um Erlaubnis und opfern Sie. Vielleicht müssen Sie die Geister, die dort leben, wo sie bauen wollen, auch bitten, sich ein anderes Plätzchen zu suchen. Seien Sie freundlich. Wenn sie allerdings nicht gehen wollen, dann kann es nicht schaden, den zornvollen Aspekt in Ihnen hervorzukehren.

Wenn Sie ein großes Ritual wie zum Beispiel die Praxis des Loskaufens durchführen wollen, ist es hilfreich, es am Vorabend vor Neumond anzusetzen. Nachts sind alle Menschen gewöhnlich ein bisschen anfälliger. Ihr Energiepegel sinkt, was negative Kräfte auf den Plan ruft. Daher ist dies die beste Zeit, um mit diesen Kräften zu arbeiten.

Opfergaben werden zu ganz bestimmten Gelegenheiten dargebracht, zum Beispiel wenn jemand krank ist oder im Sterben liegt. Man kann sie aber auch zur regelmäßigen Praxis machen, etwa ein Mal im Monat. Nahrungs-, Wasser- und Mandalaopferungen können täglich gemacht werden. Wenn ein Praktizierender sich in die Berge zurückzieht, erbittet er die Unterstützung der lokalen Geister. Daher bringt er ihnen jeden Tag ein Brandopfer verschiedener Speisen dar.

Im Westen neigt man gewöhnlich dazu, Probleme auf psychologische oder biologische Prozesse zurückzuführen und nicht auf Geister. Doch auch hier können Opferungen sehr nützlich sein. Wenn wir die Probleme psychologisieren, können wir das ja auch mit dem Opferritual tun. Dann arbeitet es eben symbolisch auf psychischer Ebene und wirkt deshalb.

Wenn Sie Ihr Ritual beendet haben, sollten Sie die Opfergaben nach draußen stellen. Speiseopfer werden von wilden Tieren und Insekten verzehrt. Wie ich bereits erläutert habe, geht es bei der Opferung nicht darum, nicht-materiellen Wesen irgendwelche messbaren Substanzen zu verabreichen. Wir benutzen stoffliche Elemente, um innere Vorgänge zu unterstreichen. Die Vorstellungskraft und das Gefühl, das wir in die Opferung investieren, sind es, die sie wirksam oder unwirksam machen.

Opfergaben darzubringen ist eine Geste des Herzens, ein wunderschöner Ausdruck der Großzügigkeit. Wenn Sie diese Erfahrung in Ihr tägliches Leben einbauen, wird dies unweigerlich positive Effekte nach sich ziehen.

Seelenverlust und die Rückholung der Elementarenergien

Wie viele andere schamanische Traditionen kennt auch die tibetische die Vorstellung vom Verlust der Seele. Es handelt sich dabei letztlich um ein Ungleichgewicht der Elemente, das jedoch weit gravierender ist als die bisher besprochenen. Wie so vieles ist auch dies eine Frage der »Dosis«. Von »Seelenverlust« spricht man, wenn das Ungleichgewicht sehr tief geht. Solch ein Verlust wird normalerweise – aber nicht immer – durch traumatische Erlebnisse in der Außenwelt ausgelöst.

Der Schamane geht davon aus, dass die Seele von böswilligen Wesen aus den »acht Klassen« gestohlen werden kann. Das bedeutet, dass negative Kräfte oder Wesen, die von außen auf uns einwirken, unsere grundlegende Fähigkeit, positive menschliche Qualitäten zu entwickeln, beeinträchtigen können. Ist so etwas geschehen, dann ist eine Zeremonie zur Rückholung der Seele angezeigt. Auf diese Weise übersetze ich den tibetischen Begriff *la lu* (tib. *bla bslu*). Das tibetische Ritual ist sehr komplex und schwer zu erlernen. Ist man tatsächlich daran interessiert, sollte man sich einen qualifizierten Meister suchen und eine gewisse Zeit lang mit ihm arbeiten, um diese Technik zu erlernen. Was ich hier zeigen möchte, ist eine Technik, die der »Seelenrückholung« ähnlich ist, nämlich die Rückholung der Elementarkräfte (tib. *'byung ba'i bcud 'dus*).

Sowohl Sutra- und Tantrapraxis wie die schamanischen Fahrzeuge beinhalten Methoden, mit Hilfe derer wir zu unseren positiven Qualitäten zurückfinden können. Dabei geht es nicht nur um angenehme Erfahrungen. Wir können uns auf diese Weise mit den tiefgründigeren Aspekten unseres Selbst verbinden. Letzten Endes geht es ja darum, den Dualismus von Positiv und Negativ zu überwinden, doch solange wir dies nicht geschafft haben, bringen uns die positiven Qualitäten näher an die Erfahrung der Grundlage des Seins. Negative Eigenschaften hingegen lenken uns eher ab, sodass wir noch mehr zum Opfer der grundlegenden Täuschung werden.

Wenn wir den Kontakt zu den Elementarkräften verloren haben, wird unsere Erfahrung flach und platt. Sie verliert an Vielfalt und Farbe. Wir können uns das so ähnlich vorstellen, als hätte jemand unser Herz gebrochen. Ein Mensch, der urplötzlich seinen Partner verliert, der betrogen oder verlassen wird, verschließt sein Herz. In Filmen und Romanen ist dies ein gängiges Thema: Dieser Mensch verliert die Fähigkeit zur Liebe, weil er Angst hat, noch einmal verletzt zu werden. Die gleiche Art innerer Zerstörung findet statt, wenn jemand sein Kind verliert, vergewaltigt wird, einen Unfall erleidet, zum Gewaltopfer wird, einen Krieg durchlebt oder sein Heim verliert. All die Unglücksfälle eben, denen wir als Menschen ausgesetzt sind. Der Schock, den die Seele dabei erleidet, macht sie anfällig für Furcht, Verlustgefühle oder andere starke Emotionen. Dies führt wiederum zum Verlust unserer positiven Qualitäten, unserer Vitalität und Lebenskraft. Wir haben keine Kraft mehr für Freude oder Mitgefühl. Häufig büßen wir auch noch unsere Gesundheit und unsere geistige Klarheit dabei ein.

Diese negativen Folgen können sich sofort zeigen – bei einem einzigen traumatisierenden Erlebnis – oder ganz allmählich, wenn die ganze Umgebung von unmenschlichen, entwürdigenden Bedingungen geprägt ist. Für den Schamanen gehen beide Formen von Seelenverlust auf die Einwirkung böser Geister zurück. Der Westen betrachtet die Dinge anders: Wenn wir körperlich oder seelisch geschwächt sind, werden wir anfällig für Bakterien oder Viren. Aber wir sind natürlich auch anfälliger für nicht-materielle Einflüsse. Doch ob wir nun von nicht-materiellen Kräften geschädigt werden oder von äußeren Ereignissen wie Unfällen oder Krankheiten, die Reaktion ist meist dieselbe: Wir verlieren unsere positiven Qualitäten, unsere elementaren Energien. Mit anderen Worten: unsere Seele.

So ist es nach einem Unfall gar nicht selten, dass ein Mensch sich matt fühlt. Es fehlt ihm an Inspiration, Schwung und Kreativität. Natürlich vergeht so etwas mitunter von selbst. Aber eben nicht immer. In diesem Fall ist dann die Energie des Feuers verloren gegangen, und das kann leicht zum Dauerzustand werden, der Arbeit und Beziehungen beeinträchtigt. Im Körper zeigt sich dies als Krankheit, im Geist als Konzentrationsstörung. Scheinbar ist der Unfall der tiefere Grund für all diese Schwierigkeiten, in Wirklichkeit aber kann der Energieverlust direkt vom Trauma verursacht worden sein oder sich später ergeben haben, weil die geschwächte Person für böswillige Wesen anfällig war. In beiden Fällen aber wurzeln die Probleme in der Seele.

Vielleicht fühlen Sie ja gar nichts, wenn Sie Ihre Aufmerksamkeit auf das Herzzentrum richten. Tun Sie es trotzdem. Bemerken Sie vielleicht irgendwelche seltsamen Gefühle? Vielleicht gar Schmerz? Wenn Sie so sehr verletzt wurden, dass Ihre Seele dabei Schaden nahm, dann ist vermutlich eines der *Chakren* geschlossen. Dann brauchen Sie vermutlich einige Zeit, bis Sie es wieder spüren. Dieses Schließen kann vorübergehender Natur sein – wenn wir uns instinktiv schützen wollen – oder sich dauerhaft auswirken. In diesem Fall verlieren wir die mit diesem Zentrum verbundenen Fähigkeiten.

Ein Seelenverlust kann sich äußerlich als Depression zeigen. Ging die Erdenergie verloren, dann sind Angstgefühle an der Tagesordnung. Der Verlust der Feuerenergie zeigt sich als Trägheit. Und so weiter. Traditionell geht man von einem Seelenverlust aus, wenn der Betreffende bleich ist, wenig Farbe im Gesicht hat, wenig Vitalität zeigt und sich nicht konzentrieren kann. Manchmal hat er auch Schwierigkeiten, das Gleichgewicht zu halten.

Als habe er auf körperlicher, emotionaler, verbaler und geistiger Ebene seinen Mittelpunkt verloren. Er fühlt sich schwach und »kann einfach nicht mehr so wie früher«. Vielleicht kommt er zu spät zur Arbeit oder schafft nicht mehr so viel wie vorher. Es fällt ihm schwer, klar zu denken. Das kann so lange gehen, bis der Seelenverlust sich als schwerwiegende Krankheit im Körper bemerkbar macht.

Im alten Tibet baten die Menschen in so einem Zustand um ein Orakel. Diese galten als das Diagnosemittel der Wahl, wenn es darum ging, energetische Störungen festzustellen und herauszufinden, wie man sie beheben konnte. In manchen Fällen ordnete das Orakel dann eine Seelenrückholung an. Mitunter lag der Fall aber auch so klar, dass ein Orakel gar nicht nötig war. Dann beauftragte der Betroffene bzw. seine Familie einen Lama bzw. Yogi, das Ritual durchzuführen. Wenn er dazu in der Lage und entsprechend ausgebildet war, konnte das Opfer die Zeremonie aber auch selbst durchführen.

Türkis, Pfeil und Seelentier

Während der Seelenrückholung benötigt der Praktizierende einige Ritualgegenstände, deren Gebrauch ich hier beschreiben möchte, auch wenn dies nicht als Aufforderung zur Nachahmung gelten soll. In dem Ritual, das ich Ihnen vorstellen werde, sind diese Dinge nicht vonnöten. Ich möchte sie hier nur anführen, um dem Leser ein umfassenderes Verständnis des tibetischen Rituals zur Seelenrückholung zu ermöglichen.

Normalerweise braucht man dazu einen Ritualpfeil namens *da-dar*. Er wird aus einem Stück Bambus gefertigt, das drei Knoten aufweist. Diese stehen für La, Yi und Sem. Der Pfeil dient dazu, die Verbindung zu den Elementen herzustellen. Der Schamane ruft zuerst die vier Gäste an und bittet um ihre Unterstützung. Der Pfeil ist wie ein Draht zu der Kraftquelle, in diesem

Fall den vier Gästen und der Umgebung. Während der Seelenrückholung, wenn die Göttinnen reisen, um die Elementarenergien zurückzubringen, hält der Praktizierende den Pfeil mit der Spitze nach unten über seinen Kopf. Dann lässt er das entgegengesetzte Ende langsam gegen den Uhrzeigersinn über sich kreisen. Wenn das andere Pfeilende sich vom Praktizierenden weg bewegt, nimmt es die Elementarenergie auf. Kommt es zurück, leitet die Pfeilspitze die Energie zum Praktizierenden hin. Fünf bunte Bänder – in den Farben Weiß, Grün, Rot, Blau und Gelb – am anderen Ende des Pfeils stellen die Energien der Lebenszeit dar, die zurückgeholt werden. Sie stehen für die fünf Elemente und werden symbolisch im Pfeil gespeichert.

Doch der Pfeil ist nicht das einzige symbolische Behältnis für die Elementarenergien. Die meisten Bön-Anhänger tragen Türkisschmuck um den Hals. Der Türkis ist der Seelenstein, der *la-gyu*, in dem symbolisch die Seele verschlossen ist. Während des Rituals wird der Seelenstein des Betroffenen vor den Praktizierenden gelegt (wenn die beiden nicht identisch sind). Dann wird die Energie, die der Pfeil aufnimmt, in den Stein gelenkt.

Das dritte symbolische »Gefäß« ist das Seelentier, das *sha-wa*. Man fertigt aus Teig die Figur eines Rehs. In seinem Herzen trägt es ein Stück Papier oder Stoff, auf dem die Keimsilbe *NI* steht. Sie repräsentiert die Essenz der menschlichen Seele. Dort hinein lenkt der Praktizierende nun die Energie, die er mit dem Pfeil aufnimmt. Am Ende überreicht man das Reh der Person, die geheilt werden soll, damit sie es auf ihren Altar stellen kann.

Wie man diese drei Ritualgegenstände herstellt, sollte man von einem qualifizierten Meister lernen. Sie unterstützen die Praxis, sind aber nicht zwingend notwendig. Was dieses Ritual ausmacht, ist einmal mehr die Aufmerksamkeit und Vorstellungskraft, die wir ihm widmen. Die feste Absicht im Geist schafft die Ergebnisse.

Rückholung der Elementarenergien – die Praxis

Hier finden Sie die Anweisungen zur Rückholung der essenziellen Energien der Elemente. Wie ich bereits anmerkte, ist das tibetische Ritual zur Seelenrückholung ein so vielschichtiger, tiefgründiger Prozess, dass es unbedingt bei einem Meister erlernt werden muss. Hier wollen wir uns mit der Rückholung der Elementarenergien beschäftigen. Anders als die Seelenrückholung führen wir diese Übung in erster Linie für uns selbst und nicht für andere Menschen durch. Sie können die Praxis aber einer anderen Person widmen.

Ich habe die Praxis meinen Erfahrungen entsprechend ein wenig abgeändert. So habe ich zum Beispiel die Abfolge der Elemente verändert. Im traditionellen Text existiert darüber hinaus eine Anweisung im Hinblick auf die Körperhaltung bei der Anrufung des Feuerelements: Der Praktizierende solle dabei die Knie anziehen, wobei die Knöchel einander berühren, und dann die Knie mit den Armen umfangen. Diese Stellung soll die innere Hitze fördern. Ich halte sie nicht für unbedingt notwendig. Traditionell stellt man sich die Keimsilben zuerst im eigenen Herzen vor, bevor sie transformiert werden. Ich hingegen lehre, dass die Keimsilben von außen, aus den unendlichen Weiten des Universums, auf den Praktizierenden zukommen. Die traditionelle Form der Praxis mag für Menschen mit einer Erd- bzw. Wasserbetonung besser geeignet sein. Diesen tut es gut, wenn die Energie sich von ihnen weg bewegt. Für Praktizierende mit einer Feuer- bzw. Luftbetonung ist es besser, wenn die Energie auf sie zukommt. Finden Sie heraus, was Ihnen persönlich am meisten zusagt.

Ich habe den Originaltext in den Anhang aufgenommen, sodass all jene, die Tibetisch lesen können bzw. jemanden kennen, der dies für sie übernimmt, Zugriff auf die ursprüngliche Form der Praxis haben.

Um die Lektüre der Übungsanweisungen zu erleichtern, sind im Folgenden die einzelnen Schritte kursiv gesetzt, während die

Erläuterungen in normalem Druck erscheinen. Lesen Sie bitte die ganze Anweisung mehrere Male durch, bis Sie sie wirklich ganz verstanden haben. Wenn Sie dann mit der Praxis beginnen, müssten die kursiv gesetzten Anweisungen ausreichen. Haben Sie sich mit den Übungen erst einmal vertraut gemacht, sollte der Überblick am Anfang der Anweisungen eigentlich genügen.

Überblick über die gesamte Übung

Vorbereitende Übungen:

Die neun Atemzüge der Reinigung

Guru Yoga

Einladung an die vier Gäste; Knüpfen des energetischen Bandes

Hauptteil:

- Sagen Sie drei, fünf oder sieben Mal das Transformationsmantra. Verwandeln Sie sich in die Göttin der einzelnen Elemente. Rezitieren Sie ihr Mantra. Rezitieren Sie das gemeinsame Mantra aller Elemente.
- Visualisieren Sie die Göttin der Elemente im betroffenen Organ. Rezitieren Sie die drei Mantras.
- Die Göttinnen reisen, um die verlorenen Elementarkräfte zurückzuholen.
- Die Elementarenergien ergießen sich in das betroffene Organ. Rezitieren Sie das Transformationsmantra. Die Göttin des entsprechenden Organs füllt den Zentralkanal mit der ihr zugehörigen Elementaressenz.
- Während Sie das Mantra der Göttin rezitieren, nehmen Sie diese Energien in den tiefsten Grund Ihres Seins auf, in die subtilsten Ebenen Ihrer Erfahrung. Rezitieren Sie danach das gemeinsame Mantra aller Elemente.
- Verweilen Sie in ruhigem Gewahrsein.

Wiederholen Sie die Übung für jedes der fünf Elemente.

Rezitieren Sie das Langlebensmantra.
Am Ende widmen Sie das Verdienst, das Sie durch Ausübung dieser Praxis erlangt haben, dem Wohlergehen aller Wesen.

Die neun Atemzüge der Reinigung

Als Vorbereitung führen Sie die neun Atemzüge der Reinigung durch, wie sie auf Seite 91 beschrieben sind.

Guru Yoga

Auch die Praxis des Guru Yoga dient der Vorbereitung.

Guru Yoga gehört zu den grundlegendsten Übungen der tibetischen Tradition. Wenn Sie diese Praxis noch nicht bei einem qualifizierten Meister erlernt haben, visualisieren Sie alle erleuchteten Wesen bzw. Lehrer, zu denen Sie eine gute Verbindung haben und beten zu ihnen. Entspannen Sie sich. Öffnen Sie Ihr Herz. Lassen Sie die Dankbarkeit und Hingabe aufsteigen, die Sie diesen Wesen entgegenbringen. Bitten Sie ernsthaft um ihre Unterstützung auf Ihrem spirituellen Pfad, vor allem für die Praxis, die Sie gleich ausüben werden.

Die zentrale Figur der Visualisierung kann der Buddha sein oder Ihr Lehrer. Wenn Sie die dafür nötige Einweihung erhalten haben, können Sie sich auch auf eine männliche oder weibliche Visionsgottheit (Yidam) konzentrieren. Stellen Sie sich vor, wie aus dem Herz dieser zentralen Figur das große Weisheitsfeuer schlägt, das all Ihre negativen Tendenzen, Ihre negativen karmischen Spuren wegbrennt. Dann erhebt sich im Herzen des Meisters der mächtige Wind der Weisheit, der die Asche des Feuers mit sich fortträgt und damit alle noch verbleibenden Hindernisse. Schließlich strömt aus dem Herzen des Meisters reines, klares Wasser und fließt über Sie. Es lässt Sie vollkommen gereinigt zurück – als makelloses Gefäß für die heiligen Lehren.

Jetzt erteilt der Meister Ihnen die Einweihung: Aus dem Chakra zwischen den Augenbrauen des Meisters dringt ein weißer

Lichtstrahl direkt in das entsprechende Zentrum zwischen Ihren Brauen. Auf diese Weise erhält Ihr Körper die Einweihung und Ermächtigung zur Praxis. Spüren Sie, wie Ihr Körper sich entspannt. Dann fließt ein roter Lichtstrahl aus der Kehle des Meisters in Ihr Kehlchakra. Dadurch erhalten Sie die energetische Einweihung und Ermächtigung zur Praxis. Danach dringt ein blauer Lichtstrahl aus dem Herzchakra des Meisters direkt in Ihr Herz. So erhält Ihr Geist die Einweihung und Ermächtigung zur Praxis. Spüren Sie, wie die Entspannung nun auch die subtileren Ebenen Ihres Seins erreicht. Schließlich visualisieren Sie, wie der Meister und die ihn umgebenden erleuchteten Wesen sich in Licht auflösen, das durch das Kronenchakra am Scheitel in Sie eindringt und ins Herz fließt. Alle Anstrengung, alle Gedanken, auch die Visualisierung selbst lösen sich in diesem Licht auf. Sie ruhen in klarer Präsenz. Wenn Sie bereits in die Natur des Geistes eingeführt wurden, ruhen Sie während der Praxis im Gewahrsein. Wenn nicht, bleiben Sie so präsent und achtsam wie möglich.

Die vier Gäste

Einladung der vier Gäste und Herstellung einer energetischen Verbindung zu ihnen.

Laden Sie die vier Gäste ein und visualisieren Sie, wie sie den Raum um Sie herum ausfüllen. Stellen Sie eine Verbindung zu ihnen her. Setzen Sie sich dabei keine Grenzen. Seien Sie so offen wie möglich. Spüren Sie diese energetische, emotionale Verbindung. Lassen Sie zu, dass diese Verbindung Sie verwandelt, Sie weicher macht, Sie stärkt. Sie fühlen sich plötzlich leichter. Lassen Sie alles Negative gehen. Auf passive Weise funktioniert diese spirituelle Praxis nicht. Sie müssen sich schon engagieren. Ist Ihre innere Absichtserklärung unmissverständlich und klar, dann werden die höheren Wesen und Kräfte antworten. Seien Sie offen für alles, was geschieht. Wenn Sie diese Übung nur mechanisch machen, werden Sie nicht davon profitieren.

Laden Sie die ersten Gäste ein

Die Gruppe der ersten Gäste umfasst die Buddhas und erleuchteten Beschützer der Lehre, die Bodhisattvas, die Lehrer der Übertragungslinie, mit denen Sie verbunden sind, und alle Gottheiten, denen gegenüber Sie tantrische Verpflichtungen haben. Auch die erleuchteten Göttinnen der Elemente gehören hierzu. Stellen Sie sich diese vor und spüren Sie ihre Gegenwart. Sie sind wunderschöne, vollkommen erleuchtete Göttinnen. Die Göttin des Raumes ist weiß, die Luftgöttin grün, die Herrin des Feuers ist rot, die Wasserherrscherin ist blau und die Erdgöttin gelb. Beten Sie zu den Göttinnen. Sie mögen Ihnen helfen, innere und äußere Hindernisse auszuräumen, verlorene und zerstörte Qualitäten der Seele wiederzufinden und auch die subtilsten spirituellen Hindernisse zu überwinden. Bitten Sie um Segen, Kraft und Hilfe, um innere Führung. Drücken Sie dabei Ihre Wünsche so klar als möglich aus. Diese Wesen sind vollkommen erleuchtet. Sie selbst sind bereits jenseits aller Verwirrung, doch sie reagieren auf unsere Wünsche und Bedürfnisse. Sie wollen uns helfen. Bitten Sie sie also um Heilung für sich selbst und für alle Wesen, die sie nötig haben.

Wenn Sie nicht an »Geister« glauben, können Sie sich ja einfach an die »höheren Kräfte« wenden. Das ist keine Glaubensangelegenheit. Wir alle haben bereits die Erfahrung gemacht, dass es höhere Mächte gibt. Hier geben wir ihnen einen bestimmten Namen und behandeln sie so, wie das im alten Tibet üblich war. Welchen Namen Sie auch immer benutzen mögen: Die Verbindung zu den höheren Kräften wird Ihnen auf jeden Fall nützen.

Laden Sie die zweiten Gäste ein

Nehmen Sie Kontakt zu den zweiten Gästen auf. Damit sind alle mächtigen Schützer und Hüter der Lehre gemeint, Götter und Göttinnen sowie Stern- und Planetengeister. Bitten Sie sie um Heilkraft für Sie und alle anderen Wesen. Bitten Sie die »zweiten

Gäste«, Hindernisse aus dem Weg zu räumen und Störungen zu beseitigen. Bitten Sie darum, dass sie Sie mit ihren positiven Qualitäten segnen mögen.

Laden Sie die dritten Gäste ein
Stellen Sie eine Verbindung zur Gruppe der dritten Gästen her: zu den »acht Klassen von Wesen« und den karmischen Gästen. Dazu zählen die Ortsgeister von Bergen, Flüssen, Seen, Bäumen, Feldern und Wiesen. Manchmal kann man diese Energien an bestimmten Orten spüren. Sie können wohl wollend oder böswillig sein. Bitten Sie darum, dass sie Sie unterstützen und nicht stören mögen. Dann ersuchen Sie darum, dass die »dritten Gäste« Sie an den Ort und in die Zeit führen mögen, wo Ihre Elementarenergien verloren gingen, gestohlen oder zerstört wurden. Nehmen Sie Kontakt zu den Geistern auf, die Ihre Energien mit sich genommen haben und bitten Sie darum, dass sie Ihnen das Gestohlene zurückgeben. Bieten Sie ihnen als Opfergaben Gebete für ihr Wohlergehen an.

Laden Sie die vierten Gäste ein
Nehmen Sie Verbindung zu den vierten Gästen auf, den Gästen des Mitgefühls. Dazu gehören alle Wesen, die schwächer sind als Sie, Wesen, die – wie Sie – unter den Problemen des täglichen Lebens zu leiden haben, in welchem der sechs Existenzbereiche sie sich auch aufhalten mögen. Stellen Sie sich vor, wie Sie ihnen alles opfern, was sie brauchen, damit sie glücklich und gesund sind. Begleiten Sie Ihre Gaben mit dem inneren Gefühl der Großzügigkeit. Bitten Sie um Hilfe bei der Heilung der Seele, bei der Wiedererlangung der Lebenskraft. Bitten Sie sie darum, die Energie zurückzugeben, die sie womöglich genommen haben.

Die Umwandlung des Körpers
Singen Sie das Transformationsmantra MA KHAM drei, fünf oder sieben Mal. Sobald Sie zu singen beginnen, kommen aus

den unendlichen Weiten des Weltalls viele goldstrahlende Lichtmanifestationen des Transformationsmantras MA KHAM auf Sie zu. Sie strahlen das reine gelbe Licht der Erdenergie aus, das über Sie hinweg- und durch Sie hindurchströmt. Über Ihrem Kopf sammeln die Silben sich und dringen dann durch das Kronenchakra am Scheitel in Ihren Körper ein. Spüren Sie dieser Empfindung im Körper nach. In dem Augenblick, in dem diese goldstrahlenden Silben Ihren Kopf berühren, verwandeln Sie sich in die Erdgöttinnen. Visualisieren Sie sich als Erdgöttin, besser noch: Spüren Sie die Wandlung im Körper.

DIE MANTRAS DER FÜNF ELEMENTE		
ཨ་སྨུ་ཡེ་ཨ་དཀར་ཨ་ནི་ཨ་	RAUM	A MU YE A KAR A NI A
ཡཾ་ཡཾ་ནི་ལི་ཐུན་འདུ་	LUFT	YAM YAM NI LI THUN DU
རཾ་ཚངས་སྟང་ནེ་རཾ་འདུ་	FEUER	RAM TSANG TANG NE RAM DU
མཾ་དང་ར་མཾ་ཏིང་འདུ་	WASSER	MAM DANG RA MAM TING DU
ཁཾ་སླ་ཞི་སྐྱེ་སླས་འདུ་	ERDE	KAHM LA SHI KYE LE DU

MANTRA DES MANDALAS DER FÜNF ELEMENTE	
བྲུཾ་དྲུང་ཛད་སྨུ་ཡེ་འདུ་	BRUM DRUNG DZAD MU YE DU
GEMEINSAMES MANTRA ALLER ELEMENTE	
ཨ་ཡཾ་རཾ་མཾ་ཁཾ་བྲུཾ་འདུ་	A YAM RAM MAM KHAM BRUM DU

Haut, Fleisch, Blut, Nerven, Kanäle, Knochen – alle Zellen Ihres Körpers – verwandeln sich in die elementare Energie der Erde. Sie sind Erde! Ihr der linken Hand halten Sie ein Gefäß mit dem heilsamen Nektar des Erdelements. In der rechten eine Svastika, deren Speichen im Gegenuhrzeigersinn angeordnet sind. Sie steht für die unveränderliche, ewige Wahrheit. Nun verkörpern Sie alle Qualitäten und Energien der Erdgöttin. Spüren Sie ihre liebevolle und weise Präsenz. Bitten Sie sie, sie möge alle Krankheiten, Schmerzen oder Probleme des Körpers beseitigen.

Dann singen Sie das Mantra der Göttin – KHAM LA SHI KYE LE DU –, während Sie ihren Segen empfangen und die positiven Qualitäten des Erdelements in Ihrem Körper spüren: Geerdetheit, Stärke, Können und Beständigkeit. Alle Krankheiten, Hindernisse und Störungen des Körpers sind damit überwunden.

Verweilen Sie in diesem Zustand, während Sie das gemeinsame Mantra aller Elemente singen: A YAM RAM MAM KHAM BRUM DU: Auf diese Weise »versiegeln« Sie die Praxis, d.h. Sie verstärken und stabilisieren die Erfahrung.

Dies ist die Umwandlung des Körpers.

Die Praxis umfasst fünf Teile für die fünf Elemente. In unserem ausführlichen Beispiel wird die Erdgöttin angerufen. Wenn Sie mit den anderen Elementen bzw. Göttinnen arbeiten wollen, müssen Sie nur die Details abändern: das Mantra, die Farbe, das entsprechende Organ und so weiter. Zu diesem Zweck studieren Sie bitte die Aufstellung auf Seite 141 bis 144 Versuchen Sie die Eigenschaften des betreffenden Elements wirklich zu spüren. Jenseits aller äußeren Verschiedenheit sind die Göttinnen erleuchtete Wesen voller Macht, Schönheit und Liebe. Sie sind der reine, erleuchtete Aspekt der elementaren Energie, der Ihnen als Individuum zugänglich ist.

Wenn Sie wollen, können Sie eine Zeit lang nur mit einem Element arbeiten. Oder Sie praktizieren alle fünf nacheinander. Unter Umständen ist es leichter, mit der Erdenergie anzufangen und sich allmählich zu den weniger substanzhaften Aspekten wie Wasser, Feuer, Luft und Raum vorzuarbeiten.

Alle Mantras der Elementargöttinnen beginnen mit MA. Diese Silbe steht für göttliche Weiblichkeit. In vielen Sprachen ist daraus das Wort für Mutter geworden: Ma, Mama, Ama. Das

MA leitet die Verwandlung in die Göttin ein. Die zweite Silbe steht für das angesprochene Element, das der Göttin ihre besonderen Eigenschaften verleiht.

Die Mantras der Elemente sind nicht in allen traditionellen Texten gleich. So steht MAM manchmal für BAM. Lassen Sie sich davon nicht verwirren. Den Erfolg bringt letztlich die innere Hingabe an die Praxis.

Wenn Sie sich auf die positiven Eigenschaften der Göttin konzentrieren und ihren Segen empfangen, rezitieren Sie ihr Mantra: KHAM LA SHI KYE LE DU. Dabei ist es nicht wichtig, wie oft Sie es singen. Hören Sie einfach auf, wenn Sie den Eindruck haben, dass es jetzt genug ist. Die Praxis ist dazu da, Ihr Herz zu öffnen und Sie selbst weicher und weniger starr zu machen.

In diesem transformierten Zustand verbleiben Sie dann, während Sie das gemeinsame Mantra aller Elemente – A YAM RAM MAM KHAM BRUM DU – rezitieren, so lange es Ihnen gefällt.

Die Umwandlung der Energie

Sie haben sich in die Göttin verwandelt. Nun rezitieren Sie wieder das Transformationsmantra MA KHAM – drei, fünf oder sieben Mal. Konzentrieren Sie sich auf die Milz. (Das Organ des transformierten Körpers. Wenn Sie es nicht fühlen können, informieren Sie sich vorher, wo die Milz sitzt und konzentrieren Sie sich dann auf diese Körperregion.) Visualisieren und spüren Sie die Präsenz der Erdgöttin in dem Organ. Die Göttin im Organ hat dieselbe strahlende, gelbe Form, in der Sie im Augenblick verweilen, nur kleiner. Beten Sie zu Ihr. Bitten Sie sie, alle energetischen Hindernisse und negativen Einflüsse umzuwandeln und stattdessen die positiven Qualitäten der Erde in Ihnen heranwachsen zu lassen.

Mit Hilfe Ihrer Imagination stellen Sie ein starkes Band zu der Göttin, ihrer Liebe und Weisheit her, während Sie ihr Mantra singen. KHAM LA SHI KYE LE DU. Fühlen Sie, wie alle Behinderungen auf energetischer Ebene wegfallen, alle Krankheiten geheilt werden und alle geistige Verwirrung im Hinblick auf diese Ebene aufhört. Die Göttin hält in ihrer linken Hand ein Gefäß mit heilsamem Nektar, in der rechten die bereits bekannte Svastika. Spüren Sie, wie die energetische Dimension ihres Daseins sich verändert.

Verbleiben Sie in diesem transformierten Zustand, während sie das gemeinsame Mantra aller Elemente – A YAM RAM MAM KHAM BRUM DU – rezitieren, so lange Sie mögen.

Dies ist die Umwandlung der energetischen Dimension.

In der tibetischen Medizin werden den Elementen einzelne Organe zugeordnet. Zuerst verwandelt sich der ganze Körper, dann wird die Transformation auf die subtilere Ebene der Organenergie ausgedehnt. Die Organheilung ist ein wichtiger Teil der Praxis, weil sie für die energetische Ebene des Daseins steht. Die physischen Organe sind weniger wichtig als die Energie. Daher können Sie, wenn Ihnen Milz, Lunge, Niere oder andere Organe fehlen, mit der Region arbeiten, in der das Organ früher saß, und den Empfindungen, die dort auftauchen. Das Spüren ist bei den Transformationsübungen genauso wichtig wie die Visualisierung im Sinne des Erzeugens eines geistigen Bildes.

Bei allen doppelt vorhandenen Organen – Lungen und Nieren – stellen Sie sich eine Gottheit in jedem vor. Bitte beachten Sie, dass bei allen Elementen außer Erde die Organ-Gottheiten andere Attribute zeigen als die Form der Gottheit, in die Sie sich selbst verwandeln. Die Tabelle auf den Seiten 141 bis 144 gibt Ihnen hier Auskunft.

Die Elementarenergien zurückholen

Atmen Sie langsam und tief. Beim Ausatmen sendet die Erdgöttin in der Milz zahllose Formen ihrer selbst in den Raum hinaus, um die essenzielle Energie des Erdelements zu suchen. Diese reisen über die Kanäle durch den Körper und verlassen ihn durch die Nasenlöcher. Dabei nehmen sie alles mit, was schädlich ist und nicht mehr gebraucht wird. Draußen lassen sie diese Dinge los, sodass sie sich im reinen Raum auflösen können.

Die Göttinnen sind auf ihren Reisen nicht an Raum und Zeit gebunden. Sie suchen die erleuchteten Wesen auf und bitten um Heilung. Sie tauchen an vergangenen, gegenwärtigen und zukünftigen Orten auf, wo positive Elementarenergien verloren gingen, und nehmen diese Qualitäten mit sich. Sie reisen zu Kraftorten, an denen die Erdenergie sehr stark ist bzw. an denen große Meister praktiziert haben, und sammeln auch dort die Erdenergie auf. Sie begeben sich zu den Wesen, die Ihnen diese Energie gestohlen haben, und holen sie zurück.

Die Elementarenergien werden als reine Essenz des Elements in den Gefäßen transportiert, welche die Göttinnen in der Hand halten. Damit kehren die Göttinnen zu Ihnen zurück. Wenn Sie einatmen, strömen sie über die linke Nasenöffnung in den Körper. Sie sind wie Bienen, die den gefundenen Pollen nach Hause bringen. Dann reisen sie durch die Kanäle in die Milz und gießen ihre Kännchen in das Organ und in das Gefäß aus, das die Organ-Göttin in der Hand hält. Das Organ erfährt dadurch Heilung. Stellen Sie sich vor, wie dadurch alle energetischen Hindernisse beseitigt werden. Zwischen Ein- und Ausatmen sollten Sie den Atem ein paar Sekunden lang anhalten. Spüren Sie, wie die Elementarenergie Ihre Erfahrung vollkommen durchdringt. Dann entlassen Sie die Göttinnen mit dem Ausatmen durch die rechte Nasenöffnung wieder in den Raum hinaus, sodass der Zyklus von vorne beginnen kann. Bei jedem Ausatmen verlassen Göttinnen Ihren Körper, bei jedem Einatmen kehren andere zurück und bringen Ihnen Elementarenergie. Lassen Sie sich für diese Übung viel Zeit. Atmen Sie langsam und tief über die Milz aus und ein. Lassen Sie los, was Ihnen schadet. Sammeln Sie, was Ihnen gut tut. Spüren Sie die liebevolle, weise und machtvolle Gegenwart der Göttin. Fühlen Sie die Veränderungen in Körper, Energie und Geist.

Sobald die Göttinnen Ihren Körper durch die rechte Nasenöffnung verlassen haben, sind ihnen keinerlei Beschränkungen mehr auferlegt. Sie suchen alle erleuchteten Wesen auf und bitten dort um Heilung für Sie. Sie reisen in die Vergangenheit, an Orte, an denen Sie durch traumatische Ereignisse positive Elementarenergie verloren haben. Im Falle der Erdgöttin sind dies Erlebnisse, in denen Sie Stärke, Beständigkeit, Vertrauen, Fruchtbarkeit, Entwicklungsmöglichkeiten und »Erdung« eingebüßt haben. Sie müssen die Göttinnen nicht extra an diese Orte schicken. Lassen Sie sie einfach machen. Sie reisen in die Vergangenheit, auch in frühere Leben, und werden von Szenen, in denen es zu Verlusten, Traumata oder Schockgefühlen kam, magisch angezogen. Dies gilt für alle sechs Existenzbereiche. Und sie suchen die Orte auf, an denen sich die Erdenergie konzentriert: Berge, Felder, Steppen, Wüsten.

Dies ist der Hauptteil der Praxis. Wenn Sie keinen Zeitdruck haben, sollten Sie sich dafür eine halbe bis eine Stunde Zeit nehmen. Atmen Sie langsam und tief. Atmen Sie in das Organ hinein, atmen Sie aus dem Organ aus. Lassen Sie mit dem Atem alle negativen Tendenzen und Kräfte gehen. Nehmen Sie beim Einatmen die positiven Qualitäten der Elemente auf.

An jedem Ort, zu jeder Zeit, von jedem Wesen nehmen die Göttinnen die essenzielle Qualität des Elements als heilsamen Nektar auf – strahlende, gelbe, essenzielle Erdenergie (bzw. die Energie des Elements, mit dem Sie gerade arbeiten). Sie sammeln diese in den Gefäßen in ihrer Linken. Dann kehren sie zurück. Mit dem Einatmen kommen sie durch die linke Nasenöffnung in Ihren transfomierten Körper. Sie kehren zu dem Organ zurück und gießen das Licht der Elementaressenz in das Organ und das Gefäß in der Hand der Organ-Göttin. Der Nektar ist spirituelle und psychische Arznei, die selbst die subtilsten Bereiche Ihres Daseins heilt.

Sie können die Nasenöffnung, mit der Sie gerade nicht atmen, mit dem Finger schließen. Nötig ist das aber nicht. Es genügt, wenn Sie sich vorstellen, dass die Göttinnen aus der rechten Nasenöffnung ausströmen und zur linken wieder hereinkommen. Atmen Sie tief und achtsam. Denken Sie dabei an nichts anderes als ans Atmen. Tief und langsam einatmen. Das Ausatmen kann ein wenig schneller ablaufen. Fühlen Sie, wie die Milz selbst das Ein- und Ausatmen besorgt. Spüren Sie, wie die Elementarenergie sich nicht nur auf das Organ beschränkt, sondern auf den ganzen Körper ausstrahlt und so Körper, Energie und Geist heilt. Bei jedem Ausatmen strömen mehr Göttinnen aus Ihrem Körper, um die Elementaressenz zurückzuholen. Bei jedem Einatmen kehren sie zurück und bringen das elementare Licht, das sie wieder gefunden haben, ins Organ zurück.

Die Göttinnen begeben sich vielleicht an Orte, die Ihnen vollkommen unbekannt sind. Vielleicht tauchen vor Ihrem geistigen Auge Bilder oder Eindrücke auf, während sie unterwegs sind. Im Westen scheint häufig das traumatische Erlebnis aktiviert zu werden. Sollte Ihnen dies geschehen, dann lassen Sie die Göttinnen in die Vorstellung hineingehen, damit sie die positiven Qualitäten, die damals verloren gingen, als reine Elementarenergie wieder herausholen. Lassen Sie sich von den aufsteigenden Emotionen nicht aus dem Gleichgewicht bringen. Geben Sie vor allem Ihre Identität als transformiertes Wesen nicht auf. Bleiben Sie die mächtige, erleuchtete Form der Göttin, die im Gleichgewicht der heiligen Elemente ruht. Wenn Ihnen ein traumatisches Erlebnis begegnet, betrachten Sie es mit derselben Macht, Stärke und vergebenden Liebe, wie die Göttin dies tun würde. Nur so kann es zu einer echten Heilung kommen.

Manchmal wenden die Göttinnen sich auch an nicht-materielle Wesen, um wiederzuholen, was diese Ihnen abgenommen haben. So würde man traditionell beschreiben, was bei der Rückholung der Elementarqualitäten geschieht. Und sie suchen Orte auf, an denen sich die Elementarenergie konzentriert: das Meer, ein Vulkan, die Luft auf dem höchsten Berggipfel, unbebautes Land oder den gewaltigen Himmelsraum. Sie nehmen Kontakt mit den Geistern und den göttlichen Kräften auf, die mit diesem Element verbunden sind. Sie müssen keinen Plan für die Göttinnen machen. Lassen Sie sie einfach los und widersetzen Sie sich den Bildern nicht, die in Ihnen aufsteigen. Sie helfen Ihnen, ganz bestimmte Eigenschaften zu entdecken. Gleichzeitig sollten Sie sich aber auch nicht an sie klammern. Lassen Sie sie ruhig wieder schwächer werden oder sich verwandeln.

Machen Sie die Übung so lange, bis Sie sich geheilt fühlen.

Die Umwandlung des Geistes

Atmen Sie vollständig aus, dann tief wieder ein. Mit diesem Einatmen holen Sie alle Göttinnen aus dem Raum zurück. Sie strömen zur Milz und entleeren dort alle Elementaressenz, die sie gefunden haben. Dann verschmelzen sie wieder mit der Organ-Göttin. Halten Sie ein paar Sekunden lang den Atem an. Fühlen Sie, wie die Elementarenergie Ihren Körper und jedes Element Ihrer Erfahrung durchdringt. Wiederholen Sie diesen Vorgang mehrere Male.

Singen Sie das Mantra MA KHAM drei, fünf oder sieben Mal. Während Sie das tun, wird die Göttin in der Milz immer lebendiger, vitaler und freudvoller. Aus dem Gefäß in ihrer Linken schüttet sie den reinen Erdnektar in Form puren, gelben Lichts in Ihr Kronenchakra am Scheitel, in den blauen Zentralkanal, den sie so mit strahlender Erdenergie füllt.

Spüren Sie, wie der heilsame Nektar in den Zentralkanal fließt, vom Kronenchakra abwärts, bis auf eine Höhe von vier Fingern unterhalb des Nabels. Fühlen Sie, wie der Erdnektar durch den Zentralkanal auf und ab fließt und dabei auch die feinsten Verdunkelungen auflöst, sodass sich Frieden und grenzenlose Freude ungehindert ausbreiten können. Der Nektar sammelt sich im Herzzentrum, von wo aus er ins Bewusstsein, in die Seele übergeht. Singen Sie dazu das Mantra der Gottheit KHAM LA SHI KYE LE DU, während Sie die Erfahrung so weit wie möglich entwickeln. Spüren Sie das Licht im Herzzentrum und auf den tiefgründigsten Ebenen Ihres Seins. Fühlen Sie, wie es sich mit dem Bewusstsein vereint, bis das Bewusstsein vollkommen mit der Elementarqualität verschmilzt. Spüren Sie, dass alles, was zu heilen war, nun geheilt ist. Alles, was gestärkt werden musste, hat jetzt neue Energie. Die Unwissenheit hat sich aufgelöst, die Weisheit, vor allem die Weisheit des Gleichmuts, tritt ungehindert hervor. Alle subtilen spirituellen und mentalen Hindernisse sind beseitigt. Nutzen Sie Ihre Atmung, Ihre Vorstellungskraft, um diesen Zustand herbeizuführen.

Dann verweilen Sie in diesem transformierten Zustand, während sie das gemeinsame Mantra aller Elemente rezitieren – A YAM RAM MAM KHAM BRUM DU –, so lange Sie mögen. Fühlen Sie, wie alle Ihre Zweifel beseitigt sind und ruhen Sie in der Natur des Geistes: unwandelbar, ohne Anfang noch Ende, klar, frisch und lebendig.

Stellen Sie sich vor, dass die positiven Qualitäten, die sich in dem Gefäß der Erdgöttin in Ihrem Herzen angesammelt haben, der reine Nektar des Erdelements sind. Während Sie das Mantra der Göttin drei Mal singen, erhebt sie sich in Ihrem Herzen und schüttet den goldenen Nektar in Ihren Zentralkanal. Der Nektar im Zentralkanal ist die subtilste Dimension der Heilung.

Spüren Sie, wie Ihre tiefsten Zweifel sich klären. Erfahren Sie die Natur des Geistes: unerschütterlich, grenzenlos, strahlend, vital und unberührt. Spüren Sie diese unbegrenzte Offenheit und lassen Sie Ihren Geist damit verschmelzen. Die Visualisierung löst sich in den Raum hinein auf, während Ihr Geist seinen natürlichen Zustand annimmt. Verweilen Sie so lange in dieser Erfahrung, bis sie ihre Frische verliert.

Aus der Tiefe Ihrer Verbindung mit dem natürlichen Zustand des Geistes rezitieren Sie nun das Mantra als aus sich selbst erstehenden Klang der Göttin. Die Macht des Mantras und der Segen der Göttin heilen alle Zweifel und beseitigen auch noch die feinsten Hindernisse auf dem Weg zur vollkommenen Kontemplation. Verstärken Sie nun die Kraft Ihrer Praxis durch Rezitation des Langlebensmantras.

Am Ende ruhen Sie noch ein wenig entspannt in der Stille, so lange diese Erfahrung für Sie schön und frisch ist. Beobachten Sie die Ergebnisse der Praxis. Verweilen Sie im reinen Gewahrsein.

Die Praxis der Rückholung der Elementarenergien schreitet von den äußeren Aspekten (dem Körper) zu den Energien, dem Organ, dem Zentralkanal, dem Herzzentrum und schließlich zur Seele fort. Der Schamane sieht die Seele im Herzzentrum im Zentralkanal. Daher kann sie keine Heilung erfahren, bevor die Energie nicht auf diese höchst subtile Ebene vorgedrungen ist. Dass dies gelungen ist, merken wir, wenn die Praxis unser ganzes Sein umfasst. Je stärker Ihre Eindrücke und Erfahrungen während der Praxis sind, desto tief greifender wird deren Wirkung sein.

Das Langlebensmantra

LANGLEBENSMANTRA

བསྭོ་དྲུཾ་ཨ་དཀར་སྨུ་ལ་ཏིང་ནམ་ཨོད་འདུ་སྨུ་ཡེ་ཚེ་ནི་ཛཿ

SO DRUM A KAR MU LA TING NAM 'OD DU MU YE TSE NI DZA

Am Ende der Praxis singen Sie drei, fünf oder sieben Mal oder öfter das Langlebensmantra, ob Sie nun mit einem oder mehreren Elementen gearbeitet haben.

SO DRUM A KAR MU LA TING NAM
'OD DU MU YE TSE NI DZA

Dieses Mantra besitzt ebenfalls heilende Wirkung. Es soll ein langes Leben verleihen. Wir singen es am Ende der Praxis, um uns gleichsam mit einem Schutzkreis zu umgeben und damit die positiven Resultate der Praxis zu bewahren. Mantras können zwar nicht wörtlich übersetzt werden, aber häufig trägt jede Silbe auch eine symbolische Bedeutung. Hier die Bedeutungen der einzelnen Silben im Langlebensmantra:

SO	leerer Raum
DRUM	das Schloss der Langlebensgottheit
A KAR	ungeborene Weisheit
MU LA	Keimsilbe des Yogi
TING NAM	Nektar
‘OD DU	die Langlebensenergie erhalten
MU YE	Wohlstand
TSE	langes Leben
NI	Keimsilbe des menschlichen Existenzbereiches
DZA	Licht als Medium positiver Qualitäten

Widmung

Am Ende jeder Meditationsübung widmen Sie das Verdienst dem Wohlergehen aller Wesen. Ihre Motivation bei der Praxis sollte sein, anderen zu helfen. Auch Ihre eigene Heilung sollten Sie unter dem Gesichtspunkt anstreben, dass Sie andere besser unterstützen können, wenn es Ihnen selbst gut geht.

Die Praxis der Elementargöttin mit den anderen Elementen

Die Arbeit mit den anderen Elementargöttinnen folgt dem oben ausführlich beschriebenen Schema, wobei Sie natürlich die einzelnen Attribute und Eigenschaften der Elementarkraft abändern. Dabei wechseln die Farbe, das Mantra, das Organ, die Qualitäten der Elemente und natürlich die Attribute der Gottheit wie in der folgenden Tabelle angegeben. Das zuerst aufgeführte Attribut hält die Göttin in der rechten Hand, das zweite in der linken. Außerdem habe ich noch ein symbolisches Bild angegeben, das die Qualitäten des aufgeführten Elements am besten wiedergibt, zum Einfühlen sozusagen.

Anfangs sollten Sie sich nicht allzu sehr um die Attribute der Göttinnen bzw. um andere Details kümmern. Konzentrieren Sie sich besser auf die innere Erfahrung. Erwecken Sie in sich die positiven Qualitäten der Elemente und versuchen Sie, die Erfahrung so stark wie irgend möglich werden zu lassen. Fühlen Sie die einzelnen Vorgänge wirklich auf körperlicher, energetischer und geistiger Ebene. Achten Sie darauf, welche Ergebnisse die Praxis zeitigt. Wenn die Praxis-Erfahrung gut verankert ist, können Sie sich auch um die Details kümmern. Doch das innere Erleben ist in jedem Fall wichtiger als eine möglichst exakte Durchführung.

Wenn Sie mit der Göttin des Raumes arbeiten, gibt es keine Organgöttin im Herzen. Stattdessen stellen Sie sich dort ein leuchtendes, weißes A [ཨ] vor, das fünffarbiges Licht (in Gelb, Blau, Rot, Grün und Weiß) ausstrahlt. Da das A ohnehin im Herzzentrum angesiedelt ist, wird der Nektar nicht in den Zentralkanal gelenkt, sondern sammelt sich während der Praxis im Herzchakra, wenn die Göttinnen mit den Gefäßen voll essenzieller Raumenergie dorthin zurückkehren.

Wie ich bereits sagte, besteht der wichtigste Aspekt der Praxis darin, die Elementarenergien in sich zu erwecken und mit ihnen zu verschmelzen. Die Praxis umfasst drei Transformationsstufen, in denen Sie die Elementarenergien auf körperlicher, energetischer und geistiger Ebene entwickeln. Wenn die Silben des Mantras zu Ihrem Schädeldach aufsteigen, verwandeln Sie Ihren Körper in den Körper der Göttin. Hier sollten Sie spüren, wie Sie die Elementarenergien auf körperlicher Ebene aufnehmen. Wenn Sie die Göttin im entsprechenden Organ visualisieren, sollten Sie spüren, wie die Elementarqualitäten die energetische Dimension Ihrer Erfahrung ganz durchdringen. Dringt dann die Elementaressenz in den Zentralkanal ein, verschmilzt die Essenz mit der subtilsten, der lichthaften Dimension der Erfahrung. Spüren Sie, wie sich dadurch die Qualität Ihres Bewusstseins verändert.

Wie bei der vorher beschriebenen Übung zur Integration der Elementarqualitäten, schreitet auch diese Praxis von den gröberen zu den feineren Ebenen fort. Zuerst wird der Körper verwandelt, dann das zum Element gehörende Organ. Die essenzielle Energie des Elements heilt das Organ und wandert dann in den Zentralkanal. Danach sammelt sie sich im Herzchakra und verschmilzt mit dem Bewusstsein. Die Elementarenergie verändert sich selbst während des gesamten Prozesses nicht im Geringsten. Sie durchdringt nur immer subtilere Erfahrungsebenen, bis sie schließlich mit dem reinen Bewusstsein eins wird.

Wenn Sie besondere Schwierigkeiten im Alltagsleben haben, also mit Beziehungen, Beruf und so weiter, konzentrieren Sie sich stärker auf die Transformation des Körpers und die gröberen Aspekte der Elementarenergie. Haben Sie mehr mit energetischen Problemen zu kämpfen, also mit emotionalen bzw. gesundheitlichen Störungen oder Ihrem allgemeinen Energieniveau, sollten Sie Ihr besonderes Augenmerk auf die Erweckung der Organgöttin und die energetische Seite der Übung richten. Bei allen Hindernissen in der Meditationspraxis und auf dem spirituellen Pfad ist die Phase besonders wichtig, in der es um den Geist geht, d.h. das Eindringen der Elementaressenz in den Zentralkanal.

Wenn die Elementaressenz in den Zentralkanal eintritt, stellen Sie sich vor, dass alle Hindernisse, alle negativen Gefühle, die mit diesem Element verbunden sind, ein für alle Mal beseitigt sind und alle positiven Elementarqualitäten hervortreten. Jedes Element ist einer der fünf Arten von Weisheit zugeordnet. Diese wird von selbst sichtbar, wenn das Element vollkommen gereinigt und in die eigene Erfahrung integriert ist.

Element: Erde

Transformationsmantra:	MA KHAM
Mantra der Göttin:	KHAM LA SHI KYE LE DU
Gemeinsames Mantra aller Elemente:	A YAM RAM MAM KHAM BRUM DU

Farbe der Göttin und der Keimsilben:	strahlendes Gelb-Gold
Organ:	Milz
Attribute (rechte und linke Hand):	Svastika mit im Gegenuhrzeigersinn angeordneten Speichen (unwandelbare Wahrheit) und Gefäß mit heilendem Nektar
Attribute der Organgöttin (rechts, links):	Svastika mit im Gegenuhrzeigersinn angeordneten Speichen (unwandelbare Wahrheit) und Gefäß mit heilendem Nektar
Qualitäten:	Stärke, Beständigkeit, Sicherheit, Geerdetheit, Konzentration, Verbindung
spirituelle Entwicklung:	Unwissenheit überwinden, wachsende Weisheit
Weisheit:	Weisheit des Gleichmuts
Symbolbild:	mächtige, unerschütterliche Berge

Element: Wasser

Transformationsmantra:	A MAM
Mantra der Göttin:	MAM DANG RA MAM TING DU
Gemeinsames Mantra aller Elemente:	A YAM RAM MAM KHAM BRUM DU
Farbe der Göttin und der Keimsilben:	strahlendes Blau
Organ:	Nieren (eine Göttin in jeder Niere)
Attribute (rechte und linke Hand):	Siegesbanner mit einem Krokodil und Gefäß mit heilendem Nektar
Attribute der Organgöttin (rechts, links):	wunscherfüllendes Juwel und Gefäß mit heilendem Nektar
Qualitäten:	Ruhe, Gelassenheit, Sinnlichkeit, Entspannung, innerer Friede, Mit-dem-Fluss-Gehen

spirituelle Entwicklung:	Neid überwinden, wachsende Offenheit
Weisheit:	spiegelgleiche Weisheit
Symbolbild:	ein weiter, ruhiger See

Element: Feuer

Transformationsmantra:	A RAM
Mantra der Göttin:	RAM TSANG TANG NE RAM DU
Gemeinsames Mantra aller Elemente:	A YAM RAM MAM KHAM BRUM DU
Farbe der Göttin und der Keimsilben:	leuchtendes Rot
Organ:	Leber
Attribute (rechte und linke Hand):	Donnerkeil und Schädelschale
Attribute der Organgöttin (rechts, links):	Flammen und Gefäß
Qualitäten:	Energie, Wärme, starker Wille, Inspiration, Kreativität, Seligkeit
spirituelle Entwicklung:	inneres Feuer, Überwindung des Begehrens, wachsende Großzügigkeit
Weisheit:	unterscheidende Weisheit
Symbolbild:	Feuer spuckender Vulkan

Element: Luft

Transformationsmantra:	MA YAM
Mantra der Göttin:	YAM YAM NI LI THUN DU
Gemeinsames Mantra aller Elemente:	A YAM RAM MAM KHAM BRUM DU
Farbe der Göttin und der Keimsilben:	schimmerndes Grün
Organ:	Lungen (eine Göttin in jedem Lungenflügel)
Attribute (rechte und linke Hand):	im Wind wehende Standarte, Gefäß
Attribute der Organgöttin (rechts, links):	grünes Windrad und Gefäß
Qualitäten:	Flexibilität, Lebendigkeit, Frische, Schnelligkeit

spirituelle Entwicklung:	Stolz überwinden, wachsender innerer Friede
Weisheit:	alles vollendende Weisheit
Symbolbild:	eine frische Brise, die Berg und Tal durchdringt

Element: Raum

Transformationsmantra:	MA A
Mantra der Göttin:	A MU YE A KAR A NI A
Gemeinsames Mantra aller Elemente:	A YAM RAM MAM KHAM BRUM DU
Farbe der Göttin und der Keimsilben:	strahlend weiß oder klar
Organ:	Herz
Attribute (rechte und linke Hand):	wunscherfüllendes Juwel und Schädelschale gefüllt mit weißer und roter Essenz

Statt einer Göttin findet sich im Zentralkanal auf der Höhe des Herzens der strahlend weiße Buchstabe A, der die Fünf Reinen Lichter ausstrahlt. Aus diesem A gehen die Göttinnen hervor, die durch Raum und Zeit reisen. Sie leeren die wieder gefundene Essenz direkt ins Herz.

Qualitäten:	Gelassenheit, Ruhe, Klarheit, Zugänglich-Sein, Weite
spirituelle Entwicklung:	Ärger überwinden, wachsende Liebe
Weisheit:	Weisheit der Leerheit
Symbolbild:	der weite, klare Himmel über der Ebene oder der Wüste

Die Praxis im Alltag

Am besten ist es, die Übung mit allen fünf Elementen nacheinander zu machen. Wenn Ihnen das zu viel ist, wählen Sie das Element, das Sie im Moment am meisten zu brauchen scheinen. Versuchen Sie, eine Verbindung zu den Göttinnen herzustellen.

Die Kraft der Praxis hängt nicht von der perfekten Visualisierung oder den hundertprozentig richtig ausgesprochenen Silben ab. Wichtig ist, die positiven Elementarqualitäten in sich zu spüren und die Elemente zur persönlichen Heilung einsetzen zu können. Spüren Sie, wie Sie auf körperlicher, energetischer und geistiger Ebene stärker werden, während die Elementarqualitäten zurückgebracht werden.

Die Praxis eignet sich zur täglichen Meditation ebenso wie für ein Einzel- bzw. Gruppenretreat. Machen Sie sie, wann immer sie Ihnen hilfreich erscheint. Die traditionellen Texte sehen für diese Übung ein Retreat von 21, 14 oder 7 Tagen vor.

Darüber hinaus geht die traditionelle Übungsanweisung davon aus, dass die Elementarenergien zu bestimmten Tageszeiten am stärksten sind. Wenn Sie also die Wirkung Ihrer Praxis verstärken wollen, stimmen Sie diese darauf ab, wann die Elementarkraft ihren täglichen Gipfel erreicht:

Raum:	von der Dämmerung bis zum Sonnenaufgang
Feuer:	vom Sonnenaufgang bis zur Mitte des Vormittags
Erde:	von der Mitte des Vormittags bis Mittag
Luft:	von Mittag bis zum Sonnenuntergang
Wasser:	vom Sonnenuntergang bis zu dem Zeitpunkt, an dem alle Sterne am Nachthimmel sichtbar sind

Vor vielen Jahrhunderten wurde in einem tibetischen Text festgehalten, dass das größte Hindernis auf dem spirituellen Pfad die Tatsache ist, dass die Menschen immer zu viel zu tun haben. Man kann sich kaum vorstellen, dass die Yakhüter damals schon genauso beschäftigt waren wie der moderne Mensch mit seinem Papierkram, seinem Beruf, E-Mails, Telefonanrufen und Faxen. Mit dem allgegenwärtigen Auto, dem Fernseher, den Zeitungen und Einkaufszentren. Doch es liegt einfach in unserer Natur, unsere Zeit bis zum Anschlag auszufüllen, jedes bisschen Raum in unserem Leben voll zu stopfen und uns dann zu beschweren, dass wir zu viel zu tun haben. Manchmal wird sogar die spirituelle Praxis nur zu einem weiteren Muss, das wir in unseren dicht gefüllten Terminkalender aufnehmen sollten. Das muss nicht so sein.

So lange wir atmen, können wir praktizieren. Selbst wenn wir sonst nichts tun, können wir positive Energie einatmen und schädliche ausatmen. Wir können achtsam bleiben und Freundlichkeit und Mitgefühl praktizieren. Dafür brauchen wir keine Extra-Zeit. Und natürlich können wir auch jederzeit und an jedem Ort die Elemente-Übungen machen.

Wenn Sie aus dem Gleichgewicht sind, konzentrieren Sie sich auf die Energie, die Sie brauchen, um sich wieder auszubalancieren. Opfern Sie der Gruppe der ersten und zweiten Gäste, bevor Sie etwas zu sich nehmen. Die Reste bringen Sie den dritten und vierten Gästen als Opfergabe dar. Spüren Sie hin und wieder Ihrer Verbindung zur Erde nach. Am nächsten Tag können Sie dann mit dem Himmel üben. Lassen Sie sich eine Woche lang vom Wasser trösten, von der Luft Beweglichkeit zeigen und vom Feuer Kreativität.

Die Elemente sprechen in der Natur zu uns, aber Sie können auch die Elementargöttinnen visualisieren. Ist die Verbindung erst einmal hergestellt, sodass die Erfahrung der Elementarqualitäten stabil ist, dann gibt es endlose Möglichkeiten, heilsame, positive Eindrücke im Geist hervorzurufen, damit Sie alle Hindernisse überwinden und auf dem spirituellen Pfad fortschreiten können.

DIE FÜNF ELEMENTE IM TANTRA

Im Tantra werden die Elemente in erster Linie unter dem Aspekt der Vitalenergie betrachtet. Diese allerdings sieht man nicht nur als rein biologische bzw. seelische Energie, obwohl diese beiden Ausdrucksformen natürlich Manifestationen der Vitalenergien sind.

Die Elemente gelten als heilige, grundlegende Energie des Seins, die den Energiehaushalt des Individuums bestimmt. Anders als in den schamanischen Fahrzeugen, wo die Elemente in ihrer materiellen Form Grundlage der Praxis sind, arbeitet das Tantra mit den Energien in der Form, wie sie im Körper des Praktizierenden in Erscheinung tritt: als Kanäle, Prana-Energie, »Keimessenzen« und heilige Keimsilben des Energiekörpers. Tantrische Übungen führen unmittelbar zur Verwirklichung des Körpers der Gottheit, ein Ziel, das dem schamanischen Weg fremd ist.

Trotzdem ist auch die schamanische Sicht dem tantrischen Weg nicht fremd. So heißt es zum Beispiel im »Mutter-Tantra«, dass ein Mensch, der dauerhaft von einer besonders heftigen Emotion besessen ist, vermutlich das Opfer dämonischer Kräfte ist. Zeigen sich solch starke emotionale Unausgeglichenheiten nur gelegentlich, wird dies auf mangelnde energetische Balance zurückgeführt. Ist ein Mensch hingegen frei von negativen Emotionen, sind die verschiedenen Elementarenergien in vollkommenem Gleichgewicht. In Tibet werden schamanische und tantrische Denkansätze häufig vermischt, ohne dass dies irgendjemandem Probleme macht.

Tantra ist der Pfad der Transformation. Die fünf negativen Emotionen, die mit den fünf Elementen assoziiert sind, werden in die fünf positiven Eigenschaften umgewandelt: Ärger in Liebe, Begehren in Großzügigkeit, Eifersucht in Offenheit, Stolz in Gleichmut und Unwissenheit in Weisheit. Dadurch wird aus einem dem Leiden ausgesetzten Wesen ein erleuchteter Buddha. Sogar der materielle Körper wird in einen Lichtkörper transformiert.

Die tantrische Praxis wird gewöhnlich in zwei verschiedene Ebenen der Praxis aufgeteilt: Die eine betont das Stadium der Erzeugung, die andere den Prozess der Vollendung. Die Übungen, die ich hier beschreibe gehören zur letzteren Gruppe (Anuyoga). Gewöhnlich wird hier der Körper in die Praxis miteinbezogen. Ohne ein gewisses Verständnis der energetischen Anatomie des Körpers lassen sich diese Übungen daher nicht begreifen.

Pferd, Pfad, Reiter und Panzer

Das »Mutter-Tantra« liefert uns hier ein Bild, mit dem sich die einzelnen Teile der Praxis und ihr innerer Zusammenhang gut veranschaulichen lassen. In dieser Metapher wird das Prana (tib. *lung*) als Pferd betrachtet, die Energiekanäle im Körper (tib. *tsa*) gelten als Pfad. Der als *tigle* (Sanskrit *bindu*) bezeichnete Lichttropfen ist der Reiter. Er steht für den Aspekt des Geistes bzw. Bewusstseins. Und der Panzer ist die Keimsilbe (tib. *yi ge*) oder das Symbol, das bei der Praxis verwendet wird.

Das Pferd: Prana

Das tibetische Wort für die Vitalenergie ist *lung*, aber ich werde hier das bekanntere Sanskritwort Prana benutzen. Prana ist die Kraft, die Grundenergie aller Erfahrung. Aus ihr setzen sich alle materiellen und immateriellen Dinge zusammen. Prana ist die grundlegende Kraft, die alles hervorbringt, auch die Energie von Kunzhi, der Grundlage aller Existenz. Auf der allersubtilsten Ebene ist Prana ungeteilt und frei von allen begrifflichen Festschreibungen. Dann geht es über in die Fünf Reinen Lichter der Elemente, die jedoch immer noch so subtil sind, dass wir sie mit unserem ungeschulten Geist nicht wahrnehmen können. Auf einer gröberen Ebene hingegen können wir Prana durchaus fühlen – zum Beispiel in der Luft, die wir atmen. Auch seinem Fluss im Körper können wir nachspüren. Die Bewegung des Prana und seine Wirkung auf uns sind unserer Erfahrung durchaus zugänglich. Und genau das ist die Ebene der Praxis, auf der das Tantra arbeitet. Wir üben uns darin, uns mit Hilfe von Vorstellungskraft, Atmung und Körperhaltung die Bewegung des Prana bewusst zu machen. Indem wir auf diese Weise die gröberen Manifestationsebenen des Prana lenken, beeinflussen wir auch die subtileren Formen der Vitalenergie. Je sensibler wir werden, desto leichter wird es uns fallen, Prana auch auf den feineren Ebenen wahrzunehmen.

Zunächst einmal ist Prana eng mit dem Luftelement verbunden, das wiederum dem Raum am nächsten steht. Der Raum bringt als erstes Luft hervor und im Sterbeprozess löst sich das Luftelement wieder in den Raum hinein auf. Luft durchdringt alles, jeden Ort im Raum. Wenn wir hier von den Elementen als den fünf Pranas sprechen, reden wir über den Feuer- und Luftaspekt jedes einzelnen Elements. Wie ich bereits geschrieben habe, werden die Elemente traditionell mit dem Körper assoziiert. In dieser Sichtweise gilt die Körpermasse als Erde, das Blut als Wasser, die vom Stoffwechsel erzeugte Energie als Feuer, der Atem als Luft und das Bewusstsein als Raum. Hier sind die erdhafteren, substanzhafteren, materiellen Aspekte der Manifestation der Elemente im Körper angesprochen. Die fünf Pranas aber sind die luftigeren, weniger substanzhaften Formen, in denen die Elementarenergien im Körper erscheinen.

Die Funktionen der fünf Pranas

Die fünf grundsätzlichen Energieflüsse im Körper sind: das aufwärts gerichtete Prana, das mit der Erde assoziiert wird; das Prana der Lebenskraft, das mit dem Raum in Verbindung steht; das feuergleiche Prana, das dem Feuer zugehört, das alles durchdringende Prana, das dem Luftelement verbunden ist, und das abwärts gerichtete Prana, das dem Wasser zugeordnet wird.

Das aufwärts gerichtete Prana

Das aufwärts gerichtete Prana aktiviert die Sinne. Es erlaubt uns zu sehen, zu hören, zu schmecken, zu riechen und Berührungen zu spüren. Diese Energie liegt der Wahrnehmung und dem Denken zu Grunde. Störungen in der Sinneswahrnehmung haben häufig mit dieser Form des Prana zu tun. Viele Menschen, welche die Übungen zum Ausgleich dieses Prana machten, berichteten mir danach, dass sich ihr Sehvermögen und ihr Gedächtnis verbessert hätte. Das aufwärts gerichtete Prana ist mit dem Erdelement verbunden – was zunächst einmal unserer intuitiven Zuordnung widerspricht. Doch das aufwärts gerichtete Prana aktiviert auch das Gehirn, den erdhaften, substanziellen Aspekt des Bewusstseins und der Wahrnehmung. Da die fünf Elemente gleichzeitig allem Sein zu Grunde liegen, ergeben sich automatisch Widersprüche, wenn man mehr als eine Ebene der Existenz betrachtet.

Jeder der fünf Untergruppen des Prana ist ein bestimmtes Bild zugeordnet, das die Konzentration bzw. Funktion der Energie im Körper veranschaulichen oder das Wirken der Untergruppe aufzeigen soll. Beim aufwärts gerichteten Prana stellt dieses Bild eine schirmgleiche Form dar. Diese pranische Energie ist besonders stark im Halschakra, aus dem sie sich erhebt und im Gehirn ausbreitet. So entsteht die Schirmform. Das Bild ist gelb, in der Farbe des Erdelements.

Das aufwärts gerichtete Prana öffnet das Hals- und Kronenchakra sowie den Zentralkanal. Daher ist es besonders eng mit allen Arten spiritueller Erfahrung verbunden. Ohne die Öffnung der oberen Chakras und des Zentralkanals ist die spirituelle Erfahrung im Körper nicht ausreichend verankert. Wenn sich das

Kronenchakra öffnet, erfährt der Meditierende intensive Glückszustände, beim Halschakra hingegen verspürt er tiefen inneren Frieden. Traditionell heißt es, dass jemand, der das aufwärts gerichtete Prana bis zum höchsten Punkt entwickelt hat, sehr hoch springen oder gar fliegen kann. Auf der seelischen Ebene bedeutet eine vollkommene Integration des aufwärts gerichteten Pranas, dass man sich über negative Emotionen erhebt und Einlass in die höheren Bereiche findet.

Das Prana der Lebenskraft

Das Prana der Lebenskraft konzentriert sich im Herzen. Es bestimmt die Vitalität eines Menschen. Wenn das Prana der Lebenskraft schwach ist, ist der Mensch von schwacher Gesundheit. Kommt dieser Pranastrom zum Erliegen, tritt der Tod ein. Ist es jedoch stark, dann ist dieser Mensch vital, hat einen starken Willen und eine lebendige, farbige Erfahrungswelt.

Das Symbol für das Prana der Lebenskraft ist ein weißes oder klares Wunsch erfüllendes Juwel im Herzzentrum. Im alten Tibet ging man davon aus, dass Wünsche, die man an das Wunsch erfüllende Juwel richtete, auch erfüllt wurden: Was wir im Herzen tragen, wird also zur Wirklichkeit. Das Herz sowie das Prana der Lebenskraft werden dem Raumelement zugeordnet. Wenn das Prana der Lebenskraft stark fließt und das Herzchakra offen ist, dann erlebt der Mensch intensive Erfahrungen von Klarheit und Kraft. Ist der Pranafluss hingegen eingeschränkt, kommt es zu schlechten Gedächtnisleistungen, weil der Geist wie vernebelt ist. Die negativen Aspekte dieses Pranastroms sind Ärger und Hass. Positiv macht es sich als starker Wille, Glück, Freude und Anwachsen von Weisheit bemerkbar. Diese Form des Prana unterstützt Vitalität, Verstandeskräfte und Wahrnehmung.

Traditionell gilt als Zeichen höchster Verwirklichung dieses Prana die Fähigkeit, Bewusstsein in andere Körper zu übertragen. Diese taucht in vielen Legenden über die alten Meister auf, die dem Tode nahe, aber noch nicht willens waren, ihr positives Wirken für andere aufzugeben. Also übertrugen sie ihr Bewusstsein in den kürzlich verstorbenen Körper eines jungen Menschen. Danach konnten sie ihr Leben ohne den geringsten Verlust an Erinnerungen aus ihrem alten Leben im neuen Körper fortsetzen.

Das feuergleiche Prana

Das feuergleiche Prana ist die Energie des Stoffwechsels. Zu seinen Aufgaben gehört die Verdauung der Nahrung, was wiederum das feuergleiche Prana stärkt. Es steuert den Prozess, durch den wir Energie aus dem beziehen, was wir verspeisen. Das feuergleiche Prana sitzt im Nabelchakra und ist für die Wärmeentwicklung im Körper zuständig. Sein Symbol ist ein rotes, nach oben gerichtetes Dreieck, das sich auf Höhe des Nabels befindet.

Das Feuer im Nabelchakra wird durch Übungen wie Tummo, den Yoga des inneren Feuers, entwickelt. Verfeinert man es, wird es zur Grundlage einer subtilen, psychischen Wärme, die auch als Seligkeit erfahren wird. Es gibt viele Arten der Seligkeit. Feuergleiches Prana wird vor allem mit meditativer Seligkeit, der ursprünglichen Freude des Seins, assoziiert. Diese Freude ist von nichts abhängig. Sie vergeht nicht, wenn wir unseren Job verlieren, und wird nicht stärker, wenn wir eine Beförderung erhalten. Es ist die Seligkeit des Gewahrseins, der sinnlichen Wahrnehmung, der Existenz.

Bei einem Mangel an Feuer-Prana kommt es zu Unwissenheit, Schläfrigkeit, Trägheit, Vergesslichkeit, Verdauungsproblemen und einem generellen Mangel an Energie. Als äußeres Zeichen dafür, dass die Natur des feuergleichen Pranas in hohem Maße entwickelt wurde, gilt, dass der Betreffende durch die Elemente nicht mehr verletzt werden kann, die Praxis des Klaren Lichts beherrscht und seine Träume durch Traumyoga bewusst lenkt.

Das alles durchdringende Prana

Das alles durchdringende Prana erfüllt naturgemäß den gesamten Körper. Es ist mit dem Luftelement verbunden. Da es überall im Körper ist, gibt es kein Symbolbild, das seine Konzentration und Wirkung veranschaulichen würde.

Diese Form des Prana ist für die Kommunikation im Körper zuständig. Energetisch verbindet es die einzelnen Körperteile. Die assimilierte Nahrung geht vom Verdauungstrakt in den restlichen Körper über. Das Blut ist in ständiger Zirkulation begriffen, und die Nervenbahnen leiten Informationen weiter. Egal, wo Sie Ihren Körper berühren, Sie werden an dieser Stelle eine Berührung empfinden. Dies gilt auch für die subtileren Wahrnehmungsebenen: Lenken Sie Ihre Aufmerksamkeit auf irgendeinen Teil Ihres Körpers und Sie werden dort etwas spüren. Dies ist das Wirken des alles durchdringenden Pranas.

Ist dieser Pranastrom stark, erweitert er unsere Erfahrung, im positiven wie im negativen Sinne. Sehen wir eine wundervolle Blume und fühlen deren Schönheit im ganzen Körper, dann ist dies alles durchdringendes Prana. Empfinden wir Liebe im Herzen, die sich dann auf unserem Gesicht abzeichnet, dann ist es das alles durchdringende Prana, das Herz und Gesicht verbindet. Wenn wir uns gut fühlen und dieses Gefühl mit unseren Freunden teilen, dann wirkt dieser Pranastrom auf positive Weise. Geht es uns dagegen schlecht und wir reagieren uns an jemand anderem ab, dann haben wir die negative Seite des alles durchdringenden Prana kennen gelernt. Dieser Pranastrom zeigt sich von seiner schlechten Seite, wenn wir Neid und Eifersucht empfinden und daraus der Wunsch entsteht, anderen zu schaden. Wirkt er positiv, steht er für einen schnellen, scharfen Intellekt.

Das alles durchdringende Prana sorgt dafür, dass die heilsamen Auswirkungen unserer Meditation in allen Lebensbereichen spürbar werden. Ohne diese Kraft würden positive Meditationserfahrungen auf die Zeit der Praxis beschränkt bleiben. Ist das alles durchdringende Prana hoch entwickelt, überwindet es Raum und Zeit. So erlaubt es dem weit fortgeschrittenen Praktizierenden, nach seinem Tod eine bestimmte Form der Wiedergeburt zu wählen. So verbindet das alles durchdringende Prana ein Leben mit dem nächsten.

Das äußere Anzeichen einer vollkommenen Entwicklung des alles durchdringenden Pranas ist die Fähigkeit, den Körper zu transformieren und an mehreren Orten zur selben Zeit zu erscheinen. Auch das Hellsehen wird durch diesen Pranastrom möglich. Die Stärkung des alles durchdringenden Prana unterstützt die direkte Einsicht in die Leerheit, weil dadurch die Prana-Grundlage für die Erfahrung der Seligkeit gelegt wird.

Das abwärts gerichtete Prana

Dieser Pranastrom steht mit dem Wasserelement in Verbindung. Auf der profanen Ebene ist damit die Energie angesprochen, die hinter Orgasmus und Ausscheidung, hinter den Bewegungen des Darms und der Erektion steht. Ist sie geschwächt, dann sind all diese Funktionen gestört. Das abwärts gerichtete Prana sorgt dafür, dass wir – auch in anderen Lebensbereichen – alles loswerden, was wir nicht mehr brauchen. Das zugehörige Bild beschreibt einen Blasebalg auf Höhe des geheimen Chakras hinter den Sexualorganen, der Energie nach unten bläst.

Seine negative Seite zeigt dieser Pranastrom in Anhaftung und Gier. Positiv gewendet sorgt er für Stabilität und Geerdetsein. Auf höherer Ebene schenkt er Erfüllung in der Sexualität. Wird er kultiviert und integriert, erlangt der Praktizierende die Fähigkeit, Verwirklichung in der tantrischen sexuellen Vereinigung zu finden. Das abwärts gerichtete Prana befähigt uns, die Einheit von Freude und Leerheit zu erfahren, die Grundlage der tantrischen Praxis.

Der Pfad: die Kanäle

Prana zirkuliert im Körper durch ein System von Energiekanälen. Traditionell zählt man deren 84 000, andere Quellen berichten gar von 360 000. Man teilt sie ein in grobe, subtile und sehr subtile Kanäle. Zu den groben Kanälen gehören Blutgefäße, Nerven und das Lymphsystem. Die subtilen Kanäle haben keine materielle Entsprechung, sondern sind reine Energiekanäle vergleichbar den Meridianen, wie wir sie aus der Akupunktur kennen. Die sehr subtilen Kanäle sind die Bahnen des sehr subtilen Prana. Man kann sie nicht lokalisieren bzw. messen, doch sensible Menschen, die zum Beispiel schon lange Yoga üben, können sie spüren.

Hin und wieder verdeutliche ich die Beziehungen zwischen dem Prana und den Kanälen mit dem Bild eines Hauses: Das Haus ist der Körper. Die Kanäle sind die elektrischen Leitungen, die das ganze Haus durchziehen. Der Strom, der in diesen Leitungen zirkuliert, ist das Prana. Und die Lampen sind unsere fünf Sinne. Die elektrischen Gerätschaften sind mit den mechanischen Funktionen des Körpers vergleichbar. Fehlt es an Prana, dann gehen die Lampen nicht an oder brennen nur ganz schwach. Unsere fünf Sinne arbeiten nur teilweise, die mechanischen Körperfunktionen sind eingeschränkt, das Denken wird konfus. Dasselbe geschieht, wenn die Kanäle nicht in Ordnung sind.

Trotz meines Vergleichs wäre es ein Fehler, die subtilen und sehr subtilen Kanäle als echte Leitbahnen zu sehen, in denen das Prana fließt wie ein Strom. Am nächsten kommt ihnen wohl die Vorstellung von Lichtpfaden, einem Netzwerk von Lichtstrahlen, die jede Zelle des Körpers durchziehen. Einige der Strahlen sind dicker und heller, andere wiederum feiner oder gedämpfter.

Die meisten yogischen Übungen gehen von drei Hauptkanälen aus: einem Zentralkanal und zwei Seitenkanälen, wie ich sie in dem Abschnitt über die neun Atemzüge der Reinigung in dem Kapitel über die fünf Elemente im tibetischen Schamanismus beschrieben habe. Wenn wir mit dem Prana, das durch diese drei Kanäle fließt, Verbindung aufnehmen wollen, visualisieren wir die Kanäle. Die Visualisierung ist zwar selbst nur ein Symbolbild, aber sie lenkt unsere Aufmerksamkeit auf die momentan im Körper präsente Energie. Trotzdem möchte ich die Beschreibung der drei Kanäle hier kurz wiederholen: Visualisieren Sie die drei Hauptenergiekanäle in Ihrem Körper. Der Zentralkanal liegt mitten im Körper. Er beginnt etwa vier Finger breit unter dem Nabel und zieht sich bis zum Scheitel durch. Er ist etwa so dick wie ein kräftiger Füllhalter. Oberhalb des Herzens erweitert er sich leicht. Die Seitenkanäle hingegen sind etwa so dick wie ein Bleistift. Sie entspringen am unteren Ende des Zentralkanals und steigen beiderseits des Zentralkanals auf bis zur Schädeldecke, biegen sich dann nach vorne zu den Augenhöhlen, bis sie an den Nasenlöchern austreten. Bei Frauen ist der rechte Kanal rot, der linke weiß. Bei Männern ist es genau umgekehrt. Der Zentralkanal ist bei Männern und Frauen blau.

Gewöhnliches Prana fließt am stärksten in den Seitenkanälen. Dies ist das karmische Prana. Es kann positiv, negativ oder neutral sein und stellt die Basis aller dualistischen Erfahrung dar, die ebenfalls positiv, negativ oder neutral ist. Es gibt verschiedene Arten von karmischem Prana. In diesem Buch werden wir uns aber vor allem mit den fünf Arten von Prana beschäftigen, die ich bereits beschrieben habe.

Der Zentralkanal gehört zur Kategorie der sehr subtilen Kanäle. In ihm strömt das Prana, das als energetischer Aspekt des non-dualen Gewahrseins, Rigpa, gilt. Wenn die Natur der Wirklichkeit mit einem untrennbaren Begriffspaar beschrieben wird – wie zum Beispiel Leerheit und Form, Freude und Leerheit, Gewahrsein und Leerheit –, dann steht der Zentralkanal symbolisch für die Erfahrung der Untrennbarkeit der zwei Aspekte der scheinbaren Dualität.

Die yogischen Übungen zur Arbeit mit den subtilen Winden und den Kanälen, die später genauer beschrieben werden, zielen darauf ab, die Chakren zu öffnen und das Prana von den Seitenkanälen in den Zentralkanal zu lenken. Dabei lässt der Geist seine falsche dualistische Wahrnehmung los und verweilt mehr und mehr in der nicht-dualen Erfahrung von Rigpa. Aus diesem Grund wird bei der Zeremonie zur Rückholung der Elementarenergien die wieder gewonnene Energie in den Zentralkanal überführt. Wenn das Prana im Zentralkanal verweilt, ruht der

Meditierende in der Natur des Geistes. Prana und Geist bewegen sich immer zusammen. Ohne Prana gibt es keinen Geist.

Der Reiter: Tigle

Das Tigle (tib. *thig le*) wird in vielen tantrischen Übungen visualisiert. Wörtlich bedeutet Tigle »Tropfen« oder »Kugel« und so wird es auch visualisiert: als Lichttropfen, der entweder in einem Chakra sitzt oder sich durch die Kanäle bewegt. Tigle ist der geistige Aspekt der Erfahrung, der Reiter des Prana-Pferdes. Die traditionellen Lehren verdeutlichen diese Beziehung wiederum mit Hilfe eines Bildes: Der Geist ist der lahme Reiter, Prana das blinde Pferd. Ohne den Geist findet Prana keine Richtung. Ohne Prana hat der Geist keine Möglichkeit, sich zu bewegen. Daher sind beide nur als Einheit denkbar.

Wenn wir Tigle visualisieren, dann symbolisiert es das Bewusstsein oder eine bestimmte Qualität des Bewusstseins bzw. beides zugleich. Ein solcher »Lichttropfen« im Herzen steht für Mitgefühl; bewegt er sich den Zentralkanal hinauf, repräsentiert er nicht-duales Gewahrsein. Tritt das Tigle zum Zeitpunkt des Todes aus dem Kronenchakra am Scheitel aus, steht es für den Geist, der den Körper verlässt. Im Schlaf- bzw. Traumyoga visualisiert man fünf Tigles im Herzen, die für die fünf Göttinnen der Elemente stehen, die Fünf Reinen Lichter. In dieser Praxis stellen wir uns diese Lichttropfen als Symbole für bestimmte Qualitäten vor, die vollkommen mit unserem Bewusstsein verschmolzen sind.

Der Panzer: die Keimsilben

In Tibet ist die Visualisierung einzelner, besonders bedeutsamer Silben recht häufig. Diese Keimsilben sind »materieller« als das reine Licht des Tigle. Daher stehen sie für ganz bestimmte Qualitäten. Keimsilben, Buddhas, Götter oder Göttinnen werden häufig innerhalb des Tigle visualisiert. Bedeutung und Funktion sind dann fast dieselbe. Jede tantrische Gottheit wird nämlich mit einer Keimsilbe assoziiert, aus der heraus sie entsteht und in die hinein sie sich am Ende wieder auflöst. So kann das A für Samantabhadra (tib. *kuntuzanpgo*) stehen, den Dharmakaya-Buddha. OM oder HUNG symbolisieren dann einen Sambhogakaya-Buddha wie Shenla Odkar. HUNG für sich genommen steht für einen Nirmanakaya-Buddha wie Tonpa Shenrab oder Yeshe Walmo. Diese Buddhas sind mit bestimmten Qualitäten ausgestattet und manifestieren sich zu einem bestimmten Zweck, der sich auch in der ihnen zugeordneten Keimsilbe niederschlägt. Mit »niederschlagen« ist hier gemeint, dass die Keimsilbe über dieselbe Energie verfügt wie die Gottheit.

Die Keimsilbe wird so zum Panzer für den Reiter (den Geist). Der Geist konzentriert sich auf diese Silbe, um deren Qualitäten zu verwirklichen, d.h. sie in seine Erfahrung zu integrieren. Die Erfahrung ist im Geist potenziell bereits angelegt. Das Symbol ruft sie sozusagen nur »auf« und bewahrt den Geist vor Abschweifungen. Wenn die Silbe klar visualisiert wird und die Qualität, die sie symbolisiert, zur gelebten Erfahrung wird, stärkt das die Macht der Silbe und schützt den Praktizierenden vor den negativen, nicht-materiellen Wesenheiten, die ihm auf seiner visionären, d.h. energetischen Ebene der Erfahrung begegnen. Es handelt sich dabei um eine nicht-materielle Macht, daher wirkt sie auf nicht-materielle Wesen ein, die ihr nach Möglichkeit aus dem Weg gehen. Negative Mächte können uns nur dann beeinflussen, wenn sie eine Schwachstelle finden, über die sie uns angreifen können. Die aktivierte Silbe (bzw. ein anderes Symbol) erfüllt uns mit der Qualität, für die sie steht. Unsere Schwäche wird durch diese Qualität ersetzt.

Wollten wir dies auf westlich-psychologische Weise ausdrücken, so könnte man sagen, dass die Konzentration auf die Silbe und die Qualität, für die sie steht, uns vor unseren eigenen negativen Emotionen behütet – vor Depression, Angst und so weiter. Doch ganz egal, wie man die Wirkungsweise nun beschreibt, auf jeden Fall wirkt die Keimsilbe wie ein Panzer im Kampf gegen die von der Unwissenheit angeführten Kräfte der negativen

Emotionen. In diesem Kampf verwandeln wir uns, falls wir nicht über einen schützenden Panzer verfügen, nicht in ein Opfer, sondern in den Krieg selbst. So verlieren Sie den Kampf gegen Samsara – indem wir selbst zum Schlachtfeld werden.

Aspekte des Tantra

Die Chakren

Chakra (tib. *khor lo*) kommt aus dem Sanskrit und bedeutet wörtlich »Rad«. Die Chakren sind vielleicht der im Westen bekannteste Teil der energetischen Körperkunde der östlichen Philosophien. Man benutzt sie häufig als Metaphern für psychisches oder spirituelles Wachstum. Doch Chakren sind nicht nur irgendwelche symbolischen Bilder, sie sind tatsächlich energetische Zentren des Körpers. Simpel betrachtet ist ein Chakra überall dort anzutreffen, wo zwei Energiekanäle sich kreuzen. Da es Tausende von Kanälen gibt, gibt es natürlich auch Unmengen von Chakren. In der spirituellen Entwicklung und den yogischen Übungen konzentrieren wir uns jedoch nur auf die Hauptchakras, an denen sich viele Energiebahnen überschneiden. Wenn wir uns sich überkreuzende Bahnen vorstellen, bei denen die Energiekanäle vom Kreuzungspunkt wegstreben, dann ist leicht zu begreifen, weshalb die Chakren als Räder mit Speichen oder als Lotosblüte in Form eines Rades dargestellt werden.

Viele tantrische Übungen erfordern es, dass der Praktizierende seine Aufmerksamkeit auf bestimmte Chakren konzentriert. Da Prana und Geist sich ja, wie wir bereits wissen, immer gemeinsam bewegen, lenken wir mit unserer Aufmerksamkeit auch das Prana. Die Bewegung des Prana lässt sich nicht von der Erfahrung trennen. Da die Chakren (vor allem die sechs wichtigsten) die Zentren des Pranaflusses sind, beeinflussen sie die Qualität unseres Erlebens. Jedes dieser Chakren ist mit den Erfahrungen eines der sechs Existenzbereiche verbunden.

Um ein modernes Beispiel zu benutzen: Die Hauptchakren sind wie Festplatten, je eine für jeden Existenzbereich. Auf jeder Einzelnen finden sich unzählige Dateien. Solange das Chakra läuft – und das ist immer der Fall, ganz egal, wie wenig offen es für den Energiefluss ist –, ist immer eine der Dateien geöffnet. Die Inhalte dieser Datei formen unsere Erfahrung. Ein Beispiel: Wenn wir nicht im bewussten Träumen geübt sind und im Schlaf präsent bleiben können, sorgen unsere karmischen Gewohnheiten dafür, dass unsere Aufmerksamkeit – also Geist und Prana – abwechselnd zu den verschiedenen Chakren wandert. Die Aufmerksamkeit wird also in den verschiedenen Energiezentren des Körpers verankert. Dabei entstehen dann bestimmte Erfahrungen, die von der Energie des Chakras geprägt sind. Sie bestimmen unser Traumerleben. Wenn unsere Aufmerksamkeit zu einem anderen Zentrum wandert, verändert sich der Traum. Normalerweise passiert dies ohne unser Zutun, wenn wir nicht in der Lage sind, unsere Träume zu lenken.

In den yogischen Übungen, die sich mit Energiekanälen und Prana befassen, lernen wir, die Kanäle zu öffnen, sodass das Prana sich ungehindert bewegen kann. Wenn wir wieder zu unserem Festplattenbeispiel zurückkehren, löschen wir mit *clear screen* alles, was sich auf dem Bildschirm befindet, und rufen dann eine Datei auf, in der die positiven Qualitäten enthalten sind, welche wir für unsere Praxis brauchen. Das Tigle hingegen ist der mentale Aspekt, das Bewusstsein (der Bildschirm), das diese positiven Qualitäten aufnimmt. Und die Silbe ist das Passwort, das die Qualitäten einerseits zum Vorschein bringt und sie andererseits vor fremdem Zugriff schützt.

Positiv und negativ

Positive und negative Erscheinungsformen der Elemente werden im Körper erfahren. Spaß und Missvergnügen, Trägheit und Unruhe, Müdigkeit und Vitalität, Stress und Entspannung, Glück und Trauer – all diese Erfahrungen haben ihre Entsprechung in körperlichen Empfindungen. Das soll nicht heißen, dass der Geist vollkommen von unseren körperlichen Erfahrungen kontrolliert wird oder dass er Negatives nicht umwandeln könnte. Aber jede Umwandlung vom Negativen ins Positive und umgekehrt ist von einer veränderten Körpererfahrung begleitet. Dies ist ein Grund, weshalb das Tantra sich auf den Körper als Basis spirituellen Wachstums konzentriert. Aus demselben Grund verbessern tantrische Übungen auch die Lebensqualität. Sie sorgen für bessere Gesundheit, mehr Spaß und Befriedigung. Dies ist ein angenehmer Nebeneffekt des spirituellen Pfades.

Die Sutren beschreiben die Natur der Wirklichkeit als untrennbare Einheit von Leerheit und Form oder Leerheit und Anschauung. Im Dzogchen spricht man von der Einheit von Leerheit und Gewahrsein, während es im Tantra um Leerheit und Freude geht. Freude, ja Seligkeit, die nicht auf körperliche Empfindungen beschränkt ist, auch wenn sie in der Sinneserfahrung wurzelt.

Im Tantra gibt es auch Übungen, welche das Entzücken der sexuellen Erfahrung auf dem Weg nutzbar machen. Im Westen hat dies zu der missverständlichen Auffassung geführt, dass Tantra immer etwas mit Sex zu tun hat. Aber Tantra geht weit über sexuelle Übungen hinaus. Es gründet sich auf das Verständnis, die Erkenntnis der Leerheit als Basis aller Erscheinungen. Wenn wir nicht begreifen, dass das Entzücken von Leerheit geprägt ist, dann sind alle darauf abzielenden Übungen kein Tantra. Wenn wir solche Techniken dann als tantrisch bezeichnen, ist dies irreführend.

Tatsächlich sind im Tantra sexuelle Praktiken nicht nötig. Tantrische Praxis bedeutet, dass wir alle Erfahrungen in Seligkeit verwandeln. Alle Körpergefühle lösen sich in Freude auf, alle visuellen Sinneseindrücke werden zu klaren Visionen reiner Länder, alle anderen Wesen werden als Buddhas wahrgenommen, alle Laute als Mantras. Und dabei geht es keineswegs darum, so zu tun, »als ob«. Die Praxis führt zur Kontrolle der Wahrnehmung auf sinnlicher und zerebraler Ebene. Schließlich befreit sie uns von negativer Konditionierung. Die Wirklichkeit, wie sie tatsächlich ist, wird zuerst in der Vorstellungskraft modelliert und verfestigt sich dann in der Erfahrung, um unsere Fehlwahrnehmungen und -einschätzungen zu korrigieren. Was tatsächlich um uns geschieht, erkennt der Praktizierende erst, wenn er stabil in der Natur des Geistes verweilt. In unserem Herzchakra kann sich der Buddha der Liebe und des Mitgefühls manifestieren oder ein Dämon, der Ärger und Neid zelebriert. Wir alle machen positive und negative Erfahrungen. Die Frage ist nur: Zu welchen Erfahrungen neigen Sie? Mit welchen sind Sie am vertrautesten? Was fesselt Ihre Aufmerksamkeit gegen Ihren Willen? Welche Gedanken herrschen in Ihrem Geist vor? Vielleicht sind Sie ja von positiver Energie umgeben, ohne sie zu sehen. Stattdessen sehen Sie nur all die Dinge, deretwegen Sie deprimiert, enttäuscht oder wütend sein sollten. Wie Sie die Welt sehen, entscheidet darüber, was Sie sehen und was Sie fühlen.

Die tantrische Praxis eignet sich besonders gut für die Arbeit mit aufsteigenden negativen Erfahrungen, auch wenn man diese dazu nicht extra aktivieren muss. Wenn wir auf einen ärgerlichen Gedanken mit heftiger Ablehnung reagieren – »Was ist das nur für ein schlechter Gedanke!« –, haben wir damit überhaupt nichts bewirkt. Wenn wir den negativen Gedanken hingegen aufsteigen lassen und danach beobachten, wie er wieder vergeht, ohne danach zu greifen oder ihn abzulehnen, oder wenn wir ihn gar als Signal für eine bestimmte Praxis (Achtsamkeitstraining, Mantrarezitation, Visualisierung und so weiter) nehmen, dann entziehen wir der Konditionierung, die zu negativen Gedanken führt, die Grundlage. Wir durchschneiden ihre Wurzeln und schwächen so den karmischen Einfluss, auf dem diese Gewohnheit beruht.

Wenn ein negatives Gefühl entsteht, dann ist es von Natur aus rein. Es ist Energie, eine Erfahrung im Körper und im Geist. Das ist alles. Es hat keinerlei Substanz. Wenn wir es nicht unterstützen, vergeht es wieder. Es ist wie ein Lichtschein, der sich von selbst verändert. Sogar das Gefühl der Verwirrung ist von Natur aus rein und klar. Erst wenn wir beginnen, ein Problem mit dem »Problem« zu haben (wenn wir also daran festhalten, es bewahren, bekämpfen oder wegschieben wollen), geben wir der Negativität Halt und Dauer. Lassen wir es, wo es ist, löst es sich auf, es befreit sich selbst.

Positive Qualitäten stabilisieren

In dieser Praxis arbeiten wir daran, die Energiekanäle zu reinigen und die Chakren zu öffnen. Bei dieser Öffnung entstehen positive Qualitäten in uns. Wenn wir allerdings nicht wissen, wie wir unseren Raum und die positiven Qualitäten darin schützen können, kehrt unweigerlich das zurück, was normalerweise unsere Erfahrung prägt.

Wenn wir in nicht-dualem Gewahrsein verweilen, müssen wir uns nicht schützen, weil wir dann ohnehin jenseits aller Zuschreibungen von »gut« und »böse«, »positiv« oder »negativ« sind. In der Dualität aber sind positive und negative Erfahrungen unser täglich Brot, denn wir erschaffen auch unsere Feinde selbst, weil wir sie als solche sehen.

Achten wir hingegen darauf, wie viel Unterstützung wir im Leben erfahren, werden wir davon immer mehr erleben. Wir können uns darauf kaprizieren, unseren Nachbarn nicht zu mögen. Oder wir sagen uns, dass die Nachbarschaft uns Schutz bietet und unser Gemeinschaftsgefühl stärkt. Wir erfahren viel Unterstützung, aber meist übersehen wir das einfach. Die ganze Welt gibt uns Halt. Sie schafft Nahrung für uns, sorgt dafür, dass wir diese bekommen, bietet uns medizinische Versorgung, körperlichen Schutz, Schulen, Straßen und Häuser zum Wohnen. Vielleicht gefällt uns nicht alles, was wir so erleben, doch wenn wir nur Probleme sehen wollen, dann werden wir auch nichts anderes wahrnehmen als Probleme. Wir werden wie die modernen Massenmedien, in denen nur Katastrophen zu zählen scheinen.

Wenn wir uns von den Ereignissen auf diese Weise beeinflussen lassen, liegt das daran, dass wir keinen Schutz haben. Positive Symbole behüten den Geist: Heilige Bilder, die wir zu Hause haben, die Mala (Gebetsschnur), die wir mit uns tragen, die Gebete oder Mantras, die wir rezitieren. All das sorgt dafür, dass unser Geist sich nicht vom Heiligen abwendet. Genau das ist hier mit Schutz gemeint.

Viele Menschen tragen die Fotografie eines lieben Verstorbenen mit sich. Wie die Keimsilben oder die Götterbilder, so kann auch so ein Foto eine Stütze für unsere Erfahrung sein. In diesem Fall unterstützt das Bild die Erfahrung der Trauer. Das soll keine Kritik sein. Trauern ist gesund. Es ist ein natürlicher und notwendiger Teil unseres Lebens. Trotzdem sollten wir diese Erfahrung nicht über den Punkt hinaus treiben, an dem sie noch gut für uns ist. Der Tod ist eine unvermeidliche Konsequenz des Lebens, mitunter aber erholen sich die Überlebenden nie von dem Schock, während der Gestorbene schon längst weiter gegangen ist.

Wie wir das Negative unterstützen, wissen wir nur zu gut. Geschieht etwas Böses, dann wiederholen wir diese Geschichte immer und immer wieder. Klatsch. Skandale. Unausgesetzt erzählen wir dieselben Geschichten. Natürlich ist es in Ordnung, wenn wir uns für Skandale, Korruption, Kriege und so weiter interessieren. Ich will hier ja nicht behaupten, dass wir im Paradies leben und es keinerlei leidvolle Erfahrungen gibt. Wir leben in Samsara, dem Reich des Leidens. Trotzdem halte ich es für sinnvoll, dass wir unseren Geist mit Hilfe positiver Symbole auf das Heilige ausrichten, statt ständig das Negative zu wiederholen. Wenn wir schwach, unkonzentriert und müde sind, sind wir für äußere oder innere negative Kräfte ein leichtes Ziel. Dann hören wir nur ein einziges Wort und gehen in die Luft. In diesem Zustand sind wir aber auch anfälliger für Krankheiten, für Depressionen und negative Kräfte im Allgemeinen. Und all das nur, weil unser Prana geschwächt ist oder unser Geist an den Symbolen des Negativen festhält. Vielleicht sagen wir uns immer wieder: »Es ist sowieso alles sinnlos. Die Welt ist ein Drama und mein Leben ist ein einziges Chaos.« Vielleicht haben wir gerade über die jüngste Naturkatastrophe gelesen, haben einen Film über einen Serienkiller gesehen und nun fällt uns alles ein, was wir im Leben je verkehrt gemacht haben. Auf diese Weise halten wir an negativen Symbolen fest und beleben sie durch unsere Gedanken ständig neu. So verlieren wir die Verbindung zum reinen Geist, zu unserem natürlichen Zustand. Wir sind zum Kampf des Samsara geworden.

Die Übungen, mit Hilfe derer wir die Kanäle reinigen und das Prana stärken, schützen uns, indem sie uns Erfahrungen von Klarheit, Stabilität, Freude, innerem Frieden und Gelassenheit vermitteln. Wenn die Chakren offen sind und die Energie sanft durch unseren Körper zieht, funktioniert einfach alles besser – innen wie außen. Wir sind ganz einfach positiver – in jeder Hinsicht. Wir sehen mehr Möglichkeiten und haben mehr Energie, um mit den Hindernissen fertig zu werden. Das Wohlbefinden, das daraus entsteht, wirkt erneut wie ein Schutzschild. Auch die moderne Medizin akzeptiert, dass Stress für eine Vielzahl von Krankheiten verantwortlich ist. Umgekehrt können Glück und körperliches Wohlbefinden dazu beitragen, Krankheiten zu verhüten. Darüber hinaus schützt die spirituelle Praxis gegen Attacken negativer Kräfte – innen wie außen.

Die folgende einfache Übung arbeitet mit den Chakren, Tigles und Keimsilben. Sie kann überall und jederzeit ausgeführt werden.

Im Bön sowie im Buddhismus geht man davon aus, dass unsere Erfahrung sich in sechs verschiedenen Existenzbereichen abspielt. Wir tragen die Samen zu einem Dasein in allen sechs Bereichen in uns. Als karmische Möglichkeiten – Spuren – haben wir sie gleichsam »gespeichert«. Wenn die Umstände dafür reif werden, kommen diese Spuren plötzlich zum Tragen. Die karmischen Spuren sind eng mit bestimmten negativen Emotionen und daher auch mit bestimmten Chakren verbunden: Die Höllenbereiche spiegeln die Emotionen Hass und Zorn. Sie werden mit den Chakren in den Fußsohlen assoziiert. Das Reich der Hungergeister wird von Gier regiert. Zu ihm gehört das geheime Chakra hinter den Geschlechtsorganen. Der Tierbereich wird von Unwissenheit beherrscht. Zu ihm rechnet man das Nabelchakra. Der Bereich der Menschen steht unter der Herrschaft von Neid und Eifersucht und ist mit dem Herzchakra verbunden. Die Halbgötter oder Asuras sind von Stolz beseelt. Zu ihnen gehört das Halszentrum, während der Götterbereich mit dem Kronenchakra und der Ablenkung durch angenehme Erfahrungen in Verbindung gebracht wird.

Es gibt sehr komplexe Rituale (wie die Praxis der Sechs Lokas oder Existenzbereiche) zur Reinigung der karmischen Spuren, die zu einer Wiedergeburt in einem der sechs Reiche führen. Hier versuchen wir nur, die negativen Emotionen zu reinigen, die mit jedem Chakra verbunden sind, um sodann ihre positiven Entsprechungen zu kultivieren.

Jedes Chakra ist mit einem anderen Bereich der Erfahrung verbunden. Die Thematik der einzelnen Chakren wird verständlicher, wenn Sie die Aufmerksamkeit auf die zugehörigen Körperregionen richten. Zuerst konzentrieren Sie sich auf den Scheitelpunkt, das Kronenchakra. Dann richten Sie Ihre Aufmerksamkeit auf das geheime Zentrum hinter den Geschlechtsorganen. Als Nächstes konzentrieren Sie sich auf den Hals, dann auf den Nabel. Am Ende wandert Ihre Aufmerksamkeit in die Herzregion. Versuchen Sie herauszufinden, welche verschiedenen Qualitäten Ihre Erfahrung dabei jeweils annimmt. Welche Empfindungen und Gefühle steigen in Ihnen auf?

Nun stellen Sie sich in jedem Chakra die tibetische Silbe A vor: [ཨ]. So wie der Buddha in jedem der sechs Existenzbereiche erscheinen kann, sogar im Höllenbereich, so wohnt die Klarheit der Buddha-Natur aller Erfahrung inne, selbst negativen Emotionen wie Hass oder Gier. Das A steht für die reine Basis aller Erfahrung, für die untrennbare Einheit von Klarheit und Leerheit. Wenn Sie diese Silbe daher in allen sechs Chakren visualisieren, machen Sie sich bewusst, dass alle Erfahrungen Buddha-Natur besitzen.

Normalerweise visualisiert man einen Lichttropfen, ein Tigle, in dem Chakra, auf das man sich konzentriert. Das Tigle steht für die Qualität des Bewusstseins, die wir hervorzubringen versuchen. Im Kronenchakra steht es beispielsweise für Mitgefühl. Stellen wir uns nun vor, wie in der Mitte des Lichttropfens der tibetische Buchstabe A erscheint, dann ziehen wir uns damit einen Panzer an. Wir schaffen also nicht nur Raum für eine bestimmte Erfahrung, sondern rufen uns auch ins Bewusstsein, dass diese Erfahrung mit dem verbunden ist, wofür das A steht, nämlich die letztendliche Wirklichkeit. Die Silbe schützt uns und erinnert uns daran, dass wir mit der letztendlichen Natur eins sind. So lange die Kraft unserer Achtsamkeit sie dort hält, so lange unser Gewahrsein mit dem Grund verbunden ist, mit dem natürlichen Zustand des Geistes, so lange findet unsere negative Konditionierung keine Angriffsfläche in uns.

Wenn Sie die besondere Qualität eines Chakras erfahren und sich voller Achtsamkeit darauf konzentrieren, die Keimsilbe A im Chakra zu visualisieren, wird die Erfahrung der Qualität stabilisiert. Dann bleibt sie Ihnen auch außerhalb der Meditation erhalten und durchzieht sämtliche Erfahrungen.

Machen Sie reichen Gebrauch von Ihrer Vorstellungskraft, wenn Sie diese Übung durchführen. Achten Sie auf die sinnlichen Aspekte der Praxis. Spüren Sie, wie die Kanäle sich öffnen, die Chakren aufblühen, das Prana sich sanft durch ihren Körper bewegt.

Es kann geschehen, dass während dieser Praxis negative Emotionen aufsteigen. Das ist ganz in Ordnung. Lassen Sie sie kommen und wieder gehen. Halten Sie nicht daran fest, aber versuchen Sie auch nicht, sie zu unterdrücken. Wenn die Emotion sich auflöst, lassen Sie das Gewahrsein wieder mit dem Raum verschmelzen, in den hinein sie verschwindet. Was ist da? Raum. Die leere Essenz. Der Grund. Erkennen Sie, dass Raum und Gewahrsein eins sind, untrennbar. Diese Erkenntnis sollte sich nicht auf die intellektuelle Ebene beschränken. Werden Sie zur Untrennbarkeit von Raum und Gewahrsein. Wenn Sie im Gewahrsein ruhen und sich nicht sofort auf alles stürzen, was im Raum entsteht, dann ist das viel Platz. Dies ist die Erfahrung des Sich-Öffnens. Entwickeln Sie die positiven Qualitäten im offenen Raum.

Anfangs mag es einfacher sein, diese Übung in einem Andachtsraum oder an einem schönen Platz in der Natur durchzuführen, vielleicht sogar in der Gruppe. Je mehr Unterstützung Sie erhalten, desto einfacher wird die Praxis. Wenn Sie mit Schwierigkeiten zu kämpfen haben, finden Sie heraus, was Sie dabei unterstützen kann, positive Absichten und Qualitäten zu entwickeln.

DIE ZUSAMMENHÄNGE ZWISCHEN CHAKREN, QUALITÄTEN UND EXISTENZBEREICHEN			
Chakra	**Negative Emotion**	**Positive Qualität**	**Existenzbereich**
Kronenchakra	Müßiggang, Zerstreuung	Mitgefühl	Götter (Devas)
Halschakra	Stolz	Friedfertigkeit, Demut	Halbgötter (Asuras)
Herzchakra	Neid, Eifersucht	Offenheit	Menschen
Nabelchakra	Unwissenheit	Weisheit, Klarheit	Tiere
Geheimes Chakra	Gier	Großzügigkeit	Hungergeister (Pretas)
Fußsohlen	Hass, Zorn	Liebe	Höllengeister

Benutzen Sie die oben stehende Tabelle für Ihre Übung. Wollen Sie eine bestimmte Qualität – zum Beispiel Klarheit – entwickeln, konzentrieren Sie sich auf das entsprechende Chakra, in diesem Fall das Nabelchakra. Dasselbe gilt, wenn Sie eine der negativen Emotionen überwinden möchten. Wollen Sie gegen Ihren Stolz angehen, dann visualisieren Sie bei der Übung das Tigle im Halschakra. Stellen Sie sich einen strahlenden Lichttropfen an der Spitze des Chakras vor, in dessen Mitte ein leuchtendes tibetisches A erscheint. Sie können alle Chakren zusammen visualisieren oder eines nach dem anderen. Sie können sich auch nur auf eines konzentrieren und so lange damit arbeiten, wie Sie es für erforderlich halten. Das können Tage oder auch Wochen sein. Sie selbst müssen herausfinden, was für Sie passt, also experimentieren Sie ruhig.

Die Praxis des Tsa Lung

Die folgenden Übungen sind nicht weiter schwierig. Trotzdem sollten sie auf keinen Fall nachlässig ausgeführt werden. Richtige Haltung und korrekte Atmung spielen hier eine entscheidende Rolle. Der Ablauf der Übungen selbst ist schnell erklärt. Weit wichtiger ist jedoch, dass Sie verstehen, was Sie da tun, und dass Sie mit diesem Verständnis auch an andere Übungen herangehen.

Haltung

Wenn man Meditation hört, denkt man unwillkürlich an Leute, die mit gekreuzten Beinen auf dem Boden sitzen. Die Tibeter praktizieren so, aber auch die Theravada-Buddhisten, die Zen-Mönche und die Hindus. Warum? Das hat nichts damit zu tun, dass es in diesen Ländern zu wenig Stühle gibt. Es gibt gute Gründe für diese Position.

Man nennt dies auch die Fünf-Punkte-Meditationshaltung. Dabei werden zunächst einmal die Beine gekreuzt, damit das Prana in den Rumpf zurückgeleitet wird, ins Geheime Chakra. Diese Haltung fördert die innere Wärme. Der zweite Punkt betrifft die Hände, die im Schoß gefaltet werden. Man nennt diese Mudra (Handhaltung) auch die »Geste des Gleichmuts«. Dabei liegt die linke Hand in der rechten. Die Handflächen zeigen nach oben. Die Hände liegen auf der Höhe des Chakras, vier Finger breit unter dem Nabel, am Unterleib an. Auch dies soll verhindern, dass Energie verloren geht. Im dritten Punkt werden wir angewiesen, den Rücken gerade zu halten, weder zu steif noch zu krumm. So ist gewährleistet, dass der Energiefluss in den drei Hauptkanälen nicht behindert wird. Das Prana kann also leicht und locker fließen. Im vierten Punkt werden wir angehalten, das Kinn ein wenig einzuziehen und den Nacken zu dehnen, was dazu beiträgt, unsere Gedanken zur Ruhe kommen zu lassen. Der fünfte Punkt betrifft den Brustraum, der auf natürliche Weise weit und offen sein sollte, damit der Atem ungehindert fließen und das Herzchakra sich öffnen kann.

Wenn Sie sich fragen, ob an diesen fünf Anweisungen etwas dran ist, sollten Sie sich auf Ihre eigenen Erfahrung verlassen. Was geschieht, wenn Sie die korrekte Meditationshaltung einnehmen? Wie reagieren Sie emotional und mental darauf, wenn Sie Ihren Rücken straffen? Macht es einen Unterschied, ob Sie bei der Meditation nach oben oder nach unten blicken? Wenn Sie wissen, worauf Sie achten müssen, stärkt dies Ihre Meditationserfahrung erheblich, sodass Sie die Früchte Ihrer Praxis eher ernten können.

Atem und Prana

Spirituelle und yogische Traditionen auf der ganzen Welt setzen auf die Kraft des Atems. Er bringt uns nicht nur den Sauerstoff, den wir zum Leben brauchen, sondern befreit uns auch von den Abfallprodukten des Gasaustauschs. Darüber hinaus belebt er uns mit Hilfe subtiler Prana-Energie. Viele Meditationsübungen nutzen die Konzentration auf den Atemvorgang, auch die Yoga-Traditionen kennen bestimmte Wege der Atmung, um ihre Zwecke zu unterstützen. So wie der physische Körper eine grobe Form des Energiekörpers ist, ist der Atem eine gröbere Form von Prana, die wir im Körper beliebig lenken können. Wenn wir mit dem Atem arbeiten, regulieren wir damit die subtileren Formen des Pranas, die im oder mit dem Atemstrom fließen.

In der folgenden Übung wird der Atemvorgang in vier Phasen unterteilt: Einatmen, Wieder-Einatmen, Anhalten und Ausatmen.

Einatmen

Öffnen Sie Ihren Körper so weit als möglich, wenn Sie während der Übung einatmen. Akzeptieren Sie freudig, was zu Ihnen kommt. Stellen Sie sich vor, wie Sie der Mensch, den Sie auf der ganzen Welt am meisten lieben, begrüßen, wenn er nach langer Abwesenheit vor Ihrer Tür steht. Das ist das Gefühl, das Sie dem einströmenden Atem entgegenbringen sollten. Heißen Sie ihn willkommen, freuen Sie sich darüber.

Wieder-Einatmen

Halten Sie nach dem Einatmen den Atem einen Augenblick an und atmen Sie dann erneut ein. Sie atmen also noch einmal ein, ohne vorher auszuatmen. Dadurch nutzen Sie die volle Kapazität Ihrer Lungen. Meist atmen wir nicht voll ein. Das Wieder-Einatmen sorgt dafür, dass wir unser Potenzial nutzen. Stellen Sie sich dabei vor, wie Ihr Körper sich mit spirituellem Nektar füllt, mit Segen, mit Glückseligkeit, die vom Atemstrom aus in den ganzen Körper ausstrahlt.

Anhalten

Nachdem Sie vollständig eingeatmet haben, halten Sie den Atem für die Dauer der Übung an. Das Anhalten des Atems dient der Erzeugung innerer Wärme, innerer Energie. Das innere Feuer wird entfacht. Spüren Sie dieses Feuer. Fühlen Sie, wie seine Hitze durch Ihren Körper dringt.

In vier der folgenden fünf Übungen (den Fünf Äußeren Tsa-Lung-Übungen) wird der Atem in einem bestimmten Teil des Körpers angehalten. Auf diese Weise halten Sie Ihr Bewusstsein in diesem Körperteil fest. Sie lenken das Prana dort hin und sammeln es in einem der Chakren. Jedes der Chakren ist mit einer bestimmten Qualität der Erfahrung verbunden. Wenn der

Atem also in einem Chakra angehalten und dann losgelassen wird, aktiviert er diese Qualität. Wir öffnen also das Chakra mit dem Atem, was die Qualität energetisch unterstützt.

Ausatmen

Mit dem Ausatmen lassen Sie allen Stress, alle negative Energie, die sich in diesem Moment in Ihnen angestaut hat, einfach los. Sie verlässt Ihren Körper, Ihren Geist und Ihre Energie. Atmen Sie aus, was immer Sie verletzt oder Ihnen nicht mehr dient.

Als vorbereitende Übung können Sie diese Atemübung machen, ohne sich auf ein bestimmtes Chakra zu konzentrieren. Atmen Sie ein und stellen Sie sich vor, Sie öffnen sich voller Freude in körperlicher, energetischer und geistiger Hinsicht. Atmen Sie weiter ein und spüren Sie die Freude, die Ihren gesamten Körper durchdringt. Halten Sie den Atem an und spüren Sie das innere Feuer, das die Erfahrung des Glücks trägt und alle Verdunkelungen und Hindernisse wegbrennt. Reinigen Sie sich, indem Sie alles Negative ausatmen. Atmen Sie es als dunklen Rauch aus.

Wenn Sie sich gut auf den Atem konzentrieren können, macht dies Ihre Praxis wirkungsvoller und vollständiger.

Transformation durch Halten und Loslassen

Unser Körper ist ständig damit beschäftigt, etwas aufzunehmen, zu halten und es dann wieder loszulassen. Das trifft auf die Nahrung zu, den Atem, das Prana, aber auch auf Wissen und Erfahrung.

Wann immer materielle Substanzen den Körper verlassen, geschieht dies durch Sich-Öffnen und Entspannen. Wenn wir, nachdem wir unsere Tränen zurückgehalten haben, endlich weinen, entspannen wir uns, und zwar nicht nur auf körperlicher Ebene. Auch die Trauer, also die zurückgehaltene Emotion, wird losgelassen. Wenn wir die Trauer gehen lassen, spüren wir ein klein bisschen Erleichterung, einen Hauch von Freude. Diese

Freude müssen Sie finden und sie zur stabilen Erfahrung machen.

Sogar wenn wir zur Toilette gehen, hat dies auf uns eine positive Wirkung, über die wir normalerweise nicht nachdenken. Aber denken Sie einmal an einen Moment Ihres Lebens zurück, in dem Sie in einer fremden Stadt waren und dringend das Badezimmer aufsuchen mussten. Endlich, endlich haben Sie ein Örtchen gefunden – war das keine Erleichterung? Eine deutliche Erfahrung der Befreiung von Spannung. Obwohl es dabei nur darum geht, den Körper von Abfallstoffen zu befreien, wird unsere Erfahrung dadurch verändert. Wir fühlen uns offener und freier. Wenn Sie all Ihre Erfahrungen auf dem Pfad der Meditation einsetzen wollen, können Sie auch solche Momente effektiv nutzen. Machen Sie sich die Qualität der Erfahrung bewusst. Erkennen Sie, was Sie erfahren. Lernen Sie daraus und nutzen Sie Ihr Erlebnis.

Die sexuellen Übungen im Tantra folgen demselben Prinzip: die Erfahrung der Spannung, des Haltens, des Loslassens, der Entspannung, des Aufbaus und des Orgasmus. Eine starke Erfahrung des Loslassens birgt immer große Freude in sich. Die Spannung löst sich auf, der Körper gibt nach. Lassen Sie den Geist sich ebenfalls entspannen. Hüten Sie sich aber vor Schläfrigkeit. Sorgen Sie dafür, dass er sich ins Gewahrsein hinein entspannt.

Trotzdem geht es bei unserer Praxis nicht um Entspannung, auch wenn viele Menschen meditieren, um Spannungen abzubauen. Das ist schon in Ordnung, wenngleich die Meditation in diesem Fall keinen sehr tief gehenden Nutzen bringt. Wenn Sie Ihre Praxis vertiefen wollen, sollten Sie den Raum erforschen, der sich nach der Entspannung in Ihrer Erfahrung auftut und ihn mit Gewahrsein anfüllen. Wenn wir dieses Prinzip begriffen haben, können wir es auf jeden einzelnen Atemzug anwenden. Jedes Ausatmen ist ein Eintreten in den natürlichen Zustand des Geistes, jedes Einatmen eine Möglichkeit, positive Qualitäten zu entwickeln.

Im normalen Leben erfolgt das Loslassen manchmal auf gewaltsame, ja zerstörerische Weise. Man lässt seinen Ärger los, indem man ein Glas zerbricht oder laut herumbrüllt. Man lässt hasserfüllten Gedanken freien Lauf oder fängt gar an, sich zu prügeln. Dies baut den Ärger zwar ab, ist aber nicht besonders geschickt. Verhaltensweisen wie diese verstärken nur unsere Neigung zur Wut und schleifen unsere Konditionierung noch stärker ein. Dies wiederum führt dazu, dass wir uns später noch mehr ärgern.

Echte Praxis bedeutet, dass wir wissen, wie wir negative Erfahrungen zum Teil des Pfades machen können. Jede negative Erfahrung lässt sich auch so loslassen, dass dadurch mehr Raum entsteht. Setzen Sie Ihre bereits gemachten Erfahrungen ruhig ein.

Übungsanweisungen

Es gibt drei Ebenen der Tsa-Lung-Praxis: die äußere, die innere und die geheime Ebene. Die äußere ist dabei von der Form her die »gröbste«. Sie setzt auf Körperbewegungen, die den Atemvorgang stärken. Die innere und die geheime Ebene hingegen sind weniger körperorientiert. Auf der äußeren Ebene geht es um den Körper, auf der inneren um Prana und Energie, auf der geheimen um den Geist bzw. das Gewahrsein.

Bevor Sie mit der Praxis beginnen, machen Sie die neun Atemzüge der Reinigung wie im Abschnitt über schamanische Praktiken beschrieben. Wenn Sie bereits wissen, wie das gemacht wird, machen Sie Guru Yoga, nehmen Sie Zuflucht und erzeugen Sie in sich die Motivation, für das Wohlergehen aller Wesen zu praktizieren. Am Ende widmen Sie das Verdienst aus Ihrer Übung allen fühlenden Wesen. Auf diese Weise wird Ihre Praxis zu einem weiteren Schritt auf dem Weg zur Erleuchtung.

Am besten führt man die folgenden Übungen am Morgen aus. Sie können Sie ein, drei oder fünf Mal machen. Üben Sie mit offenen oder geschlossenen Augen. Probieren Sie aus, was für Sie besser passt. Ziel ist es, die Übungen so auszuführen, dass der Geist dabei in nicht-dualem Gewahrsein verweilt.

Die fünf äußeren Tsa-Lung-Übungen

Der Atem

Atmen Sie ein und heißen Sie alles willkommen, was zu Ihnen kommt. Atmen Sie alle positiven und heilsamen Qualitäten ein, vor allem jene, die Ihnen fehlen. Halten Sie dann einen Moment lang den Atem an. Atmen Sie erneut ein, um den Rest der Lungen zu füllen. Halten Sie nun den Atem an. Beim Ausatmen lassen Sie alle negativen Elemente los.

Das aufwärts gerichtete Prana

Diese Übung wird mit dem Element Erde assoziiert.

Atmen Sie ein und halten Sie die Luft im Halschakra an. Konzentrieren Sie sich auf dieses Zentrum. Durch den Atem wird Ihr Hals weiter. Atmen Sie weiter ein. Füllen Sie Ihre Lungen vollständig auf. Während Sie nun den Atem anhalten, beugen Sie den Kopf nach vorn. Lassen Sie dann den Kopf fünf Mal im Gegenuhrzeigersinn kreisen: über die linke Schulter, den Rücken, die rechte Schulter nach vorne. Achten Sie darauf, den Nacken nicht zu überdehnen. Belasten Sie Ihre Muskeln nicht zu stark. Wenn Sie dabei Schmerz empfinden, machen Sie den Kreis, den Ihr Kopf beschreibt, kleiner und achten darauf, dass das Kinn immer nach vorne (also nicht nach oben) zeigt. Spüren Sie, wie der lebensspendende Atem in einer Spirale vom Halschakra in den Kopf steigt. Er aktiviert das Gehirn, die Sinnesorgane und das Kronenchakra. Das Kronenchakra ist mit dem weißen Tigle-Lichttropfen assoziiert, der in tibetischer Sicht beim Empfängnisvorgang nach unten steigt. In der tantrischen Praxis sorgt er für das Gefühl der Glückseligkeit. Achten Sie also darauf, ob derartige Empfindungen in Ihnen aufsteigen. Dann lassen Sie den Kopf fünf Mal im Uhrzeigersinn kreisen, während Sie immer noch den Atem anhalten. Während eines Atemzuges lassen Sie also den Kopf insgesamt zehn Mal kreisen, fünf Mal in jeder Richtung.

Das aufwärts gerichtete Prana

Danach atmen Sie aus. Stellen Sie sich dabei vor, wie der Atem und mit ihm die Energie vom Halschakra aus über den Zentralkanal aufwärts steigen. Beides durchströmt das Gehirn und tritt dann am Scheitel aus. Stellen Sie sich vor, wie der Atem das Gehirn belebt, die Sinne und alle Gehirnfunktionen vitalisiert und alle spirituellen Kapazitäten weckt, die im Hals- und Kronenchakra angesiedelt sind. Nur während der ersten Übung tritt der Atem durch das Kronenchakra aus dem Körper aus. In allen anderen Übungen wird durch die Nase bzw. den Mund ausgeatmet.

Halten Sie während der gesamten Übung den Atem an und atmen Sie erst am Ende aus. Wenn Sie mehr Luft brauchen, atmen Sie weiter ein. Sollten Sie den Atem nicht lange genug anhalten können, machen Sie die Übung nur drei Mal statt fünf Mal. Mit der Zeit können Sie sich dann auf fünf »Umdrehungen« steigern.

Wenn Sie auf diese Weise Ihr aufwärts gerichtetes Prana stärken, ist es beinahe unmöglich, Depressionen zu entwickeln. Dieses Prana richtet uns auf, also das Gegenteil einer Depression, die uns auch im wörtlichen Sinne »bedrückt«. Sogar in der Alltagssprache heißt es, man fühle sich »niedergeschlagen«. Die Praxis sollte vermehrte Klarheit mit sich bringen, so als stünde man auf einem Berggipfel und blickte in die Landschaft hinaus. Achten Sie darauf, wie viel frischer Ihre Sinneseindrücke danach sind. Sie erleben das Licht stärker, sind wacher. Bleiben Sie nach Möglichkeit in diesem entspannten Zustand, in dem der Geist mehr Raum hat, wenn Sie die Übung abgeschlossen haben. Halten Sie die Augen offen, richten Sie den Blick ein ganz klein wenig nach oben. Jagen Sie Ihren Gedanken nicht nach. Schieben Sie sie nicht beiseite. Wenn Sie bereits in die Natur des Geistes eingeführt wurden, verweilen Sie darin. Wenn nicht, versuchen Sie einfach, so präsent wie möglich zu bleiben und Ihren ganzen Körper zu spüren. Achten Sie darauf, wie Ihre Erfahrungen sich als Folge der Praxis ändern. Unterstützen Sie diese Veränderung. Bleiben Sie so lange präsent, wie die Erfahrung sich frisch und offen anfühlt. Wiederholen Sie dann die Übung oder gehen Sie weiter zur nächsten.

Das Prana der Lebenskraft

Diese Übung wird mit dem Element Raum in Verbindung gebracht.

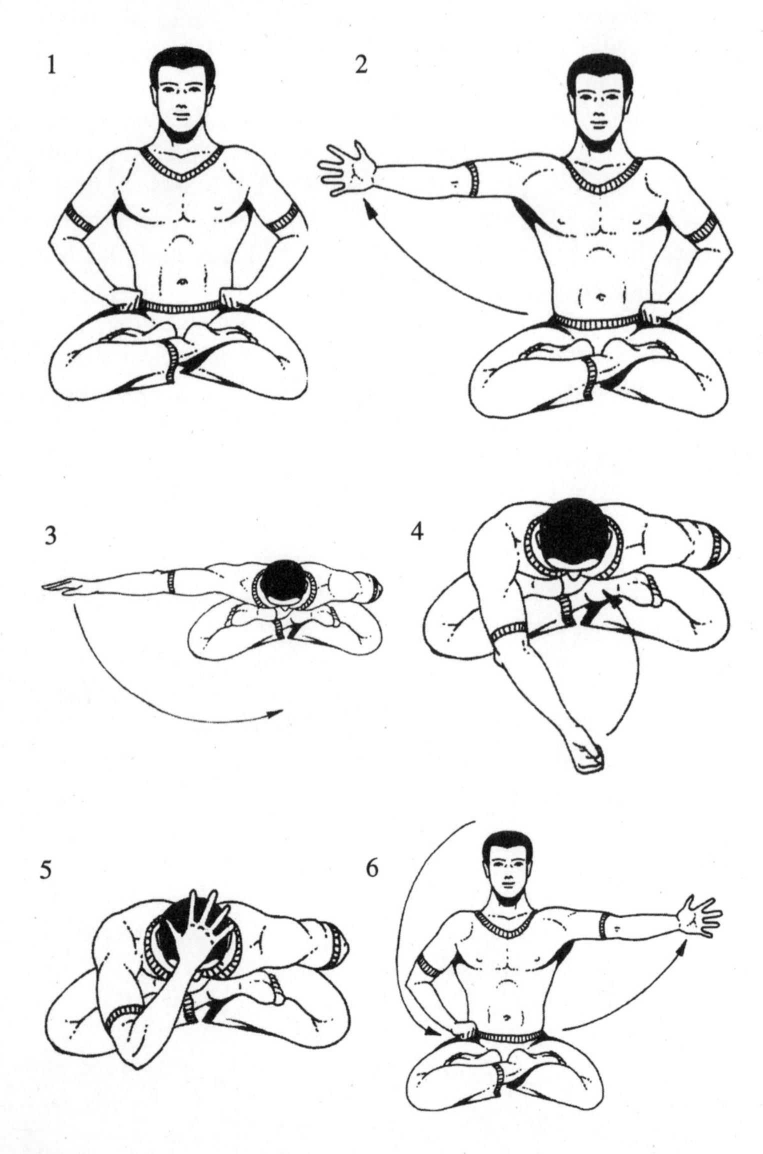
1
2
3
4
5
6

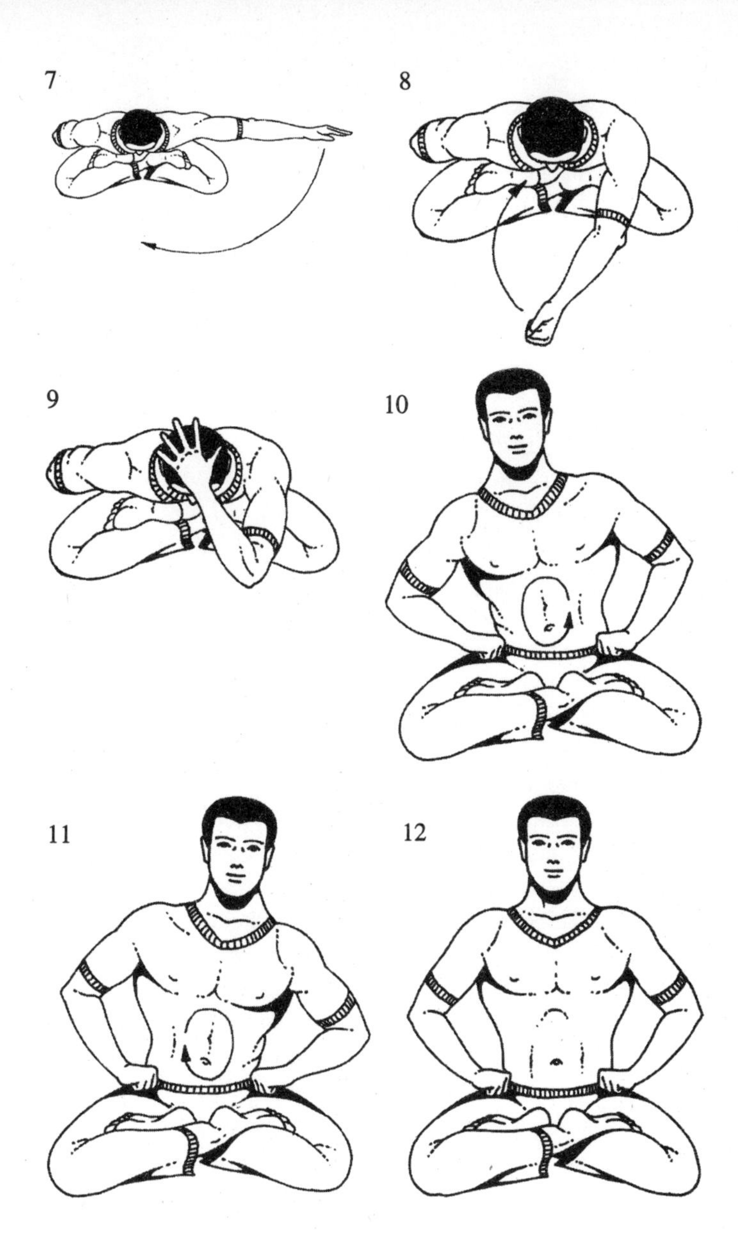
7
8
9
10
11
12

Atmen Sie ein und halten Sie den Atem im Brustraum an. Konzentrieren Sie sich auf das Herzchakra. Atmen Sie weiter ein, während Sie die Aufmerksamkeit auf das Herzchakra gerichtet halten. Der Brustraum dehnt sich so weit als möglich aus. Nun halten Sie während der ganzen folgenden Übung den Atem an.

Legen Sie nun Ihre linke Hand auf Ihre linke Hüfte. Der Daumen ruht auf dem Rücken, die anderen vier Finger bleiben vorne. Dasselbe gilt für die rechte Hand, die auf der rechten Hüfte ruht. Strecken Sie nun Ihren rechten Arm seitlich aus, bis er einen 45-Grad-Winkel mit der Längsachse Ihres Körpers bildet. Die Finger zeigen in dieselbe Richtung. (Um die Übung besser beschreiben zu können, lassen Sie uns annehmen, dass Sie mit dem Rücken zum Zifferblatt einer Uhr sitzen: Der Zwölf-Uhr-Punkt liegt über Ihrem Kopf, der Sechs-Uhr-Punkt zu Ihren Füßen. Bei dieser Übung zeigt Ihr Arm also auf den Punkt, der Ein Uhr dreißig entspricht.) Halten Sie weiterhin den Atem an, bewegen Sie Hand und Arm nach vorne, wobei Sie die Finger der Reihe nach um den Daumen schließen, beginnend mit dem Zeigefinger. Am Ende machen Sie also eine lockere Faust. Dann beschreiben Sie mit dem Arm einen Kreis über dem Kopf. (Stellen Sie sich vor, Sie schwingen ein Lasso über dem Kopf, dann fällt Ihnen die korrekte Armbewegung leichter.) Während sich die Hand dem Kronenchakra nähert, beginnt sie sich zu öffnen, angefangen beim Zeigefinger. Ziehen Sie dann den Kreis nach hinten und dann wieder seitlich, wobei die Finger sich vollständig öffnen. Danach wandert sie wieder seitlich nach vorne, wobei die Faust sich schließt. Dies ist eine volle Kreisbewegung. Machen Sie diese Übung fünf Mal mit der rechten Hand.

Dann senken Sie die Hand wieder auf die Hüfte und heben stattdessen den linken Arm. Wiederholen Sie die Übung für den linken Arm, nur wandert die Hand dieses Mal in umgekehrter Richtung: aus der ausgestreckten Position zuerst zur Seite, dann zur Stirn, über das Kronenchakra, zum Hinterkopf und dann wieder seitlich. Machen Sie diese Übung fünf Mal.

Während Sie den Arm über dem Kopf bewegen, dehnen Sie den Brustkorb und alle Muskeln im oberen Rücken. Wenn sich die Hand zur Seite bewegt, sollten Sie die Schulter in diese Richtung dehnen. Wandert sie zur Vorderseite des Körpers und dann über den Kopf, achten Sie darauf, den Ellbogen gestreckt zu halten. Knicken Sie im Brustbereich nicht ein.

Sie halten immer noch den Atem an. Dann lassen Sie die linke Hand wieder auf die linke Hüfte sinken. Nun ruhen beide Hände auf den Hüften und umfassen die Taille wie vorher angegeben. Lassen Sie nun den Oberkörper vertikal kreisen. Es geht dabei darum, dass das Herzchakra eine kreisförmige Bewegung macht. Der Körper folgt ihm sozusagen nur. Diese Bewegung vollzieht sich zuerst im Gegenuhrzeigersinn, dann im Uhrzeigersinn: nach unten, nach rechts, nach oben, nach links, nach unten – fünf Mal, dann umgekehrt. Stellen Sie sich vor, dass Sie das Herzchakra mit dem Boden verbinden, aber ohne sich zu bücken. Dann lassen Sie es so weit wie möglich nach außen wandern, dann ebenso weit nach oben, nach der anderen Seite und wieder nach unten. Machen Sie die Bewegung so weit als möglich, damit die Muskeln von Brustraum und Rücken entsprechend gestärkt werden. Konzentrieren Sie sich dabei auf die Empfindung, dass Ihr Herzzentrum kreist und Ihr Körper nur folgt.

Nachdem Sie zehn Kreisbewegungen gemacht haben, atmen Sie durch Nase und Mund aus und spüren, wie das Prana Ihren Körper durchdringt. Setzen Sie sich entspannt hin und lassen Sie Ihren Geist im ruhigen Gewahrsein verweilen. Verbleiben Sie so, bis dieses Gefühl der Präsenz langsam abnimmt. Dann können Sie die Übung entweder wiederholen oder zur nächsten weitergehen.

Das feuergleiche Prana

Diese Praxis wird dem Element des Feuers zugeordnet. Hinter dem Nabelzentrum kommt es immer zu einer gewissen Wärmeentwicklung, weil dort das Zentrum der Verdauung und des

Das feuergleiche Prana

1

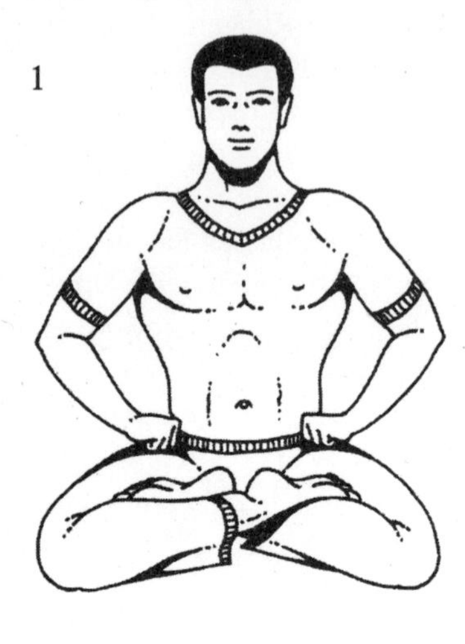

2

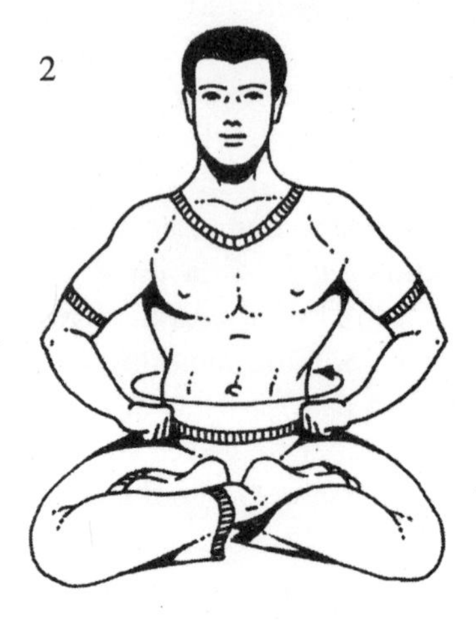

3

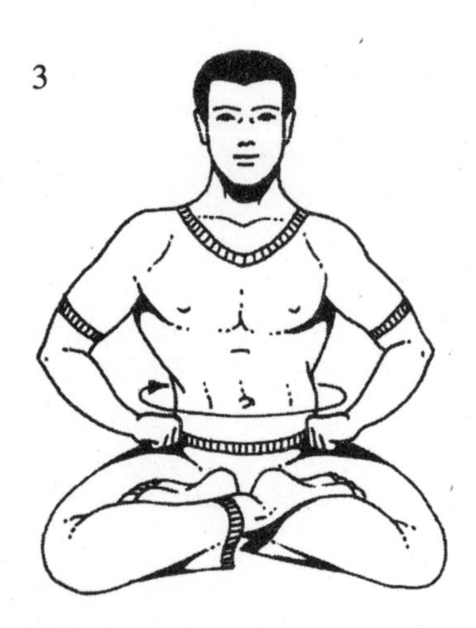

4

Stoffwechsels ist. Das Nabelchakra, das hinter dem Nabel in der Körpermitte sitzt, ist der Sitz des feuergleichen Prana.

Atmen Sie ein und halten Sie die Luft im Bauchraum an, wobei Sie sich auf das Nabelzentrum konzentrieren. Sie machen jetzt *kumbaka*, die Übung des »Zurückhaltens im Gefäß«. Dabei werden die Muskeln des Damms und des Anus leicht angespannt, um den Beckenboden zu heben. Zur selben Zeit drücken Sie das Zwerchfell, die Muskeldecke unterhalb des Rippenbogens, nach unten. Der Atem wird zwischen Beckenboden und Zwerchfell gehalten, so als würde er im Nabelchakra zusammen gepresst. Dabei sollte der Hals weit offen bleiben. Atmen Sie weiter ein. Konzentrieren Sie sich auf das Chakra, machen Sie *kumbaka*, und lassen Sie den lebensspendenden Atem sich im Bauchraum ausbreiten, wo er die Mitte Ihres Körpers pflegt und nährt.

Halten Sie den Atem weiter an und lassen Sie den Bauch fünf Mal in einer Richtung, dann fünf Mal in der anderen kreisen. Diese Kreisbewegung erfolgt horizontal, also parallel zum Boden. Wie eine Schallplatte, die sich auf dem Plattenteller dreht. Lassen Sie den Unterbauch fünf Mal in großem Bogen im Gegenuhrzeigersinn kreisen, während Sie sich auf den Atem konzentrieren. Dann folgt die Gegenbewegung: Bewegen Sie die Bauchdecke nach rechts, ziehen sie sie ein, bis sie die Wirbelsäule nahezu zu berühren scheint, dann nach rechts und wieder so weit als möglich nach vorne.

Atmen Sie erst aus, wenn Sie alle Kreisbewegungen beendet haben. Verweilen Sie in ruhiger Präsenz. Spüren Sie die Offenheit im Nabelbereich und die zunehmende Wärme. Genießen Sie entspannt diese Erfahrung, bis sie ihren Schwung verliert. Dann wiederholen Sie die Übung oder schreiten zur nächsten fort.

Das alles durchdringende Prana

Diese Übung wird mit dem Luftelement assoziiert. Das alles durchdringende Prana findet sich überall im Körper. Zwar halten wir auch bei dieser Übung den Atem an, doch wir konzent-

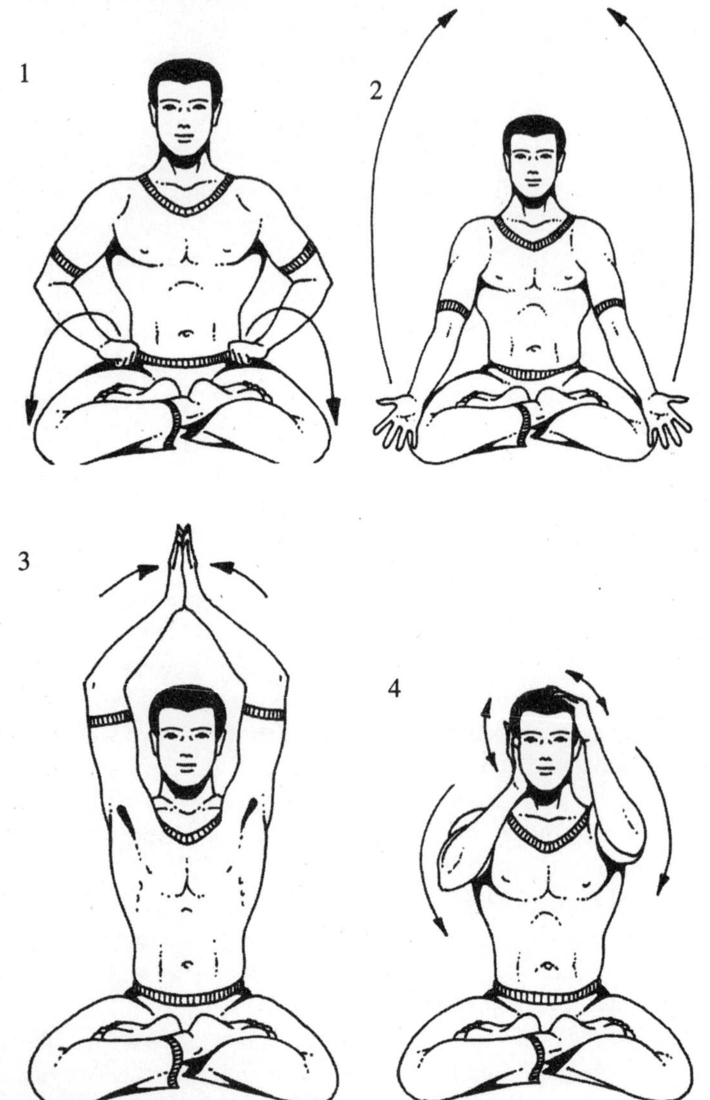
1
2
3
4

5
6
7
8
9
10

rieren uns dabei nicht auf eine bestimmte Stelle. Achten Sie darauf, dass Sie sich im Hals nicht verkrampfen und dass der Beckenboden locker bleibt. Der Körper muss »offen« sein. Spüren Sie, wie das Prana in jede Zelle reicht, wie es sich bis in die Zehen und Fingerspitzen ausdehnt, in jede Haarspitze gelangt.

Atmen Sie ein und falten Sie wie im Gebet Ihre Hände vor der Brust. Atmen Sie weiter ein und lassen Sie die Unterarme auf die Leistengegend sinken. Halten Sie den Atem an und strecken Sie die Hände auf wie auf Bild 2. Nun führen Sie die Arme über den Kopf und klatschen in die Hände. Reiben Sie die Hände aneinander, um sie zu wärmen, und massieren Sie dann Ihren gesamten Körper, vor allem die Stellen, an denen Sie sich blockiert fühlen. Sie massieren den Kopf, Arme, Brustkorb, Rücken und Beine, so als wollten Sie jede einzelne Zelle in Ihrem Körper wecken.

Halten Sie weiter den Atem an und legen Sie die Hände auf die Brust. Die Daumen werden von den anderen Fingern umfasst. Nun strecken Sie den rechen Arm nach rechts, wobei Sie sich vorstellen, dass Sie damit einen Bogen halten. Mit der linken Hand spannen Sie nun den Bogen wie auf Bild 7 angegeben. Auf diese Weise öffnen Sie den Brustraum und spannen die Muskeln im oberen Rücken an. Sehen Sie in die Richtung, in die der Pfeil fliegen würde. Dann bewegen Sie die Hände wieder aufeinander zu, bis sie beinahe die Brust berühren. Die vier Finger jeder Hand liegen immer noch um den Daumen. Machen Sie dies schnell fünf Mal, wobei Sie den rechten Arm so weit als möglich ausstrecken. Mit der linken »spannen Sie den Bogen«, sodass Sie den Zug quer über der Brust spüren.

Dann wiederholen Sie die Übung mit der linken Hand, wobei die rechte »den Bogen spannt«. Machen Sie die Übung fünf Mal. Sehen Sie dabei in die Richtung, in die der Pfeil fliegen würde.

Sie halten immer noch den Atem an. Wenn nötig, machen Sie die Übung nicht ganz so häufig. Achten Sie darauf, dass der Atem frei durch den Körper fließen kann. Erst am Ende atmen Sie aus. Achten Sie darauf, was Sie im Körper spüren. In dieser

Erfahrung verbleiben Sie, bis Sie die Verbindung zur alles durchdringenden Energie verlieren. Dann wiederholen Sie die Übung oder gehen zur nächsten weiter.

Nach dieser Übung werden Sie sich sehr klar im Kopf fühlen. Der Körper fühlt sich lebendig an, als seien die Muskeln erwacht. Freude und Klarheit begleiten diese Praxis. Stabilisieren Sie die Erfahrung im Geist. Entspannen Sie sich im natürlichen Zustand des Geistes.

Das abwärts gerichtete Prana

Diese Übung ist mit dem Wasserelement verbunden.

Atmen Sie ein und halten Sie den Atem im Damm an. Das ist der Bereich zwischen Anus und Genitalien. Konzentrieren Sie sich auf das geheime Chakra hinter den Geschlechtsorganen. Spannen Sie Damm und Anus an, wodurch sich der Beckenboden leicht hebt. In dieser Übung wird das Zwerchfell nicht nach unten gedrückt. Sie heben nur den Beckenboden an. Atmen Sie weiterhin und konzentrieren Sie sich. Das Prana sammelt sich im geheimen Chakra.

Nun legen Sie die Beine an den Knöcheln über Kreuz, das rechte Bein liegt vor dem linken. Die Knie können ruhig nach oben zeigen. Legen Sie jetzt beide Hände um das rechte Knie. Rollen Sie das Becken jetzt in Richtung des rechten Knies und wieder zurück. Dann umfassen Sie das linke Knie und machen dasselbe. Schließlich legen Sie die rechte Hand auf das rechte Knie, die linke Hand auf das linke Knie. Dann rollen Sie die Bauchdecke zuerst fünf Mal nach rechts und dann fünf Mal nach links. Währenddessen halten Sie nach wie vor den Atem an und konzentrieren sich auf das geheime Chakra. Versuchen Sie, das Chakra selbst kreisen zu lassen.

Atmen Sie aus, wenn Sie mit den Kreisbewegungen fertig sind. Lenken Sie das Prana nach unten, sodass es Ihren Körper verlässt. Spüren Sie, wie es in die Erde fließt. Entspannen Sie sich mit offenen Augen, den Blick leicht nach oben gerichtet. Verweilen Sie in dieser Erfahrung, bis sie ihre Frische verliert. Dann

Das abwärts gerichtete Prana

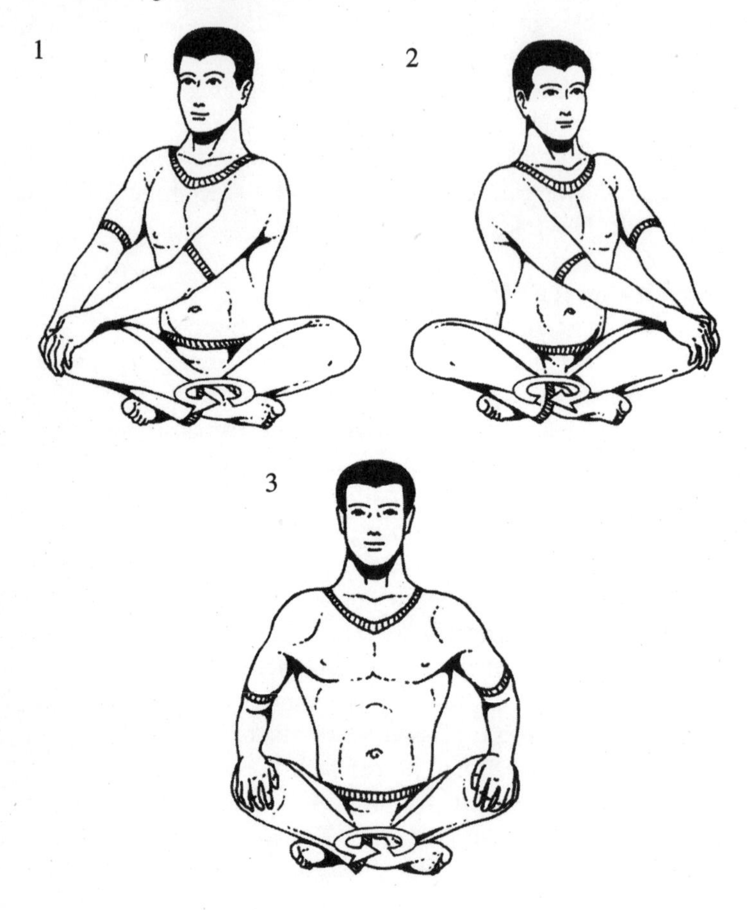

wiederholen Sie die Übung nach Belieben. Nach der letzten Übung verbleiben Sie länger im Zustand der Kontemplation. Beenden Sie die Übungsserie, indem Sie Ihre Verdienste den fühlenden Wesen widmen.

Die Praxis im Alltag

Obwohl diese Übung das Wohlbefinden und die Lebensqualität steigert, geht es letztlich doch darum, die Natur des Geistes zu erfahren. Wie die schamanischen Techniken sorgen auch die tantrischen Übungen dafür, dass das Gleichgewicht wieder hergestellt wird. Was fehlt, wird entwickelt, was zu viel ist, abgebaut. Anders als die schamanischen Methoden werden sie jedoch nicht nur in einer bestimmten Situation ausgeführt, sondern müssen regelmäßig geübt werden. Nur durch regelmäßige Übung wird der Energiefluss im Körper aufrecht erhalten. Dann sind wir weder träge noch unruhig, weder schwach noch ruhelos. Und diese Ausgeglichenheit vereinfacht die Meditation. Sie klärt den Geist und stärkt den Körper. Dadurch hilft sie uns, die Natur des Geistes zu erkennen und in ihr verweilen zu können.

Die fünf inneren Tsa-Lung-Übungen

Wie bei allen spirituellen Übungen ist die Meisterung der äußeren Form der einfachste Teil. Schwieriger wird es schon, wenn wir lernen sollen, wie wir die innere Erfahrung erzeugen. Wenn wir solche Übungen durchführen, während unser Geist fleißig herumwandert, werden wir wohl keine durchschlagenden Ergebnisse erzielen. Daher ist es wichtig, dass wir zu verstehen versuchen, welchem Zweck jeder Teil der Praxis dient, welches Ziel angestrebt, welche Methode angewandt wird. Bleiben Sie während der ganzen Übung möglichst bei der Sache. Die nächste Übungsserie verfolgt nämlich dasselbe Ziel wie die erste. Obwohl es dabei um die so genannte »innere« Ebene geht, sind auch hier Körperübungen nötig, wenn auch in geringerem Ausmaß als in den fünf äußeren Tsa-Lung-Übungen. Wir arbeiten dabei mit denselben Prana-Formen und denselben Chakren wie zuvor.

Das aufwärts gerichtete Prana

Diese Übung öffnet den oberen Teil des Zentralkanals sowie das Hals- und Kronenchakra.

Atmen Sie ein. Schließen Sie den Mund, halten Sie sich die Nase zu und atmen Sie sanft aus, als säßen Sie im Flugzeug und wollten den Druckausgleich erleichtern. Seien Sie dabei sehr vorsichtig, damit Sie Ihren Ohren keinen Schaden zufügen. In diesem Fall machen Sie nicht die Ohren frei, sondern nutzen den inneren Druck, um Ihre Aufmerksamkeit auf das Kronenchakra zu lenken. Spüren Sie so intensiv wie möglich, wie sich das Zentrum am Scheitelpunkt anfühlt. Mit Hilfe Ihrer Vorstellungskraft konzentrieren Sie den Druck im Zentralkanal und nehmen wahr, wie sich dadurch das Chakra öffnet.

Wenn Sie gar nichts spüren, dann lassen Sie Ihre Aufmerksamkeit einfach im Kronenchakra ruhen und erzeugen mit dem angehaltenen Atem einen leichten Druck dort.

Wenn Sie hingegen eine Empfindung haben, vertiefen Sie sich darin und bleiben Sie präsent. Der Atem wird ganz natürlich. Richten Sie Ihre Aufmerksamkeit auf das Kronenchakra, während Sie den Geist gleichzeitig vollkommen offen und frei lassen.

Atmen Sie aus und lenken Sie das Prana durch das Chakra wieder nach unten.

Machen Sie diese Übung, wann immer Ihnen danach ist, vor allem aber, wenn Sie sich niedergeschlagen, deprimiert oder träge fühlen. Oder wenn Sie glauben, für die vor Ihnen liegende Aufgabe nicht stark genug zu sein. Wenn es Ihnen an Klarheit und Wachheit fehlt. Und wenn Sie verwirrt bzw. abgelenkt sind.

Das Prana das Lebenskraft

Das Prana der Lebenskraft sitzt im Herzchakra. Fühlen Sie Ihren Herzschlag. Legen Sie dazu die Hand auf die Brust, wenn es nötig sein sollte. Atmen Sie tief ein und aus. Entspannen Sie sich. Dann atmen Sie ein. Stellen Sie sich vor, dass mit dem Einatmen Licht und positive Energie aus allen Richtungen in Ihr Herz strömen, in Ihr Herzchakra fließen und das Prana der Lebenskraft stärken. Bleiben Sie entspannt und halten Sie den Atem an. Konzentrieren Sie ihn im Herzchakra, um die Energie dort zu sammeln. Konzentrieren Sie sich auf die Weite im Brustraum, die Dehnung in den Muskeln und auf der Hautoberfläche, um Ihre Aufmerksamkeit ganz im Brustraum zu verankern. Dann atmen Sie sehr langsam aus und entspannen sich vollkommen. Wiederholen Sie die Übung und richten Sie Ihre Aufmerksamkeit dabei auf das Herzchakra im Zentralkanal. Wenn Sie die Übung beendet haben, verweilen Sie in dieser Erfahrung, so lange sie sich noch frisch anfühlt.

Machen Sie diese Übungen in Situationen, wie sie oben beschrieben sind. Außerdem immer dann, wenn Sie das Gefühl haben, etwas zehrt an Ihrer Lebensenergie, raubt Ihnen Ihre Vitalität und lässt sie frustriert und unglücklich zurück. Diese Übung ist gut, um das Bewusstsein zu zentrieren.

Das feuergleiche Prana

Das feuergleiche Prana ist im Nabelzentrum angesiedelt. Man stellt sich den Bauchraum wie einen gewaltigen Ozean vor. Die Wirbelsäule ist der Fels am Strand. Die Wellen schwappen über den Strand und umspülen den Felsen, bevor sie zurückweichen. Atmen Sie ein, halten Sie den Atem an, während Sie die Bauchdecke in Richtung Wirbelsäule einziehen und lassen Sie sie dann allmählich wieder los, während Sie ganz langsam ausatmen. Ruhen Sie in reinem Gewahrsein. Wiederholen Sie die Übung.

Diese Praxis ist vor allem dann gut, wenn Sie erschöpft und fahrig sind. Achten Sie auf ein Gefühl zunehmender Wärme in der Bauchgegend. Lassen Sie dann mit Hilfe Ihrer Vorstellungskraft das Feuerprana durch Ihren Körper zirkulieren.

Das alles durchdringende Prana

Das alles durchdringende Prana verteilt sich auf den gesamten Körper.

Legen Sie sich auf den Rücken oder nehmen Sie die oben beschriebene Meditationshaltung ein. Während Sie ausatmen, ziehen Sie Ihren Körper so weit als möglich zusammen, sodass Sie nur ein Minimum an Platz einnehmen. Spannen Sie alle Muskeln an. Während des Einatmens öffnen Sie dann langsam die Finger, Sie entspannen den Rücken, die Arme, die Beine und so weiter. Strecken Sie sich, entspannen Sie sich. Sie nehmen nun so viel Platz als möglich ein. Während Sie Ihre Glieder dehnen, fühlen Sie, wie das alles durchdringende Prana von der Körpermitte aus all Ihre Körperteile erfasst, bis in die Finger- und Zehenspitzen. Atmen Sie aus und entspannen Sie sich im reinen Gewahrsein. Das Prana durchdringt Ihren ganzen Körper und den Raum um Sie herum.

Diese Praxis ist besonders hilfreich am Morgen nach dem Erwachen. Aber natürlich können Sie sie durchführen, wann immer Sie wollen.

Das abwärts gerichtete Prana

Bei dieser Übung konzentrieren Sie sich auf das geheime Chakra hinter den Genitalien. Spannen Sie den Beckenboden an, indem Sie die Muskeln von Damm und Anus zusammenziehen. Bleiben Sie einige Minuten lang so, dann lassen Sie wieder los. Wiederholen Sie die Übung. Wenn Sie wollen, können Sie auch den Atem anhalten, während Sie die Spannung halten und wieder loslassen. Machen Sie dies bei angehaltenem Atem mehrere Male. Beim letzten Loslassen atmen Sie aus und lenken das Prana nach unten aus dem Körper hinaus. Verschmelzen Sie mit der Entspannung, die sich mit dem Loslassen einstellt. Dieser Entspannungsimpuls lässt die Übung vor allem dann angeraten erscheinen, wenn Sie ängstlich sind oder Ihre Mitte verloren haben.

Die fünf geheimen Tsa-Lung-Übungen

Allgemeines

Die geheime Ebene dieser Praxis arbeitet ebenfalls mit den fünf Prana-Formen. Dieses Mal aber werden sie nur über den Geist angesprochen. Aus diesem Grund nennt man sie »geheim«. In gewisser Weise ist dies eine Erleichterung, denn diese Übungen können überall durchgeführt werden, weil Sie dabei nur Ihre Aufmerksamkeit brauchen, um die Chakren zu aktivieren.

Zu jedem Chakra gehören eine bestimmte Form und eine bestimmte Farbe. Die Form hat nicht unbedingt mit dem Chakra zu tun, sondern gibt eher die Verteilung der Energiekanäle in dieser Körperregion wieder. Die Farbe spiegelt die Elementarenergie wider, die zu diesem Chakra gehört. Die tibetische Silbe A [ཨ] wird in jedem Chakra visualisiert, weil sie die entsprechende Erfahrung stützt und schützt.

Machen Sie die Übung mit jedem Chakra drei Mal. Es sollte sich hinterher besonders »klar« anfühlen. Dann lassen Sie in sich die Eigenschaft aufsteigen, die Sie besonders kultivieren möchten: Mitgefühl, inneren Frieden, Liebe, Offenheit, Weisheit, Großzügigkeit. Konzentrieren Sie sich dabei auf die Qualitäten, die Ihnen in Ihrer Praxis und Ihrem täglichen Leben besonders von Nutzen sind. Diese Übungsserie ist am besten mit dem Aufstellen eines Altars vergleichbar. Zuerst reinigen Sie den Raum, dann stellen Sie den Tisch auf, legen die heiligen Objekte darauf, hängen Bilder von Gottheiten auf und zünden schließlich den Weihrauch an.

Konzentrieren Sie sich auf das Kronenchakra. Stellen Sie sich vor, wie die Energie vom Halschakra aufsteigt und sich im Gehirn ausbreitet – wie ein aufgespannter Schirm. Die zu diesem Chakra gehörige Farbe ist ein zartes Gelb oder Gold. Das aufwärts gerichtete Prana, das mit dem Erdelement assoziiert wird, steigt durch das Halschakra ins Gehirn und dann ins Kronenchakra auf.

Bitten Sie darum, dass die fünf Weisheiten, die positiven göttlichen Qualitäten, in Ihnen erwachen mögen und dass ihr Licht stark und lebendig strahlen möge. Spüren Sie, wie sich das Kronenchakra öffnet, Ihre Verbindung zu den höchsten Ebenen der Spiritualität. Visualisieren Sie ein strahlend weißes tibetisches A im Kronenchakra. Es wird immer stärker und stärker. Diese Silbe steht für Mitgefühl. Lassen Sie nun Mitgefühl, strahlende Klarheit und Glückseligkeit sich ausdehnen, bis sie das gesamte Dasein durchdringen – Ihren Körper, jedes Wesen, jeden Ort. Das Mitgefühl ist lebendig und echt, keine künstliche Emotion, die nur in der Einbildung existiert. Es ist das tiefe Mitgefühl, das spontan aus der erleuchteten Natur des Geistes entsteht.

Nun richten Sie Ihre Aufmerksamkeit auf das Kronenchakra. Erlauben Sie ihm, sich zu öffnen und zu entspannen. Ein strahlend weißes tibetisches A leuchtet im Energiezentrum. Es steht für inneren Frieden und strahlt Frieden in alle Richtungen aus. Dieser innere Friede erfüllt jede Zelle Ihres Körpers. Er durchdringt die Umgebung und alle Wesen.

Konzentrieren Sie sich jetzt auf das Herzzentrum, wo das Prana der Lebenskraft sitzt. Es ist mit dem Element des Raumes assoziiert. Das Herzzentrum ist weit, erfüllt mit weißem Licht, das die Form eines Wunsch erfüllenden Juwels annimmt. Das Herzzentrum öffnet und entspannt sich. Diese Präsenz im Herzen – werden Sie zu dieser Präsenz. Stellen Sie sich ein strahlend weißes tibetisches A im Herzen vor. Es strahlt Liebe und Offenheit aus. Beides verbreitet sich durch Raum und Zeit wie das grenzenlose, weiße Licht, das der Silbe entströmt.

Richten Sie Ihre Aufmerksamkeit auf das Nabelzentrum. Es befindet sich in der Mitte des Körpers, also hinter dem Nabel, und ist von roter Farbe. Dort hat das feuergleiche Prana seinen Sitz. Die Kanäle laufen von diesem Zentrum weg wie die Speichen eines Rades von der Nabe. Spüren Sie, welche Wärme von diesem Chakra ausgeht. Lassen Sie alle Spannung sich darin auflösen. Stellen Sie sich ein strahlend weißes tibetisches A in der Mitte des Chakras vor. Es strahlt die Qualitäten von Klarheit und Weisheit aus. Lassen Sie den natürlichen Zustand des Geistes aufscheinen, der nun die gesamte Existenz durchzieht. Alles ist klare Präsenz. Jedes Wesen ist eine Erscheinungsform der reinen Weisheit.

Jetzt konzentrieren Sie sich auf das Chakra zwischen dem Nabelzentrum und dem geheimen Chakra. Es liegt etwa vier Finger breit unterhalb des Nabels, wo die Seitenkanäle in den Zentralkanal münden. Das alles durchdringende Prana, das zum Luftelement gehört, hat hier seinen Sitz. Spüren Sie die alles durchdringende Qualität der Luft. Stellen Sie sich ein strahlend weißes tibetisches A vor. Aus ihm heraus entstehen die positiven Aspekte der Luft: Flexibilität, Klarheit, Intelligenz. Diese positiven Qualitäten durchdringen vom Chakra ausgehend den ganzen Raum wie grüne Lichtstrahlen.

Nun sammelt sich der Geist im geheimen Chakra, wo das abwärts gerichtete Prana, das mit dem Wasserelement in Verbindung steht, sich konzentriert. Die Energiekanäle haben dort die Form eines Blasebalgs, dessen Spitze sich nach unten richtet. Spüren Sie die starke Präsenz des Elements. Stellen Sie sich ein weißes tibetisches A vor. Aus diesem heraus entsteht das Gefühl der Großzügigkeit. Lassen Sie es stärker werden. Es löst alle Knoten von Gier und Verlangen in diesem Chakra auf. Lösen Sie die Spannung der grundlegenden Ich-Bezogenheit und die Angst vor Verlust. Strahlen Sie Offenheit aus, den Willen zu geben und für andere da zu sein.

Setzen Sie Ihre Vorstellungskraft ein, um Ihre Erfahrung weiter zu entwickeln, um die veränderte Qualität im Gewahrsein auftauchen zu lassen, um die positiven Eigenschaften zu erzeugen und zu stabilisieren. Arbeiten Sie mit allen Chakren oder nur mit einem. Achten Sie auf den Unterschied in Ihrem Erleben, wenn Sie sich auf die verschiedenen Chakren konzentrieren. Experimentieren Sie. Machen Sie die Übung während Ihrer Meditationssitzung oder im Laufe das Tages. Machen Sie sie, wenn Sie sich auf sich selbst konzentrieren müssen. Oder einfach, wann immer Sie Lust dazu haben.

Wenn Sie Energie brauchen, sollten Sie die körperorientierten Übungen machen. Sie werden sie beleben. Machen Sie die Übungen für die subtileren Ebenen danach oder wenn Sie die Übungen auf den anderen Ebenen aus irgendeinem Grund nicht ausführen können. Die »geheimen« Übungen können Sie auch machen, wenn Sie spazieren gehen oder sich ruhig irgendwo hinsetzen.

Wann immer Ihnen die positive Qualität eines Chakras wirklich zur Erfahrung geworden ist, strahlen Sie sie aus, damit sie allen Wesen und ihrer Umgebung zugute kommt. Im Tantra bemühen wir uns um diese Art der Umwandlung, bis sie uns zur normalen Sicht der Dinge geworden ist. Es gibt genug Güte in dieser Welt. Nur die Verzerrungen unseres Karmas sorgen dafür, dass wir sie nicht direkt wahrnehmen können.

Wenn Sie Kopfschmerzen haben, fühlen Sie den Frieden in Ihren Schmerzen. Wenn es Ärger gibt – wütende Menschen oder tobende Elemente –, machen Sie sich bewusst, dass hinter dem Aufruhr Frieden steht: der Frieden des Raumes, durch den der Sturm tobt. Wenn Sie mit den einzelnen Qualitäten arbeiten, werden Sie sie unter den unwahrscheinlichsten Umständen entdecken. So als hörten Sie die Stille im Herzen des Orkans.

Die Chakren öffnen

Die vorstehend beschriebenen Übungen zielen darauf ab, die einzelnen Chakren zu öffnen. Warum ist dies nun von solcher Wichtigkeit? Das lässt sich am besten mit Hilfe eines traditionellen Bildes erklären, das den Zentralkanal als Baum sieht, die Chakren als Zweige und die pranische Energie als Blüten. Die Qualitäten, die zu den einzelnen Chakren gehören, bilden in dieser Vorstellung die Früchte, welche reifen, wenn diese Qualitäten sich im Bewusstsein ausbilden. Sind die Chakren geschlossen, können die Qualitäten sich nicht voll zeigen. Dann empfindet der Einzelne zwar immer noch Mitgefühl, doch ist dies eine recht begrenzte Erfahrung. Haben sich die Chakren aber geöffnet, wird aus dem Mitgefühl eine natürliche, selbstverständliche Reaktion, die alle Wesen mit einbezieht, und dem grundlegenden Mitgefühl, das die Buddhas empfinden, schon wesentlich ähnlicher ist.

Die Übungen zu den Kanälen und den »Winden« des Prana, die sie durchziehen, sorgen dafür, dass Chakren und Kanäle nicht blockiert werden. Sie müssen sich das etwa so vorstellen, als würden Sie in einem Rohr gefrorenes Wasser auftauen. Sie können es schütteln, es erhitzen oder durchblasen, damit das Rohr frei wird. Die körperliche Bewegung entspricht in etwa dem Schütteln. Den Atem anzuhalten und das Prana mit dem Geist an die entsprechende Stelle zu lenken kommt dem Erhitzen, also dem Zuführen von Energie, gleich. Das Ausatmen hingegen ist wie das Durchblasen. Es sorgt dafür, dass Behinderungen tatsächlich restlos aus dem System verschwinden. Das Ergebnis ist ein Gefühl von Offenheit und Freiheit.

Wie ich bereits erläutert habe, dient die Zuhilfenahme der Vorstellungskraft dem Vertiefen der Erfahrung. Auf diese Weise erschließen wir uns die energetische Ebene der Übung, die zum Bewusstseinswandel führt. Dann entdecken wir im Herzen den Buddha des Mitgefühls, im Kronenchakra den Buddha der Glückseligkeit, im Halschakra den Buddha des Friedens, im Nabelchakra den Buddha der Weisheit und im geheimen Chakra den Buddha der Großzügigkeit. Manchmal machen Menschen besondere Erfahrungen, wenn ein Chakra sich öffnet. Da die Menschen im Westen gelernt haben, Energieblockaden im Körper als Emotionen wahrzunehmen und nicht als körperliche oder energetische Hindernisse, geht mit dem Lösen solcher Hindernisse häufig eine emotionale Katharsis einher. In der tibetischen Kultur hingegen kommt es dagegen mehr zu unvorhersehbaren Erlebnissen auf der energetischen oder körperlichen Ebene: Der Praktizierende fängt an zu zittern, sich zu winden oder zu zucken. Ihm wird schwindlig, vielleicht schwitzt er auch. Wieder andere Menschen haben plötzlich innere Bilder vor Augen, wenn sie sich auf ein Chakra konzentrieren. Diese können mit den speziellen Blockaden – negativen Erinnerungen, Traumata und dergleichen mehr – verbunden sein, die den Energiefluss in diesem Chakra behindert haben. Es können aber auch positive Bilder aufsteigen, die mit dem Chakra selbst zu tun haben: spirituelle Symbole, Gottheiten, Buddhas, Göttinnen und so weiter.

All dies muss nicht sein. Es ist sogar wahrscheinlicher, dass nichts dergleichen passiert, wenn ein Chakra sich öffnet. Je tiefer die Öffnung geht, desto weniger tauchen Bilder bzw. Emotionen auf. Wenn Sie allerdings so etwas erleben sollten, dann lassen Sie ihm Raum, ohne weiter darauf zu achten. Lassen Sie es zuerst zu und dann los. Es ist einfach nur eine reinigende Erfahrung, weiter nichts. Wenn Sie in einem Chakra überhaupt nichts spüren, ist es vermutlich blockiert. Versuchen Sie, diese Körperregion ganz bewusst zu entspannen. Massieren Sie sie. Atmen Sie hinein. Der Geist erreicht sie mit seiner Aufmerksamkeit und seiner Präsenz. Dann bewegt sich auch das Prana dort hin. All das wird sicher helfen. Ob Sie nun emotionalen Aufruhr, Bilder oder körperliche Empfindungen erleben, wenn die Chakren sich öffnen, vergessen Sie nicht, dass diese Erfahrung am Ende Raum, Offenheit und alle positiven Qualitäten mit sich bringt, die als die verschiedenen Aspekte der Weisheit gelten.

Da viele Menschen ihre Identität aus ihren Problemen und Schwächen ziehen, kann es ganz schön erschreckend sein, wenn diese mit einem Mal wegfallen. Mitunter kehren dann die alten Gewohnheiten zurück und der offene Raum füllt sich wie gehabt mit allem, was Aktivitäten, Tagträume oder emotionale Erfahrungen uns zu bieten haben. Zu diesem Zweck sind die »Panzer« da. Sie schützen den Raum des Gewahrseins, wenn wir uns auf sie konzentrieren: visualisierte Keimsilben, Mantras, Gottheiten oder Bilder unseres Lehrers. Schützen Sie also den Raum in den Chakren durch positive Symbole vor der Rückkehr der gewohnheitsmäßigen karmischen Tendenzen.

Das Tantra betrachtet den Körper nicht als »sündig« oder »unrein«. Er gilt vielmehr als Mandala, als Palast des Heiligen. Einige tantrische Texte zählen sogar alle Gottheiten auf, die in der Hand, im Kopf und in den Organen wohnen. Der ganze Körper wird somit zum Netzwerk göttlicher Energien und Möglichkeiten. Wir sollten die geheiligte Natur des Körpers endlich anerkennen und ausleben.

DIE FÜNF ELEMENTE IM DZOGCHEN

Ohne ein Kapitel über die Große Vollkommenheit wäre dieses Buch nicht vollständig. Das Verständnis der Elemente gehört ganz selbstverständlich zum Dzogchen. Anders aber als in den Kapiteln über schamanische und tantrische Techniken werde ich hier keine speziellen Übungen lehren. Obwohl in verschiedenen Dzogchen-Texten Methoden beschrieben sind, welche die Erfahrung des Dzogchen unterstützen, setzt die eigentliche Dzogchen-Praxis erst ein, wenn der Praktizierende die Natur des Geistes erkannt hat. Leider sitzt man in dieser Hinsicht leicht Illusionen auf und hält bestimmte Erfahrungen für einen Einblick in die wahre Natur des Geistes. Der beste Weg, in dieser Hinsicht Sicherheit zu erlangen, ist es, unter der Anleitung eines erfahrenen Lehrers zu üben, der die Natur des Geistes erkannt hat und sie anderen zu zeigen vermag.

So ist dieses Kapitel in erster Linie für solche Leser gedacht, die bereits Dzogchen-Belehrungen erhalten haben. Denjenigen, die noch keine solchen Unterweisungen gehört haben, wird daher der eine oder andere Begriff unbekannt sein.

Die Große Vollkommenheit

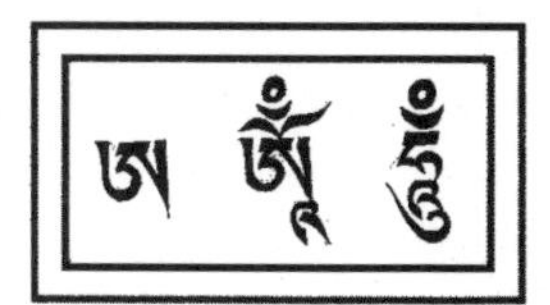

In der Bön-Tradition gelten die Lehren des Dzogchen, auch genannt »Große Vollkommenheit« oder »Große Vollendung«, als höchste Ebene der Belehrungen. Das Dzogchen lehrt, dass die

Grundlage des Individuums und aller Erscheinungen die untrennbare Einheit von Leerheit (tib. *tong pa nyid*) und Klarheit (tib. *'od sal*) ist.

Leerheit ist die Essenz aller Phänomene. Anders gesagt: Die grundlegende Natur aller Dinge und Wesen ist, dass sie keine essenzielle Identität besitzen. Die Phänomene existieren als gedankliche Vorstellungen, die auf Übereinkunft beruhen, doch diese Identität beruht nur auf Zuschreibungen und wohnt ihnen nicht inne. Sie entsteht in jedem Augenblick neu und ist daher vergänglich. Wenn die Bedingungen verschwinden, die eine bestimmte Identität gestützt haben, und neue Bedingungen entstehen, ändert sich auch die Identität. Ein Baum wird angezündet und geht in Flammen auf. Am Ende ist er zu Asche geworden. Nichts ist mehr vorhanden, was auf seine frühere Identität als Baum schließen lässt. Wohin aber ist der Baum verschwunden? Auch unser subjektives Selbstgefühl ist von Bedingungen abhängig, aus Ideen und Vorstellungen entstanden, veränderlich und vergänglich.

Die Leerheit ist jedoch keine nihilistische Abwesenheit von Existenz oder ein Mangel an Bedeutung, denn unser tägliches Erleben zeigt ja, dass Erfahrung für jeden von uns ständig entsteht. Das Gewahrsein ist, zusammen mit dem endlosen Erscheinen der Phänomene in unserer Erfahrung, der andere grundlegende Aspekt der Wirklichkeit: Klarheit bzw. Lichthaftigkeit. »Lichthaftigkeit« ist sowohl auf gedanklicher wie auf sinnlich erfahrbarer Ebene der beste Begriff, mit dem wir das Gewahrsein umschreiben können, das so häufig als »Licht« bezeichnet wird. Außerdem beschreibt das Bild der Lichthaftigkeit auch sehr gut die Art, wie wir die Phänomene erleben, die in unserer Erfahrung gleichsam »aufscheinen«.

Leerheit und Klarheit sind untrennbar miteinander verbunden. Die Leerheit ist klar und die Klarheit ist leer. Im Dzogchen heißt es, dass dieser grundlegenden Wirklichkeit eine gewisse Energie (tib. *tsal*) bzw. Fähigkeit innewohnt, die sich in den unaufhörlichen Manifestation der Erscheinungen zeigt – das endlose Auftauchen und Vergehen zahlloser lichthafter Welten und Wesen, die alle im Wesentlichen leer sind und nur als vergängliches Spiel des Lichts existieren. Die Erscheinungen entstehen als Spiel der Grundlage allen Seins (tib. *kunzhi*), als nicht-duale Manifestation der leeren Lichthaftigkeit.

Im Kontext dieses Buches wird die Leerheit durch »Raum« symbolisiert, die Lichthaftigkeit durch »Licht«. Dzogchen ist also das Wissen von Licht und Raum. Der Raum ist die leere Große Mutter, aus der alle Erscheinungen als Spiel des Lichts hervorgehen, in der alle Phänomene existieren und in die hinein sie sich wieder auflösen. Das Spiel des Lichts ist die Aktivität der Fünf Reinen Lichter, der Essenz der fünf Elemente. Deren Manifestation führt zu allen Dingen, Wesen und Elementen der Erfahrung. Dies ist die grundlegende Sicht des Dzogchen.

Samsara erschaffen

Die wahre Natur aller fühlenden Wesen ist die Buddha-Natur. Daher sind alle Phänomene grundlegend rein. Subjektive Identifikation und äußere Erscheinung sind nichts weiter als leere Phänomene, die als Spiel der Elementarenergien spontan im Raum entstehen. Selbst Schmutz, Krankheit und scheinbar böswillige Wesenheiten sind ihrer Natur nach rein.

Und trotzdem erfahren wir Leid.

Bevor wir nicht in der Natur des Geistes verweilen können, ist alles, was wir über nicht-duales Gewahrsein und grundlegende Reinheit sagen können, nichts weiter als Gerede über Ideen und Vorstellungen, das nicht auf unmittelbarer Erfahrung fußt. Es ist nur allzu verführerisch, mit der Dzogchen-Praxis niemals über diese Ebene hinauszugehen. Mein Lehrer, Lopön Tenzin Namdak Rinpoche, betont stets eindringlich, dass wir keinesfalls die nicht-duale Sicht des Dzogchen und die täglichen Kämpfe von

Samsara, die jeder Dzogchen-Schüler auszufechten hat, in einen Topf werfen sollten. Die Sicht des Dzogchen ist tatsächlich nicht-dual, im täglichen Leben aber gibt es durchaus Dinge wie »rein« oder »unrein«, »positiv« oder »negativ«, »hilfreich« oder »schädlich«, und wir sollten die Unterschiede kennen, um angemessen reagieren zu können.

Zu Anfang dieses Buches habe ich erklärt, wie die Reinheit der elementaren Energien als die substanzhafte, in Gegensatzpaare eingeteilte Welt wahrgenommen wird, die wir um uns herum erleben. Da wir die wahre Natur unseres Geistes nicht kennen, identifizieren wir uns mit einem »Ich«, das im Gegensatz zu allem steht, was nicht »ich« ist. Diese Identität ist sehr beschränkt, daher erleben wir die Welt der Erscheinungen als von uns getrennt. Die Ursachen hierfür liegen in der irrigen Annahme, Dinge und Wesen hätten eine eigene, untrennbar zu ihnen gehörige Identität. Auf diese Weise wird unsere innere Verwirrung zur äußeren Welt.

Begreifen wir aber im Gegenzug, dass die äußere Welt und wir nichts weiter als lichthafte Leerheit sind, dann höhlen wir die grundlegende Unwissenheit aus, die uns im Kreislauf der Existenzen gefangen hält. Nichts, was wir erfahren, steht dazu im Widerspruch. Die Elemente finden zu einer natürlichen Ausgeglichenheit. Wenn wir die Natur des Geistes erfahren haben und ruhig in ihr verweilen können, löst sich unsere dualistische Sicht langsam in der strahlenden Leerheit auf, die ihre Grundlage ist.

Wenn wir also unsere falsche Sicht korrigieren, heißt das nicht, dass wir einfach eine bisher gehegte Meinung fallen lassen, obwohl natürlich auch das erforderlich ist. Es ändert sich vielmehr der Prozess unserer Erfahrung, wenn wir die ständige Zweiteilung in Subjekt und Objekt aufgeben. Dazu müssen wir aber unsere wahre Natur – die innewohnende Buddha-Natur – direkt erkennen.

Die Sechs Lampen

Das *Zhang Zhung Nyan Gyud* (Mündliche Überlierferung von Shang Shung), ist eine alte Textsammlung von Dzogchen-Lehren des Bön. Es enthält ganz wesentliche »geheime Lehren« sowie einige Dzogchen-Übungen. Dazu gehören *Die Sechs Lampen*, ein vergleichsweise langer Text, der aus einem Ursprungstext und einem Kommentar besteht. Wie der Text über die Fünf Reinen Lichter gibt er Erläuterungen zur grundlegend reinen Essenz und der Verblendung des dualistischen Geistes. An dieser Stelle möchte ich eine kurze Erläuterung dieses Textes einfügen.

Aus *Die Sechs Lampen*:

Auf welche Weise sind Samsara und Nirwana getrennt?
Auf welche Weise ist Samtabhadra der Urbuddha?
Auf welche Weise durchwandern die fühlenden Wesen mit ihrem Karma die samsarische Existenz?
Samantabhadra ist der Urbuddha auf Grund von Verwirklichung.
Die fühlenden Wesen durchwandern Samsara auf Grund von Nicht-Verwirklichung.
Der leere Grund (tib. kunzhi) und das innewohnende Gewahrsein (tib. rigpa) sind die Grundlage von Illusion und Verwirklichung.
Der sich bewegende Geist ist die grundlegende Ursache für Illusion und Verwirklichung.
Die Vorstellungen von Klang, Licht und Strahlen sind die sekundäre Ursache für Illusion und Verwirklichung.
Es gibt weder Illusion noch Verwirklichung in Kunzhi und Rigpa.
Es gibt keine Trennung von Samsara und Nirwana in Kunzhi und Rigpa.
Illusion und Verwirklichung existiert im sich bewegenden Geist.
Die Trennung von Samsara und Nirwana geschieht im sich bewegenden Geist.

Samsara und Nirwana, Unwissenheit und Verwirklichung, der Illusion unterliegende Wesen und Buddhas – alle entstehen aus demselben Grund, aus Kunzhi, der jenseits aller dualistischen

Vorstellungen von »rein« bzw. »unrein«, »existent« oder »nicht-existent« ist. Der sich bewegende Geist entsteht aus Kunzhi auf Grund von Karma.

Samantabhadra ist der Urbuddha, weil er niemals der Illusion unterlag, nie vom natürlichen Zustand getrennt war. Er hielt die Phänomene niemals für etwas anderes als klare Leerheit. Wir gewöhnlichen Wesen hingegen unterliegen der Illusion. Wir identifizieren uns mit dem sich bewegenden Geist und schreiben den Erscheinungen eine objektive Realität zu. Verwirrt und in der dualistischen Sichtweise von »Ich« und »Nicht-Ich« gefangen durchwandern wir den Kreislauf der Existenzen.

Wie ich bereits sagte, heißt es im Dzogchen, dass die Einheit von Leerheit und Klarheit die wahre Natur aller Phänomene ist. In den Dzogchen-Lehren wird dies manchmal durch die so genannte Eine Sphäre reinen Lichts dargestellt. Sie ist eins, weil sie nicht-dual ist, und nicht weil sie im Gegensatz zu etwas anderem stünde. Sie ist unteilbar und hat keine Grenzen, kein Innen und kein Außen. Obwohl sie nicht-dual ist, manifestieren sich die elementaren Energien beständig in ihr. Aus diesem Grund wird sie häufig als eine Kugel aus Regenbogenlicht dargestellt, die aus den fünf Elementarfarben besteht.

Das Licht dient hier als Symbol für die wahre Natur, weil es die am wenigsten substanzhafte aller Erscheinungen ist, wir es aber trotzdem noch wahrnehmen können. Auch die Natur des Geistes ist strahlend und klar wie Licht. Wie das Licht einer Kerze erhellt das Gewahrsein sich selbst und alles, womit es in Berührung kommt.

Der tibetische Begriff *nang wa* wird häufig als »Vision« übersetzt, obwohl er sich keineswegs nur auf visuelle Phänomene bezieht. Tatsächlich ist damit die Gesamtheit der Erfahrung gemeint, also alles, was wir mit den Sinnesorganen aufnehmen, aber auch was in unserem Bewusstseinsstrom auftaucht, also auch alle Dinge, die wir uns vorstellen. All dies gilt als »Vision«, weil es im Licht des Gewahrseins erscheint, im Licht reiner Präsenz. Natürlich sind auch dies nur Worte, aber sie kommen der Beschreibung der tatsächlichen Erfahrung ziemlich nahe. Lichthaftigkeit und Klarheit stehen für das »Licht« des Gewahrseins ebenso wie für die Phänomene, die im Gewahrsein auftauchen, da auch sie ohne jede Ausnahme von lichthafter Natur sind.

In *Die Sechs Lampen* geht es um die Basis ebenso wie um die fünf Aspekte der gelebten Erfahrung. Man nennt die sechs Gruppen »Lampen«, weil sie dasselbe »Licht« unter jeweils anderen Gesichtspunkten aufzeigen.

Die erste Lampe (*gnas-pa gzhi-yi sgron-ma*)

Die erste Lampe ist die Klarheit des in sich ruhenden Grundes, das ursprüngliche nicht-duale Gegenwärtigsein. Es ist nicht persönlich, nicht individuell, nicht lokalisierbar, nicht dualistisch. Es ist der lichthafte Aspekt, der – in unteilbarer Einheit mit der Leerheit – aller Erfahrung zu Grunde liegt. Wenn der Praktizierende die erste Lampe erkennt, und zwar nicht auf intellektuellem Wege, sondern indem er in ihr ruht, dann wird der Grund allen Seins in jeder Erfahrung, jeder Situation sichtbar – und damit natürlich auch in den anderen fünf Lampen.

Hier geht es also darum, das Licht von Kunzhi zu erfassen.

Die zweite Lampe (*tsi-ta sha-yi sgron-ma*)

Die zweite Lampe ist die »Lampe des fleischlichen Herzens«, die Lampe des selbst-erkennenden innewohnenden Gewahrseins auf der Ebene des Individuums, die Lampe von Rigpa. Es ist persönlich in dem Sinne, dass es das reine Gewahrsein ist, das dem sich bewegenden Geist zu Grunde liegt, das Gefühl der Subjektivität. Es steht in direkter Beziehung zum Dharmakaya. Es ist als erlebendes Individuum in gewisser Weise auch lokalisierbar. Trotzdem ist es nicht durch eine begrenzte Identität gefesselt, auch wenn wir es durch den dualistischen Schleier des begrifflichen Denkens hindurch als an eine Identität gebunden wahrnehmen.

Natürlich ist Rigpa nicht wirklich auf einen Ort beschränkt, doch viele Praktizierende erfahren es, wenn sie sich auf das Herzzentrum konzentrieren. In *Die Sechs Lampen* wird diese Möglichkeit angesprochen, wenn es um den Raum im physischen Herzen geht. Im Westen wird dies manchmal als befremdlich empfunden, doch dieses »in« ähnelt der Vorstellung, die wir haben, wenn wir sagen, dass »in« jedem Menschen die Buddha-Natur vorhanden ist. Natürlich ist die Natur des Geistes weder individuell noch auf einen bestimmten Ort beschränkt. Daher ist es besser, wir sagen, dass wir in der Natur des Geistes existieren, als zu sagen, dass die Natur des Geistes in uns ist. Doch innerhalb unseres Erfahrungszusammenhangs ist die Natur des Geistes leichter zu erkennen, wenn wir uns in bzw. an den »Ort« begeben, den wir als zutiefst eigen erleben: unser Herz. Daher sagen wir, dass Rigpa im Herzen wohnt, dass dort auch das lebensspendende Prana angesiedelt ist und dass Liebe eine »Herzenssache« ist. Wir sprechen also hier vom »Licht des Herzens«.

Hier geht es darum, das Licht des innewohnenden Gewahrseins in uns zu erkennen.

Die dritte Lampe (*dkar-'jam tsa-yi sgron-ma*)

Die dritte Lampe ist die »Lampe des weichen, weißen Kanals«. Damit ist Rigpa und das Prana von Rigpa gemeint, die durch die Energiekanäle des Körpers fließen, vor allem durch den Kanal, der das Herz mit den Augen verbindet. Es wird mit dem Sambhogakaya assoziiert.

Die dritte Lampe ist das alles durchdringende Rigpa, das sich vom Herzzentrum aus durch unsere gesamte Erfahrung zu ziehen scheint. Natürlich ist Rigpa keine Substanz. Es bewegt sich auch nicht. Rigpa ruht im Herzen, unbeweglich wie der Dharmakaya, doch dieser Aspekt von Rigpa scheint sich zu bewegen. Die Beweglichkeit in der dritten Lampe ist die Lebendigkeit von Rigpa, das Prana der Lebenskraft. Es ist die Weisheit von Rigpa, die alles durchdringt. Obwohl Rigpa sich nicht bewegt, so gibt es doch Bewegung innerhalb von Rigpa, und Rigpa kann als bewegt erfahren werden. Der Praktizierende, der sich ablenken lässt, scheint von Rigpa weit entfernt zu sein, doch niemand ist je wirklich von seiner innersten Natur getrennt. Daher sind wir auch nicht fähig, Rigpa zu erkennen, obwohl es das Gewahrsein ist, das der Suche, dem Suchenden und dem Nicht-Finden zu Grunde liegt.

Da wir scheinbar die Verbindung zum reinen Gegenwärtigsein verloren haben, müssen wir in uns selbst zurückgehen, ins Herz, in den Mittelpunkt unserer Erfahrung. Wenn der Praktizierende in der ersten Lampe die Essenz erkennt, wenn er in der zweiten Lampe in Rigpa verweilt, so kann er in der scheinbaren Bewegung, welche die Erfahrung der dritten Lampe ausmacht, im reinen Gegenwärtigsein verbleiben und die Bewegung mit der Natur des Geistes verschmelzen lassen.

Hier geht es darum, das Licht der alles durchdringenden Weisheit zu erkennen, das sich durch die Energiekanäle bewegt.

Die vierte Lampe (*rgyang-zhag chu-yi sgron-ma*)

Die vierte Lampe ist die »Wasserlampe, welche die Entfernung erhellt«. Dies ist das innewohnende Gewahrsein, wie es durch die Sinne, vor allem das Auge (die Wasserlampe), erfahren wird. Die Lehren bringen die vierte Lampe mit dem Nirmanakaya in Verbindung. Der Praktizierende erlebt diesen Aspekt im allerersten Augenblick einer Sinneserfahrung, noch bevor das begriffliche Denken die »rohen« Eindrücke zu bekannten Dingen formt. Die meisten Wesen erleben diesen ersten Moment der Erfahrung als einen kurzen Augenblick der Leere, da sie sich mit dem konzepthaften Geist identifizieren. Dem Praktizierenden aber, der bereits in die Natur des Geistes eingeführt wurde, erlaubt dieser erste Moment jeglicher Erfahrung die direkte Erkenntnis des nicht-dualen Gewahrseins von Rigpa.

Hier geht es darum, das Licht des nackten Gewahrseins zu erkennen, bevor die Erfahrung vom begrifflichen Denken kategorisiert und verarbeitet wird.

Die fünfte Lampe (*zhing khams ngo-sprod sgron-ma*)

Die fünfte Lampe ist die »Lampe der Einführung ins Reine Land«. Dies ist das Licht von Rigpa, das sich als lichthafte, scheinbar äußere Objekte der Wahrnehmung manifestiert. Wenn der Praktizierende im ursprünglichen Gewahrsein der ersten Lampe verweilt, bleiben die Objekte, die in der Erfahrung aufscheinen, rein und nicht-dual. Man nennt dies auch das »Abschneiden des Zweifels in den drei Körpern« (d.h. den *kayas*).

Im Dzogchen wird häufig das Bild einer hohlen Puppe benutzt, um die Zusammenhänge der menschlichen Erfahrung zu erklären. Diese Puppe ist vollständig hohl und hat Löcher, wo beim Menschen die Sinnesorgane sitzen. Augen, Ohren, Mund und Nase. Die Puppe steht in einem dunklen Raum, während in ihrem Inneren eine Kerze leuchtet. Es existiert also Licht im Inneren der Puppe, Licht, das durch die Löcher nach außen fällt, Licht außerhalb der Puppe – doch die Quelle ist immer dieselbe. Dieses Bild zeigt sehr schön, wie die ursprüngliche Klarheit und Lichthaftigkeit unter verschiedenen Perspektiven erscheint.

Das Licht aus dem Inneren der Puppe erhellt, was außerhalb liegt. Diese Vorstellung ist der westlichen, nach der die Außenwelt durch die Sinne in uns eindringt, diametral entgegengesetzt. In der tibetischen Tradition geht man davon aus, dass das Gewahrsein mit Hilfe der Sinne Erfahrungen macht. Daher ist es auch so wichtig, sich immer daran zu erinnern, dass das, was scheinbar außen ist, in Wirklichkeit nur eine Erscheinung in unserem Bewusstseinsstrom ist.

Die Erfahrung ist nicht-dual, denn Subjekt und Objekt erscheinen zugleich im Bewusstsein. Nur unser begriffliches Denken teilt sie ein in ein »inneres Selbst« und ein »äußeres Objekt der Erfahrung«. In Wirklichkeit lässt sich das Licht natürlich nicht in »innen« und »außen« aufteilen. Beide Pole der scheinbar zweigeteilten Erfahrung sind in Wirklichkeit leer von substanzhafter Existenz, Erscheinungen, die in der Natur des Geistes aufscheinen wie Lichtspiele.

Hier geht es um die Erkenntnis, dass das Licht des nackten, nicht-dualen Gewahrseins unter der scheinbaren Trennung in Subjekt und Objekt existiert.

Die sechste Lampe (*bar-do dus-kyi sgron-ma*)

Die sechste Lampe ist die Lampe des Bardo, des Zwischenzustandes, den wir nach dem Tod und vor der nächsten Wiedergeburt erfahren. Die Visionen und Erfahrungen, die während des Bardo aufscheinen, sind ebenso karmisch bestimmte Manifestationen innerhalb unseres Geistes wie die Erfahrungen in diesem Leben. Für den Praktizierenden, der ihre illusorische Natur erkennt, liegt hier der Weg zur Befreiung. Wer diese Erscheinung nicht als selbst-entstehend erkennt, bei dem verfestigt sich schließlich eine Art der Erfahrung, sodass der Geist zu einem bestimmten Existenzbereich und in seine nächste Wiedergeburt im Daseinskreislauf geführt wird.

Hier geht es darum, das Licht von Samsara und Nirwana zu erkennen.

Die wesentliche Aussage dieses Textes ist, dass alles – jede Erfahrung, jeder Gedanke, jede Identität – nichts weiter ist als die Manifestation der reinen, klaren Grundlage der Existenz. Unsere Aufgabe ist es, dies zu erkennen und in dieser Erkenntnis zu verweilen. Obwohl in *Die Sechs Lampen* nie von den Fünf Lichtern die Rede ist, beschreibt der Text letztlich die Fünf Reinen Lichter der Elemente, die wir erkennen, verstehen und im Leben ausdrücken müssen. Das Licht der ersten Lampe ist das grenzenlose, reine Gewahrsein. Als weitere Aspekte dieses Lichts werden genannt: das reine Gegenwärtigsein im Herzen, das sich als individuelle Erfahrung präsentiert, Grundlage aller Sinneserfahrung, Manifestation der Erscheinungswelt und schließlich der Visionen im Bardo. Das Licht, das diese Erfahrungen erhellt, ja diese Erfahrungsebenen konstituiert, ist immer dasselbe heilige Licht des innewohnenden, nicht-dualen Gewahrseins.

Dzogchen lehrt, dass jede Erfahrung, ob grob oder subtil, sei es das Sehen von Bäumen und Häusern, seien es jene inneren Wahrnehmungen, die sich in Folge von Meditation und spiritueller Praxis einstellen – aus jenen Fünf Lichtern entsteht. Doch ohne Stütze können wir die Fünf Reinen Lichter in uns nicht erfahren. Diese Stütze sind die Lehren und unsere Praxis. Man arbeitet sich von der groben äußeren Anschauung zu der subtilen vor, bis wir auch die subtile Ebene loslassen und die vollkommene Lichthaftigkeit – die Fünf Reinen Lichter – in allen äußeren Erfahrungen erkennen.

Wenn wir Dzogchen praktizieren wollen, müssen wir lernen, die Erkenntnis der ersten Lampe durch all unsere Erfahrungen hindurch aufrecht zu erhalten. Wir können uns in einem wunderschön gestalteten Meditationsraum der Kontemplation hingeben und dort Leerheit, Klarheit und Glückseligkeit erfahren. Dann stehen wir auf, gehen in den nächsten Laden, reden mit irgendjemandem und verlieren diese Präsenz wieder. Doch es ist das Gewahrsein, das die Grundlage beider Erfahrungen – von Meditation und Alltagserleben – bildet, das wir erkennen und aufrecht erhalten müssen. Wenn wir aber in Rigpa verweilen, ist unsere angeblich äußere Erfahrung weniger substanzhaft. Unsere Identität ist nicht mehr so fest umrissen. Unsere Probleme sind weniger massiv. Wir erfahren Rigpa überall durch unsere Sinne. Dabei sind es nicht die Sinne, die dabei tätig werden. Wir begegnen durch die Sinne den Objekten der Sinneserfahrung. Rigpa durch die Sinne zu erfahren hat mit den Objekten dieser Erfahrung nichts zu tun. Wir treten vielmehr in Kontakt mit dem inneren Licht, während wir in Rigpa verweilen, und halten diesen Kontakt während unserer Sinneserfahrungen aufrecht.

Tatsächlich ist Dzogchen keine individuelle Erfahrung. Wir erleben Raum und Licht, Leerheit und nicht-duales Gewahrsein. Es geht dabei nicht um die Ausbildung positiver Qualitäten. Der Pfad des Dzogchen beginnt erst, wenn das Licht der ersten Lampe erkannt wurde. Dieses Licht aber gehört weder den Tibetern noch den Abendländern, weder den Menschen noch den anderen Wesen. Es ist ganz einfach die Natur jedes Wesens.

Klang, Licht und Strahlen

In *Die Sechs Lampen* werden alle Erscheinungen als Klang, Licht oder Strahlen betrachtet:

> *Wenn die drei Objekte der Wahrnehmung [Klang, Licht oder Strahlen] erscheinen*
> *und der sich bewegende Geist sie als selbst-entstehend erkennt,*
> *erfährt der Übende das nackte, innewohnende Gewahrsein durch die Wahrnehmung,*
> *erkennt der Übende klar den von Verdunkelungen freien Grund.*

Es heißt dort auch:

> *Wenn das innewohnende Gewahrsein sich mit dem Licht vereint,*
> *entstehen daraus alle Körper von Samsara und Nirwana.*
> *Wenn das innewohnende Gewahrsein sich mit dem Klang vereint,*
> *entstehen daraus die Sprache des Samsara sowie die Rede der Buddhas.*
> *Wenn das innewohnende Gewahrsein sich mit den Strahlen vereint,*
> *entsteht daraus alles Bewusstsein in Samsara und Nirwana.*

Wenn alle Erscheinungen, einschließlich der subjektiven Selbstwahrnehmung, als leeres Spiel von Raum und Licht erkannt werden, sind wir frei. Dann ist alles, was entsteht, nur ein Ornament des reinen Seins. Wenn wir jedoch auf die Phänomene, einschließlich unseres Ich-Gefühls, so reagieren, als seien sie unabhängige, eigenständige Objekte oder Wesenheiten, sind wir im Dickicht der Erfahrung verloren.

Wenn Klang im Gewahrsein erscheint, ist er grundlegend rein. Im ersten Augenblick des Hörens ist der Klang vom Subjekt noch nicht getrennt. Halten wir ihn jedoch für das äußere Objekt einer subjektiven Wahrnehmung, dann glauben wir, er existiere unabhängig von uns als Subjekt. Und wir ordnen ihm Bedeutungen zu. Wenn wir noch sehr klein sind, hören wir zum Beispiel jemanden sprechen und erleben das Gehörte nicht als von uns getrennt. Später lernen wir unsere Muttersprache und legen Bedeutung in die Klänge. Die Bedeutung, so glauben wir, ist etwas, das unabhängig von uns existiert. Auch wenn wir eine fremde Sprache lernen, haben deren Laute zunächst einmal keine Bedeutung für uns. Anfangs ist es einfach nur Klang, bis wir lernen, ihm Bedeutungen zuzuordnen. Das gilt aber für alle Klänge. Anfangs erleben wir sie nur als Laut, dann aber projizieren wir einen bestimmten Sinn hinein. Die Laute werden Wörter oder eine Katze, die im Busch raschelt, bzw. ein Auto, das in der Ferne vorüber rollt. Wir hören einen uns unbekannten Laut und fragen uns sofort, was das sein könnte. Und wenn wir eine Antwort erhalten, dann nehmen wir den Laut beim nächsten Mal schon viel weniger klar und ursprünglich wahr. Wir denken ihn mehr.

Alle Begriffe, die wir im Denken erschaffen, manifestieren sich auch in der Sprache. Daraus entstehen dann die Worte von Samsara und Nirwana. Die Sprache im Samsara ist unrein. Sie verletzt nicht nur (mit zornigen Worten) und führt in die Irre (mit Lügen), sie unterstützt letztlich auch unsere in Subjekt und Objekt zweigeteilte Wahrnehmung. Die Sprache des Nirwana jedoch ist die Rede der Buddhas. Es heißt, dass die Rede eines Buddhas so machtvoll und rein ist, dass sie sogar von Menschen einer anderen Sprache verstanden wird.

Ruhen wir im nicht-dualen Gewahrsein, dann hören wir die Sprache, behalten aber gleichzeitig eine direkte Verbindung zur Lautebene der Worte bei. Wenn jemand zu uns sagt: »Ich will dich nicht mehr sehen.«, dann löst dies in uns gewöhnlich Ärger oder Schmerz aus. Doch da diese Worte letztlich nur Klänge sind, vergeht der Schmerz, wenn wir uns nicht mit unserem engen Selbst identifizieren. Wenn wir allerdings Bedeutung hineinlegen, fühlen wir uns abgelehnt und leiden. Ruhen wir in Rigpa, identifizieren wir uns nicht mit einem individuellen Ich und leiden daher nicht. Die Worte werden zwar aufgenommen, lösen sich aber im Gewahrsein auf. Daher lassen sie auch weder Schmerz noch Wut zurück. Ihre grundlegende Natur ist rein und so lösen sie sich wieder in Reinheit auf. Das bedeutet nicht, dass wir nicht mehr sprechen können, wenn wir in Rigpa verweilen. Wir finden sogar auf alles die passende Antwort, weil wir nicht mehr von unseren karmischen Tendenzen gesteuert werden.

Licht ist die Elementarenergie, um die es hier geht. Wenn es sich mit Gewahrsein vereint, entsteht daraus Form. Wir müssen mit Form in derselben Weise umgehen, wie wir es oben mit Sprache gelernt haben. Auch unserer sinnlichen Wahrnehmung ordnen wir nämlich Bedeutung zu. Wir nehmen die äußere Form des Buddha mit unseren Sinnen wahr. Genauso erleben wir aber auch Formen, die in uns heftiges Verlangen bzw. starke Abneigung hervorrufen. Doch unsere Erfahrung der sinnlich erlebbaren Formen ist letztlich nur auf das Spiel des Lichts zurückzuführen.

Die »Strahlen«, die im oben zitierten Vers angeführt werden, stehen für Wesen und Objekte. Denn das Licht, das den gesamten Himmel erfüllt, und die Sonnenstrahlen, die vereinzelt erscheinen, sind letztlich dasselbe Licht, das nur aus unterschiedlichen Perspektiven wahrgenommen wird. Auf dieselbe Weise ist das Gewahrsein der fühlenden Wesen reines, ursprüngliches Gewahrsein, das sich scheinbar als individuelle Wesenheiten zeigt.

Wenn wir unsere eigene Natur noch nicht erkannt haben, erliegen wir in jeder Hinsicht der Illusion. Wir sind verloren in den Erfahrungen des Samsara, den wir von unseren karmischen Neigungen angetrieben durchwandern. Alles, was uns dabei begegnet, sind Projektionen unseres eigenen Geistes, doch wir glauben, dass sie eine selbstständige Existenz besitzen, die von der unseren getrennt ist. Dieser Dualismus in unserer Wahrnehmung führt zu Anhaftung oder Abneigung, was wiederum die Balance der Elemente stört.

Mit Problemen leben

Jeder in Samsara hat Probleme. Das ist die Natur von Samsara, des Kreislaufs der Existenzen. Unsere Praxis befreit uns nicht von Problemen, solange wir in Samsara sind – auch wenn die Schüler im Westen dies mitunter zu glauben scheinen. Man fragt mich häufig, ob Menschen, die stabil in der Natur des Geistes verweilen können, noch krank werden. Die Antwort ist: Sogar Menschen, die ständig in diesem Zustand verweilen, werden krank, wenn sie einen Körper haben und nur lange genug leben. Wir müssen auch weiterhin unsere Miete bezahlen, brauchen Benzin fürs Auto, Nahrung und Kleidung. Wir haben Beziehungsprobleme und schließlich stirbt unser Körper.

Die Praxis erlöst uns nicht von den Schwierigkeiten des täglichen Lebens, aber sie hilft dem Praktizierenden, mit den Problemen auf sinnvolle Weise umzugehen. Das ist weit besser, als es sich anhört, denn tatsächlich lernen wir in der Praxis, uns auf unser Sein zu konzentrieren statt auf das Problem. Die meisten Menschen wissen nämlich nicht, wie sie mit Problemen leben können. Sie kennen keinen effektiven Weg, mit Schwierigkeiten umzugehen. Stattdessen glauben sie fest an die Tatsache, dass Probleme substanzieller Natur sind und daher auch nur auf dieser Ebene gelöst werden könnten. Die westliche Psychotherapie geht davon aus, dass Probleme auf Grund von bestimmten Situationen zu bestimmten Zeiten des Lebens entstehen und dass man lernen müsse, mit diesen Einflüssen umzugehen, um die Schwierigkeiten zu beseitigen. Das kann für ganz bestimmte Probleme auch durchaus zutreffen, doch gewöhnlich setzt unser Leiden lange vor der Kindheit ein, sogar lange vor der Geburt. Daher hat jeder Mensch Probleme, gleichgültig, wie wunderbar seine Kindheit gewesen sein mag.

Das soll allerdings nicht heißen, dass wir uns unseren Schwierigkeiten nicht stellen müssten. Ganz im Gegenteil: Je geschickter wir mit ihnen umgehen, desto mehr profitieren wir und die

Menschen unserer Umgebung davon. Doch fällt es uns gewöhnlich leichter, die Probleme zu akzeptieren, wenn wir uns klar machen, dass es in Samsara immer Schwierigkeiten geben wird. Einige Menschen denken, dass Probleme anzunehmen heiße, sie zu ertragen. Dass man sich nicht damit auseinander setzt, sondern alles einfach hinnimmt. Das ist hier nicht gemeint. Wenn wir die Tatsache akzeptieren, dass es immer irgendwelche Probleme geben wird, öffnen wir uns dem Leben, und zwar nicht nur seinen positiven Aspekten, sondern seiner ganzen Fülle.

Dzogchen versucht weder, Probleme zu überwinden bzw. ihre Ursache zu beseitigen, noch ihnen aus dem Weg zu gehen bzw. sie zu transformieren. In der reinen Sicht des Dzogchen gibt es so etwas wie ein Problem gar nicht. Wenn ein Gedanke, ein Gefühl, eine Empfindung auftauchen, dann lassen wir sie, wie sie sind. Wir reagieren einfach nicht. Wenn es trotzdem zu einer Reaktion kommt, dann reagieren wir eben nicht auf die Reaktion. Der Praktizierende begegnet den Erscheinungen nicht so, als seien sie Objekte einer subjektiven Erfahrung, mit der man umgehen müsste. Die Erscheinungen existieren – und hören auf zu existieren. Da der Praktizierende sich nicht in die Erscheinungen verwickeln lässt, löst sich das, was sonst ein Problem wäre, im leeren Gewahrsein auf. Das Problem wird in seiner leeren Lichthaftigkeit erlebt, daher zieht es keine Reaktion nach sich. Da es zu keiner Ursache-Wirkungs-Beziehung kommt, gibt es keine karmischen Spuren.

Der Dzogchen-Praktizierende übt nicht den Umgang mit Problemen, sondern arbeitet daran, den natürlichen Zustand des Geistes zu erkennen und darin zu verweilen. Das ist die eigentliche Lösungsmöglichkeit für alle Probleme. Wir gehen nicht ins Detail dieser Erfahrung, sondern löschen die Kategorie »Problem« als solche aus. Daher heißt es im Dzogchen auch: »Erkenne das Eine, dann hast du alles erkannt.« Wenn wir die Natur eines Problems erkannt haben, haben wir die Natur aller Probleme erkannt: Sie sind nichts weiter als leere Klarheit.

In den vorhergehenden Abschnitten heißt es, dass alle möglichen Schwierigkeiten als Ungleichgewicht in der Verteilung der Elemente betrachtet werden könnten. Dies gilt auch für das Dzogchen. Es gibt keinen besseren Weg, die Elemente ins Gleichgewicht zu bringen, als im natürlichen Zustand des Geistes zu ruhen. Wenn wir im natürlichen Zustand verweilen, ist unser Geist klar. Das Prana fließt ohne Behinderungen durch den Körper, der deshalb besser funktioniert. Fallen wir jedoch aus dem natürlichen Verweilen heraus, dann geraten auch die Elemente in Unordnung. Umgekehrt stimmt es auch, dass ein Ausgleich der Elementarenergien mit Hilfe anderer Mittel – Ernährung, Heilmittel, schamanische Rituale, tantrische Praxis und so weiter – es dem Praktizierenden erleichtert, im natürlichen Zustand zu verweilen, wenn dieser erst einmal erkannt wurde.

In der Sicht des Dzogchen ist das Ziel bereits präsent. Wir entwickeln nichts, müssen nur erkennen. Daher dienen die grundlegenden Methoden des Dzogchen auch nicht der Entwicklung positiver Qualitäten. In der Praxis geht es einzig und allein darum, in der Natur des Geistes zu ruhen, in dem alle Qualitäten seit jeher gegenwärtig sind und spontan erscheinen. Und letztlich haben auch unterstützende Übungen und Methoden keine wirklich entscheidende Bedeutung. Die Methode kann sogar zum Hindernis beim Ruhen im nicht-dualen Gewahrsein werden, wenn der Praktizierende glaubt, sie helfe ihm dabei, auf etwas zu verzichten oder etwas umzuwandeln. Die Praxis dient nur dem einen Zweck, uns mit der Natur des Geistes zu verbinden und diese Erfahrung zu stabilisieren.

Als ich anfing, im Westen zu lehren, tat ich dies auf die hergebrachte Weise. Ich erklärte einen bestimmten Text und gab dazu dann Kommentare. Ob jemand ihn verstand, überließ ich den Schülern. Als ich aber mehr Zeit im Westen verbrachte, wurde mir allmählich klar, dass die Menschen hier auch Belehrungen über die Lehren selbst brauchten, dass ich erklären musste, wie man Erfahrungen entstehen lässt und die Lehren im Alltag anwenden kann. Mein Hauptinteresse war es ja, etwas zu lehren, was den Menschen nützt und ihnen hilft, Konflikte zu bewältigen, ihre negativen Gefühle abzulegen, die Hindernisse zur Meditation zu beseitigen und stabil im natürlichen Zustand zu verweilen.

Dies bedeutet mitunter, dass sehr tiefgründige Lehren mit psychologischen Begriffen erläutert werden müssen, auch wenn die Sicht dieser Lehre über psychologische oder emotionale Elemente weit hinausgeht, wie dies im Dzogchen der Fall ist. Die Sicht des Dzogchen ist die höchste Sicht, die nicht-duale Sicht, das bedeutet aber nicht, dass sie sich nicht für Alltagssituationen eignet. Für den wahren Praktizierenden ist Dzogchen auf alles anwendbar – auf jede Beziehung und jede Situation.

Hier geht es letztlich darum, aufzuhören, ein Mensch zu sein, der Schwierigkeiten hat, und stattdessen in der Natur des Geistes zu ruhen, wo es weder Probleme gibt noch ein Individuum, das damit fertig werden muss.

Samsara auflösen

Die Lehren des Dzogchen umfassen auch *lhundrup*, die spontane Vollkommenheit oder spontane Präsenz, die allen Erscheinungen eigen ist, auch dem Glück bzw. dem Leid. Was immer in der Erfahrung auftaucht, ist vollkommen so, wie es ist. *Alle Phänomene sind eine Manifestation der Fünf Reinen Lichter der Elemente. Aus diesen Fünf Reinen Lichtern entstehen pausenlos alle Qualitäten von Nirwana.* Nur weil wir in unserer fehlerhaften dualistischen Sicht befangen sind, lassen wir uns auf diesen unsinnigen Kampf mit der Erfahrung ein. Wir müssen nur aus dieser fehlerhaften Sicht erwachen wie aus einem Traum, damit sie ein Ende findet. Wenn dies der Fall ist, wird uns klar, dass sie niemals der Wirklichkeit entsprach. Aber bis zu diesem Erwachen erfahren wir Leid.

Die Welt, die wir erleben, wahrnehmen und zu kennen glauben, hat sich über lange Zeit hinweg entwickelt. Wir haben sie substanzialisiert, sie konkret gemacht, ihr Unterscheidungen aufoktroyiert, eine dualistische Welt des »Ich und Du« geschaffen. Die Verdunkelungen im sich bewegenden Geist haben dafür gesorgt, dass wir scheinbar äußere negative Erfahrungen gemacht haben. Unsere Reaktion auf diese scheinbar äußeren Phänomene wiederum hat ständig die Verdunkelungen verstärkt. Wenn wir in der Natur des Geistes verweilen und immer wieder die aufkeimende Erfahrung in reiner Klarheit auflösen, wird der Strom der festen Formen in unserem Erfahrungskontinuum zu einem Fluss aus Licht, Lärm bzw. positive oder negative Aussagen zu reinem Klang und die scheinbar getrennten Dinge und Wesen zu reinem Sein. Die Klarheit und Reinheit der Natur des Geistes bringt vollkommen reine, scheinbar äußere Phänomene hervor. Und die Erfahrung dieser reinen Lichthaftigkeit verstärkt wiederum das stabile Verharren des Praktizierenden im natürlichen Zustand. Dies ist der beste Weg, die Elemente auszugleichen.

Lopön Tenzin Namdak Rinpoche hat einen Text übersetzt und kommentiert, der Anweisungen für die *Rushen*-Praxis enthält: *Heart Drops of Dharmakaya* (Ithaca, NY: Snow Lion Publications 2002). Dies sind für das Dzogchen besonders wichtige Übungen. Rushen ist Tibetisch und bedeutet wörtlich »trennen« oder »unterscheiden«. Die Rushen-Praxis zielt darauf ab, die reine Erfahrung des Nirwana von der durch begriffliches Denken »verunreinigten« Erfahrung von Samsara zu unterscheiden. Der Praktizierende erkennt so die Natur des Geistes, statt sich immer wieder von dem ablenken zu lassen, was als Erfahrung im Gewahrsein auftaucht. Es gibt verschiedene Formen des Rushen: äußeres, inneres und geheimes Rushen.

Die äußeren Übungen sind für den Körper gedacht. Bei einer nimmt man eine schwierige Körperhaltung ein, die Vajra-Haltung, die einen bestimmten Energiefluss im Körper fördert. Dies bringt drei Vorteile mit sich: Die dabei erzeugte innere Wärme

Die Vajra-Haltung aus der Rushen-Praxis
(Foto von Marisol Fernandez)

verbrennt karmische Tendenzen, die sich negativ auf den Körper auswirken, sodass dieser weniger krank wird. Die Energie, die erzeugt wird, verbrennt das Karma, das sich negativ auf den Energiekörper auswirkt. Verweilt der Praktizierende in Rigpa, während er diese Übung durchführt, dann werden jene karmischen Spuren beseitigt, die geistige Störungen und eine falsche Sicht der Dinge fördern.

Kann die Haltung nicht mehr beibehalten werden, bricht der Übende zusammen. Im Augenblick der vollkommenen Erschöpfung tut sich eine neue Gelegenheit für reine bzw. unreine Erfahrungen auf. Auf der unreinen Ebene der Erfahrung lässt der Praktizierende sich von der Erleichterung ablenken und verliert sich in der Erfahrung. Dies entspricht dem Vergessen, das sich bei normaler Erschöpfung ausbreitet. Auf der reinen Ebene der Erfahrung verbleibt der Praktizierende in reiner Präsenz.

Die innere Rushen-Praxis arbeitet auf dem energetischen Niveau. Man visualisiert die Keimsilbe HUNG. Sie bewegt sich im Einklang mit Atem und Geist, manchmal auf sanfte, manchmal aber auch auf zornvolle Weise. Die sanften Übungen führen zur Integration aller Erscheinungen mit dem Licht des Gewahrseins. Die zornvollen Aspekte hingegen zerstören die Erscheinungen gewaltsam und lösen sie im Raum auf. Man macht diese Übungen unzählige Male. Immer wenn Blockaden, Identifikationen oder Hindernisse in Form von Bildern auftauchen und integriert bzw. zerstört werden, wird unser gewohnheitsmäßiges Haften an der dualistischen Erfahrung vermindert. Dies ist kein logisch oder rational fassbarer Prozess, weil dabei Dinge oder Identitäten, die als Bilder auftauchen, mit dem Licht verschmelzen oder zerstört und im Raum aufgelöst werden. Wenn nichts mehr übrig ist, an das er sich klammern könnte, erkennt der Praktizierende das innewohnende Gewahrsein, Rigpa, und sei es auch nur kurz.

Die geheimen Rushen-Übungen arbeiten direkt mit dem Geist. Dabei untersuchen wir unsere eigene Erfahrung: Woher kommen die Gedanken? Worin bestehen sie? Wohin gehen sie? Wenn wir den Geist genauer untersuchen, finden wir nichts, was »unser Geist« sein könnte. Dieses Nicht-Finden ist ein eindeutiges Signal. Wir finden nichts weiter als die Klarheit des puren Raumes, die Natur des Geistes. Erkennen wir jedoch unsere eigene Natur nicht, dann sucht der sich bewegende Geist immer weiter.

Die Rushen-Übungen gehören zu den vorbereitenden Übungen. Die Praxis des Dzogchen hingegen kann sprachlich eigentlich nicht beschrieben werden, da die Worte nur dann verstanden werden können, wenn man das, worauf sie abzielen, bereits erkannt hat. Die meisten spirituellen Übungen haben die Hervorbringung bestimmter Erfahrungen zum Ziel. Es sollen positive Qualitäten entwickelt werden, die den Praktizierenden näher an seine Natur heranführen. Im Dzogchen wird nichts hervorgebracht. Wir streben keine besondere Erfahrung an, sondern wollen die Grundlage jeglicher Erfahrung erkennen. Alle Wahrnehmungen der fünf äußeren und der fünf inneren Elemente, alle Gedanken und Erlebnisse lösen sich dabei letztendlich in den Grund hinein auf. Wenn alle Erfahrung aufhört, auch die Erfahrung der Bewusstlosigkeit, des Schlafes und des Selbst, bleiben nur Leerheit und Klarheit zurück – untrennbar. Darin zu verweilen ist die Praxis des Dzogchen.

Daher lässt sich die Dzogchen-Übung so zusammenfassen: Erkenne das nicht-duale, innewohnende Gewahrsein. Löse alle Identität darin auf und verweile darin ohne jede Ablenkung. Diese Übung besteht, so heißt es, aus zwei Teilen: Trekchö, das »ständige Durchschneiden« der Ablenkung, um im natürlichen Zustand des Geistes verweilen zu können; und Tögal, die Praxis des »direkten Überquerens«, bei der es um visionäre Übungen geht, die unmittelbar mit dem Durchschneiden zu tun haben. Letztlich sind dies nur zwei Aspekte einer grundlegenden Praxis: Wir und alle Erscheinungen lösen uns in den natürlichen Zustand des Geistes auf. Haben wir dies vollbracht, dann sind alle

Elemente auf der Ebene des Individuums in vollkommenem Gleichgewicht, natürlich und spontan ausbalanciert. Der Dzogchen-Praktizierende arbeitet auf der »geheimen« Ebene der Elemente, auf der die Elemente selbst reine Lichthaftigkeit sind – das vollkommene Strahlen des Seins.

Im Durchschneiden erfahren wir die Essenz des Raumelements. Dabei steht die ursprüngliche Reinheit (tib. *kha dag*) der Leerheit im Mittelpunkt. Der Übende identifiziert sich nicht länger mit dem, was als Erfahrung auftaucht – auch nicht mit dem subjektiven Ich-Gefühl –, sondern verweilt in der leeren Natur des Geistes. Alle Erscheinungen entstehen und vergehen, ohne dass der Praktizierende sie begrüßt bzw. ablehnt, ohne ein Ich, das auf die Erfahrung reagiert. Der Übende verweilt im reinen Raum. »Im Raum verweilen« bedeutet, zum Raum zu werden, in dem Leerheit und Gewahrsein untrennbar eins werden und dabei das innewohnende, nicht-duale Gewahrsein kennen zu lernen, um jede Identität darin aufzulösen.

Beim Direkten Überqueren hingegen geht es um die Lichtnatur des Geistes. Wir arbeiten dabei mit Licht. Beim Durchschneiden verweilen wir in der leeren Natur des Geistes. Beim Direkten Überqueren hingegen lassen wir den Ausdruck der Elementarenergien in der Natur des Geistes aufgehen. In gewisser Weise gehen wir beim Trekchö aller Erfahrung aus dem Weg, während wir uns beim Tögal der Integration der aufscheinenden Erfahrung in die Natur des Geistes widmen. Wenn wir beim Durchschneiden im nicht-dualen Gewahrsein verweilen, wird unsere Erfahrung zu einem Fluss leerer Erscheinungen, einem endlosen Strom von Licht. Beim Direkten Überqueren hingegen erlauben wir der Erfahrung, sich zu manifestieren, ohne uns vom Verweilen in der Natur des Geistes ablenken zu lassen.

Trekchö und Tögal werden häufig als aufeinander aufbauend dargestellt. In Wirklichkeit aber sind sie eins. Ohne eine stabile Trekchö-Erfahrung gibt es kein Tögal, und wenn wir Trekchö stabilisiert haben, ist alles, was an Erscheinungen noch auftaucht, Tögal. Obwohl dies traditionell nicht so gelehrt wird, ist doch jede Erfahrung, die in den natürlichen Zustand integriert ist – eine Erfahrung also, die den Praktizierenden nicht aus dem Verweilen in der Natur des Geistes reißt und ihn wieder zurück ins dualistische Erleben bringt –, eine Tögal-Vision. Trekchö und Tögal werden letztlich auseinander gehalten, weil es für jede der beiden Erfahrungen besondere Übungen gibt. Zum Tögal gehört beispielsweise die Meditation im Dunkeln.

Sobald ein Übender von seinem Lehrer in die Natur des Geistes eingeführt wurde, folgt seine Praxis einem Muster, das in den *A-khrid*-Lehren, einer der drei wichtigsten Dzogchen-Übertragungen im Bön, im Detail beschrieben wird. Und dies ist die korrekte Abfolge: Verweilen, Auflösen, die Erfahrung stabil halten. Ziel eines jeden Dzogchen-Praktizierenden ist es, dauerhaft in der Natur des Geistes zu verweilen. Wenn er oder sie untrennbar mit der Natur des Geistes verbunden ist, befreit sich jede auftauchende Erfahrung von selbst. Sie löst sich auf in der leeren Lichthaftigkeit. Sobald man sich davon ablenken lässt, erscheint automatisch der Dualismus von Subjekt und Objekt, von Ich und Anderen wieder auf dem Plan. In diesem Moment kehrt man bewusst und entschlossen zum reinen Gegenwärtigsein zurück. Der Übende führt den Geist wieder in den natürlichen Zustand zurück, bis er sich erneut ablenken lässt. Der ganze Prozess wiederholt sich. Verweile in der Natur des Geistes, löse jede Ablenkung auf, verbleibe im natürlichen Zustand.

Die Wertschätzung des Raumes

Häufig höre ich Menschen sagen, sie wären gerne erdverbundener, offener, toleranter und freier. Normalerweise denken sie dann, in ihrem Leben müsste etwas anders werden oder sie müssten irgendwelche neuen Qualitäten entwickeln. Dabei sind diese Qualitäten jedem von uns eigen. Wir finden sie im offenen Raum unseres Geistes. Um sie aber zu finden, müssen wir die Essenz des Raumelements erkennen und darin, in der leeren Klarheit des natürlichen Zustands, verweilen können. Viele Belehrungen sprechen von diesem Raum, von der Leerheit, doch im Allgemeinen schätzen die Leute den leeren Raum nicht besonders. Die Erscheinungen darin haben es ihnen viel stärker angetan.

Im Dzogchen ist der Raum *das* Element, mit dem wir arbeiten müssen. Raum ist grenzenlos. Er hat weder Form, noch Farbe noch Gestalt. Er ist frei von Geburt und Tod. Und er ist die Grundlage für die vier sichtbaren Elemente – Erde, Wasser, Feuer und Luft. Er ist die Quelle, aus dem unsere Umwelt und alle Wesen in ihr entstehen, in der sie verweilen und in die sie vergehen. Der Raum ist die Große Mutter.

Manchmal nennt man die Bön-Gläubigen auch »Himmelsanbeter«, aber das stimmt nicht so ganz. Richtig ist, dass im Bön der Raum als heilig gilt und der Himmel die äußerlich sichtbare Manifestation des Raumes von Kunzhi ist, der Grundlage des Seins. Obwohl alles, was je war, ist oder sein wird, im Raum existiert, bleibt der Raum davon unberührt. Er urteilt nicht und trifft keine Unterscheidungen. Er reagiert nicht und wird von allem, was in ihm auftaucht, nicht geprägt. Er bleibt rein und klar.

All das trifft auch auf die Natur des Geistes zu. Alles ersteht in ihm und trotzdem wird er davon nicht berührt. Alles wird in ihm geboren und stirbt in ihm, er selbst aber ist ungeboren und stirbt nicht. Obwohl der äußere Raum nicht die Natur des Geistes ist, hilft er uns, sie zu erkennen, wenn wir unsere Erfahrung in ihm sich auflösen lassen.

Viele Menschen fühlen sich unwohl, wenn sie viel Raum um sich haben. Wenn ein Zimmer zu leer ist, gilt es als karg und kahl. Dann sind wir versucht, es mit Möbeln oder Fernsehern zu überfrachten – mit etwas, was die Erfahrung der Weite zerbricht und den Raum kleiner macht. Wenn zu viel Raum um uns herum ist, fühlen wir uns leicht verloren, daher füllen wir ihn mit Objekten, zu denen wir eine Beziehung herstellen können: das

Bett, den Küchentisch, das Sofa, den Altar, Bilder an den Wänden, Bücher in den Regalen, Erinnerungsfotos.

Genauso gehen wir mit unserem Innenleben um. Wenn jemand zu Ihnen sagt, Ihr Geist sei vollkommen leer, dann sind Sie vermutlich beleidigt, wenn Sie nicht gerade zu den Praktizierenden gehören. Ein leeres Leben gilt als einsam und traurig. Sich leer zu fühlen weist auf Depressionen hin. Wenn das der Fall ist, gehen wir ins Kino. Wir lesen ein Buch, schalten den Fernsehapparat ein, greifen zum Telefon oder gehen einkaufen. Wir wollen all die Leere, Stille, Ruhe nicht. Wir statten ihnen zwar gerne einen Besuch ab, aber dann gehen wir doch lieber wieder. Auch wenn wir Ferien machen, um »endlich einmal nichts zu tun«, lesen wir Bücher, gehen Schwimmen, machen Spiele, essen leckere Dinge und trinken Wein dazu. Wir wollen nicht wirklich »nichts« tun. Wenn wir jemanden dabei beobachten, wie er nichts tut und Löcher in die Luft starrt, nehmen wir sofort an, er habe ein Problem.

Dabei ist eine der wichtigsten Meditationsformen im Buddhismus die Kontemplation der Leerheit. Manche Menschen haben sogar eine Abneigung gegen das Wort. »Fülle« oder »Soheit« klingt ja so viel besser. Aber letztlich ist es dasselbe. Was heißt Leerheit nun im Buddhismus? Weisheit. Weisheit ist die Erkenntnis der Leerheit, die Verwirklichung von Shunyata. Weisheit bedeutet, die leere Essenz zu erkennen, ohne sich von den Qualitäten, die darin erscheinen, täuschen zu lassen. Die Verwirklichung einzelner Eigenschaften wird »Methode« genannt. Sie ist die andere Hälfte des Pfades. Bestimmte Eigenschaften wie Mitgefühl und Großzügigkeit zu entwickeln ist das Mittel. Den leeren Raum zu erkennen, in dem sie entstehen, ist Weisheit.

Wenn Sie schon längere Zeit Dharma praktizieren, haben Sie sicher schon viel über die Leerheit gehört. Vielleicht hat jeder Lehrer, den Sie je gehört haben, jedes Dharma-Buch, das Sie je gelesen haben, Sie auf die Leerheit hingewiesen. Aber hat sich in Ihrem Leben dadurch irgendetwas geändert? Vielleicht sind Sie in der Lage, die wechselseitige Abhängigkeit aller Phänomene zu erklären oder den Mangel an eigenständiger Existenz, aber wenn all dies nur Theorie bleibt, wird Ihr Leben davon nicht besser. Selbst wenn Sie den Dharma gründlich studieren und Ihr Leben damit zubringen, seine philosophische Seite zu verstehen, werden Sie die Leerheit nie direkt erfahren, wenn Sie glauben, dass diese Erfahrung sowieso nicht in Ihrer Reichweite liegt und mit Ihrem Leben nichts zu tun hat. Das ist wirklich tragisch, denn die lichthafte Leerheit ist schließlich Ihre Natur. Sie ist nicht weit weg. Das Problem ist vielmehr, dass sie so nah ist, dass es schwer ist, sie nicht zu übersehen.

Wenn wir die Natur des Geistes erkennen, finden wir das, was wir im unteilbaren Zustand von Gewahrsein und Leerheit sind. Wenn wir dies erfahren, erfahren wir die Essenz des Raumes. Gelingt es uns, in der Natur des Geistes zu ruhen, mit dem Raum zu verschmelzen statt uns mit dem zu identifizieren, was in ihm erscheint, dann hat dies sehr wohl Auswirkungen auf unser Leben. Da gibt es nichts zu verteidigen, kein Selbst, das wir schützen müssten, denn unsere Natur ist der Raum selbst, daher sind wir offen für alles. Die Leerheit braucht keinen Schutz. Der Raum kann nicht beschädigt werden. Niemand kann ihm irgendetwas antun. Meinungen, Bilder können angegriffen werden, doch der Raum, in dem sie auftauchen, ist unzerstörbar. Er altert nicht, entwickelt sich nicht, geht nicht kaputt, wurde nicht geboren und kann daher auch nicht sterben. Haben wir dies erkannt, entsteht in uns Vertrauen und Furchtlosigkeit. Obwohl die Erfahrung das Bewusstsein weiterhin pausenlos füllt, bleiben wir mit dem unwandelbaren offenen Raum verbunden, in dem sie sich präsentiert. Wir besitzen ihn nicht, müssen auch gar keinen Anspruch darauf erheben. Er ist einfach da, jenseits von Furcht und Hoffnung. Wenn wir die Natur des Geistes verwirklichen, erkennen wir auch die spontane Vollkommenheit aller Erscheinungen. Wir erblicken die ursprüngliche Reinheit.

Der Dzogchen-Praktizierende versucht zuerst, diesen räumlichen Aspekt der Natur des Geistes zu verstehen. Dann macht er sich daran, ihn mittels Meditation und der Hinweise des Lehrers zu erkennen. Schließlich wird diese Erfahrung stabilisiert. Am Ende löst der Praktizierende sich im Raum auf, was gleichbedeutend ist mit »in der Natur des Geistes verweilen«. Der Praktizierende wird dadurch nicht zu einem anderen Menschen. Wir haben bisher immer von »entwickeln« gesprochen, wenn es um den Pfad ging, der uns an einen Punkt bringen sollte, den wir anstrebten. In Wirklichkeit gibt es diesen Punkt nicht. Es gibt nichts zu entwickeln. Es ist alles eine Frage des Erwachens, der Erkenntnis dessen, was bereits da ist.

Wenn der Raum des natürlichen Zustands verwirklicht wurde, gibt es immer noch eine gewisse Bewegung. Dies ist die klare Lichtnatur. Da ist ein Fluss, ein lebendiges Empfinden. Die Erfahrung ist reicher als früher, nicht ärmer. Emotionen entstehen ohne Unterlass. Mitgefühl, Traurigkeit, Ärger, Liebe – all das kann sich entwickeln, doch der Praktizierende verliert die Verbindung zu dem Raum nicht mehr, in dem sich all das abspielt.

Der Raum ist die Basis von allem, die grundlegende Wirklichkeit. Gewöhnlich denken wir, dass die Erde eine klare, bodenständige Sichtweise verleiht. Das stimmt auch, solange wir glauben, dass wir von allem anderem getrennt existieren. In der Dualität ist die Erde der Grund, auf dem wir stehen, der Raum hingegen steht für die Abwesenheit von etwas Festem. Im Dzogchen aber wird der Raum zum Grund. Der Praktizierende, der seinen Geist mit dem Raum hat verschmelzen lassen, ist stärker geerdet, als dies das Erdelement jemals ermöglichen könnte. Das liegt daran, dass er zum Raum geworden ist, in dem die Erde erscheint. Er verfügt über mehr Gelassenheit, als das Wasserelement verleiht, weil der Raum Hindernisse erst gar nicht kennt. Er ist beweglicher als Luft, weil der Raum ja vor der Luft da ist. Und er ist schöpferischer als das Feuerelement, weil er ja dem Feuer Raum bietet. Raum ist das, was wir wirklich sind.

Einswerden mit dem Raum und den anderen vier Lichtern

Es ist nahezu unmöglich, das klare Licht der Erfahrung zu erleben, wenn wir keine echte Verbindung zum Raum haben. In der tibetischen Tradition drücken wir dies so aus: Man muss die Natur des Geistes erkannt haben und in ihr verweilen können, um die Energie der Natur des Geistes erkennen und nutzen zu können.

Die Erfahrung des Lichts kann uns dabei helfen, die Erkenntnis des Raumes hervorzubringen. Diese wiederum trägt dazu bei, dass wir die ursprüngliche Klarheit des Lichts erfahren. Versuchen Sie, diese Erfahrung zu verwirklichen, hier und jetzt. Stellen Sie sich alles als Licht vor. Gehen Sie über jede Form hinaus. Lassen Sie die Beschränkungen des Auges ebenso fallen wie die Dualität von subjektiver Sinneserfahrung und Objekt der Erfahrung. Erleben Sie diesen Strom von Licht und Gewahrsein. Das ist alles. Und doch ist alles darin enthalten. Diese Übung können Sie immer und überall durchführen. Nichts ändert sich, und doch ist alles anders. Statt die Form zu sehen, sehen Sie Licht. Statt Ihr Abendessen zu schmecken, spüren Sie Licht. Alles ist Licht und kann als solches »gesehen« bzw. wahrgenommen werden. Lassen Sie die Einteilung in verschiedene Sinneserfahrungen, in Innen und Außen, Ich und Nicht-Ich fallen. Die Erfahrung ist ein einheitliches Feld.

Die Arbeit mit der sinnlich erfahrbaren Welt ist wichtig und hilfreich. Dasselbe gilt für emotionale und mentale Erfahrungen. Wann immer Gefühle, auch intensive, auftauchen, betrachten Sie diese als Licht, selbst wenn sie drohen, über Ihrem Kopf zusammenzuschlagen. Wenn Hass, Eifersucht oder Freude Sie erfüllen, ist das auch nur Licht. Verweilen Sie im offenen Raum, erfahren Sie die Klarheit des Lichts. Verweilen Sie im Licht, erleben Sie die Offenheit des Raumes.

Unter Umständen ist es hilfreich, wenn Sie sich vor Augen halten, dass der »Ort«, an dem Sie sich mit Raum und Licht verbinden können, Ihr Herzzentrum ist. Dort wohnt die Hingabe, dort hat der wahre Lehrer seinen Sitz. Dort finden Sie Samantabhadra und Tapihritsa. Der wahre Lehrer ist das Licht im Herzen, das nicht-duale Gewahrsein von Rigpa. Verbinden Sie Ihren Geist mit Ihrem Herzen. Halten Sie die Verbindung zum reinen Gegenwärtigsein aufrecht, öffnen Sie die Sinne und entspannen Sie sich. Erleben Sie das Spiel des Lichts im Raum. Bleiben Sie offen. Im Dzogchen geht es um Offenheit. Je begrenzter und substanzhafter die Dinge Ihnen erscheinen, desto schwieriger ist es, die Verbindung zu Raum und Licht zu halten.

Wenn Sie zu stark abgelenkt sind, um auf diese Weise präsent zu bleiben, beten Sie. Das Gebet ist viel mächtiger, als wir glauben. Beten Sie um die Verbindung zum inneren Licht. Das Gebet fasst unsere Gedanken zusammen und lenkt sie in eine bestimmte Richtung. Es löst uns aus dem Drama unserer Emotionen und sorgt für Erleichterung und Entspannung. Menschen wollen immer etwas zu tun haben. Es ist besser, sie beschäftigen sich mit Beten als mit Fantasien über Vergangenheit oder Zukunft.

In Verbindung zum Licht zu bleiben kann ebenso hilfreich sein wie der Kontakt zum Raum. Versuchen Sie ruhig einmal, einen Tag lang statt der Objekte den Raum darum herum bewusst wahrzunehmen, den Raum, in dem Gedanken entstehen, den Raum, in dem Ihre Möbel stehen, den Raum, in dem der Himmel vollkommen blau ist. Wir verbringen den ganzen Tag im Raum. Wir schlafen darin, und unsere Träume manifestieren sich im Raum. Ohne bewusste Verbindung zum Raum verlieren wir uns. Sind wir jedoch mit dem Raum verbunden, können wir uns nicht verlieren.

Bei der Übung des Durchschneidens ist das Betrachten des Himmels sehr wichtig. Wir sitzen und sehen den Himmel an, ohne auf Wolken, Vögel oder Ähnliches zu achten. Dabei fällt unser Blick nicht etwa auf substanzhafte Erscheinungen. Wir sehen einfach den Raum an sich. Er tut nichts, er sagt nichts, und trotzdem übt er auf uns eine tief greifende Wirkung aus. Wenn wir schon eine gewisse Stabilität in unserer Praxis erlangt haben, dann macht der Kontakt mit dem äußeren Raum uns den offenen Raum im Inneren bewusst.

In der Praxis nehmen wir dann zuerst mit dem inneren Raum Verbindung auf und dann mit dem äußeren. Wir können auch die Erfahrung des »sichtbaren« Raumes nutzen, um die räumliche Dimension im Inneren zu erfahren. Auf welche Dimension wir uns beziehen ist letztlich nicht von Bedeutung, weil es ja darum geht, zu erkennen, dass äußerer Raum, innerer Raum und der Raum des Geistes von derselben leeren, klaren Raumnatur sind. Wenn wir im Raum des natürlichen Zustands verweilen, dann sind wir nicht nur frei, wir sind Freiheit.

Das Dunkelretreat: Visionen der fünf Elemente

Wenn der Dzogchen-Praktizierende von einem qualifizierten Lehrer in die Natur des Geistes eingeführt wurde, erlernt er die Übungen des Tögal, des Direkten Überquerens: das Dunkelretreat, das Betrachten des Himmels, das Betrachten der Sonne. In der Tögal-Praxis spielen die Elemente eine wichtige Rolle.

Im so genannten »Dunkelretreat« verbringt der Praktizierende Wochen bzw. Monate in einem Raum (einer Höhle), in den auch nicht der kleinste Lichtschein fällt. Normalerweise würde dieser Lichtmangel zu klaustrophobischen Reaktionen oder tiefer Depression führen. Schließlich werden depressive Menschen mit Lichttherapien behandelt. Verweilt man jedoch während des Dunkelretreats in der reinen, lichthaften Gegenwärtigkeit, kann von Depression oder Klaustrophobie keine Rede sein, selbst wenn der Praktizierende lange Zeit in völliger Dunkelheit auf engstem Raum ausharrt. (In der Bön-Tradition dauert das Dunkelretreat gewöhnlich 49 Tage, wird aber mitunter auch länger gemacht.) Tatsächlich geschieht im Dunkelretreat manchmal gerade das Gegenteil: Es passiert so viel, dass der Praktizierende voller Aufregung seine Gedanken kaum noch kontrollieren kann. Und Trekchö bedeutet, dass wir die Erfahrung des Raumes stabilisieren – das perfekte Gegenmittel gegen klaustrophobische Platzangst. Tögal hingegen ist die Manifestation von Licht. So öffnet der winzige Raum, in dem das Dunkelretreat stattfindet, sich für den weiten Raum und das strahlende Licht – den offenen Raum der Grundlage allen Seins und das klare Licht des innewohnenden Gewahrseins. Das innere Licht schützt uns genauso wie das äußere uns vor Depressionen bewahrt. Und die unbändige Energie von Rigpa, die Lebendigkeit des Geistes, schenkt dem Körper Lebenskraft, die direkt aus dem eigenen Inneren kommt.

Jeder, ob er nun Erfahrung in der Praxis hat oder nicht, kann sich in eine stockfinstere Umgebung setzen und Lichter sehen. Tut er das lange genug, bekommt er am Ende sicher Halluzinationen. Mit Tögal hat das nichts zu tun. Wenn der Übende keine korrekte Unterweisung erhalten hat, wenn er keine entsprechende Einführung bekam und daher nicht in der Natur des Geistes verweilen kann, sind die auftauchenden Visionen nichts weiter als Projektionen des Geistes, die von karmischen Spuren verursacht werden. Ohne Trekchö aber gibt es kein Tögal. Kann der Übende nicht stabil im natürlichen Zustand ruhen, hat er die Stufe des Trekchö nicht verwirklicht.

Dies lässt sich mit dem Yoga von Traum und Schlaf vergleichen. Wenn wir gewöhnliche Träume haben, sind dies einfach nur Träume – Geschichten, die der Geist auf Grund seiner Interaktion mit karmischen Spuren und karmischem Prana hervorbringt. Verweilt der Träumende jedoch im natürlichen Zustand, stellen sich Klar-Träume ein, die über das persönliche Karma hinausgehen und sich aus der überindividuellen Weisheit speisen. Dasselbe gilt für den Schlaf. Schläft ein normaler Mensch ein, verfällt er automatisch in einen Zustand, in dem das Bewusstsein sozusagen abgeschaltet ist. Bei einem erfahrenen Praktizierenden jedoch schlafen nur der Körper und das begriffliche Denken, der Übende hingegen bleibt mit dem klaren Licht verbunden und ruht im nicht-dualen Gewahrsein.

Wenn der Praktizierende im Dunkelretreat im natürlichen Zustand verweilt, gleichen sich automatisch auch die Elementarenergien aus. Eine der Dunkelretreat-Übungen sieht vor, dass der Meditierende nacheinander fünf verschiedene Körperhaltungen einnimmt, eine für jedes Element, um bestimmte Kanäle im Körper zu öffnen und so den Pranastrom zu beeinflussen. Wir gehen davon aus, dass die Körperhaltung, die der Übende einnimmt, während er in Rigpa verweilt, die Elementarenergien weckt. Die zu jeder Übung gehörende Augenstellung – auch hiervon gibt es fünf – gilt als Tor für die Energien, sodass die Elementarenergien sich in der Außenwelt manifestieren können. Die inneren Prozesse werden nach außen reflektiert, in den dunklen Raum, und kehren als Visionen und Sinneserfahrungen zum Praktizierenden zurück.

Im *Zhang Zhung Nyan Gyud* (Mündliche Überlieferung von Shang Shung) werden fünf verschiedene Stadien der Tögal-Vision beschrieben, die sich ihrerseits wieder auf die Elemente beziehen. Die aufeinander folgenden Stadien zeigen eine immer tiefere Verbindung mit den Elementen an. Je weiter wir auf dem spirituellen Pfad im Allgemeinen fortschreiten, desto mehr zeigen sich innere Veränderungen durch vermehrte positive Erfahrung im Alltag. Unsere Beziehungen werden einfacher, negative Emotionen haben weniger Macht über uns und so weiter. Auch beim Direkten Überqueren zeigen sich die positiven inneren Veränderungen in der Außenwelt, doch in diesem Fall in Form von Visionen. Bei allen Tögal-Übungen – Dunkelretreat, Betrachten von Sonne und Raum – versucht der Praktizierende, Kontakt mit der puren Essenz der Elemente aufzunehmen, mit den Fünf Reinen Lichtern. Die auftretenden Visionen zeigen an, dass dieser Prozess erfolgreich verläuft. Dabei sind die Visionen nicht das Ziel der Praxis. Es geht dabei um die entsprechenden inneren Veränderungen. Doch die Visionen erlauben uns, unsere Fortschritte zu überprüfen.

Im Allgemeinen beginnen die Visionen mit Erscheinungen von Licht und Mustern. Das Licht ist farbig. Häufig überwiegen eine oder zwei Farben. Es kann auch vorkommen, dass eine Farbe überhaupt nicht auftaucht. *Mit jedem Element sind bestimmte Formen und Farben verbunden, die sich zeigen, sobald das Element sich in reinerer Form manifestiert: Quadratische, gelbe Formen stehen für Erde, runde, blaue für Wasser. Rote Dreiecke signalisieren Feuer, grüne Rechtecke repräsentieren das Luftelement und weiße Halbkreise den Raum.* Schließlich zeigen sich bruchstückhaft Bilder, anfangs unklar und mit fließenden Konturen. Mit der Zeit werden sie vollständig und klar sichtbar. Das ist kein Zufall. Wenn die Praxis sich vertieft, öffnen sich die wichtigsten Kanäle und Chakren. Karmische Blockaden und gewohnheitsmäßige Tendenzen lösen sich in der Natur des Geistes auf. Die Verdunkelungen, welche die reinen Elementarenergien als substanzhaft erscheinen lassen, werden beseitigt. Dementsprechend werden die Wahrnehmungen immer klarer. Die Visionen werden vollständiger und lebendiger, die Farben ausgeglichener. Es kommt zu Bilderlebnissen von Gottheiten, Dakinis, Mandalas, heiligen Keimsilben und anderen Symbolen.

Wie im Dunkelretreat, so bestimmt unsere Reaktion auf das Erfahrene auch im Alltagsleben, ob wir der Illusion weiter verhaftet bleiben oder auf die Verwirklichung der Wahrheit zugehen. Wenn wir in der dualistischen Sicht des sich bewegenden Geistes befangen bleiben, werden wir die fünf Elementarenergien als substanzhaft erfahren. Ruhen wir hingegen stabil in der Natur des Geistes, löst alles, was substanzhaft erscheint, sich in klares Licht auf. An dieser Weggabelung führt ein Pfad hin zu weiterer Bindung an karmische Tendenzen, der andere zur Freiheit von bedingter Existenz. Verweilen wir im Dualismus, werden die Fünf Lichter zu den fünf negativen Emotionen. Ruhen wir im natürlichen Zustand, entstehen aus ihnen die fünf Weisheiten. Im Dunkelretreat finden wir heraus, wo unsere Übung wirklich steht, denn was wir erreicht haben, zeigt sich unweigerlich in dem, was sich manifestiert und wie wir darauf reagieren.

Auf der höchsten Ebene der Tögal-Praxis sind die Elemente dann in vollkommenem Gleichgewicht. Alle Erfahrung ist in den natürlichen Zustand des Geistes integriert. Unser Körper ist ebenfalls eine Manifestation der elementaren Lichter, obwohl wir ihn gewöhnlich als fest erfahren. Wenn er vollkommen mit dem Raum verschmilzt, gibt es keine Erfahrung »Körper« mehr, die sich vom Feld der ungeteilten Erfahrung abhebt. Das heißt nicht, dass unser Körper verschwindet, sondern dass er als Lichtkörper erfahren wird. Letztendlich führt diese Erfahrung zur Realisierung des »Regenbogenkörpers« (tib. *'ja'lus*). Wie bereits erläutert ist dies das besondere Zeichen für vollkommene Erleuchtung im Dzogchen: Im Tod lösen sich die Elemente, aus denen der Körper besteht, der Reihe nach in ihre reine Form als klares Licht auf.

Normalerweise hängt unser Ich-Gefühl von unserer Umwelt ab: Körper, Beziehungen, Umstände, Gedanken, Erinnerungen. Ruhen wir jedoch in der Natur des Geistes, lösen sich die Bilder und Gedanken, die unsere Identität repräsentieren, in der leeren Essenz auf. Wie wir auf das reagieren, was sich uns in diesem Raum als Erfahrung darbietet, bestimmt darüber, ob wir weiterhin Gefangene der Illusion bleiben oder Freiheit in der Weisheit finden. Die Erfahrungen eines Menschen, der nicht im natürlichen Zustand ruht, sind immer dualistisch – auch wenn es Visionen von Buddhas oder Reinen Ländern sind. Sie wurzeln in der Illusion der Trennung von Ich und Anderem. Die Erfahrungen eines Menschen aber, der stabil in der Natur des Geistes verweilt, sind Tögal-Visionen.

ZUM ABSCHLUSS

Als Praktizierende sind wir aufgerufen, über das Wunder des kostbaren Menschenkörpers nachzudenken. Wir sind an einem Ort zur Welt gekommen, an dem wir die Lehren des Buddha hören können. Wir haben freien Zugang zu Lehrern, deren geistige Übertragung wir erfahren dürfen. Wir leben in einem Land, in dem wir die politische Freiheit haben, unserem spirituellen Pfad zu folgen. Unsere Lebensbedingungen sind gut. Wir haben genug Zeit übrig, um uns der Praxis zu widmen.

Was uns fehlt, ist nur die Erkenntnis, welch kostbares Geschenk wir damit erhalten haben. Manchmal erkennen wir, wie gut unser Leben war, wenn uns eine Tragödie trifft. Doch sobald wir sie verarbeitet haben, machen wir weiter wie bisher und lassen unsere Erkenntnis außer Acht. Dunkle, negative Kräfte hindern uns daran, für unsere positiven Lebensumstände dankbar zu sein. Stattdessen sind wir ständig unzufrieden und suchen dauernd nach neuen Ablenkungen. Wenn andere mehr besitzen als wir, verspüren wir Neid und erkennen nicht, wie viel Glück wie in einer Welt haben, in der Millionen Menschen sehr viel weniger besitzen als wir.

Die Lehren stellen drei Aspekte der Praxis in den Vordergrund, die der Praktizierende berücksichtigen sollte: Diese drei Aspekte sind Anschauung, Meditation und Verhalten. Das bedeutet, dass unser Denken und Empfinden letztlich unser Handeln bestimmt. Vom dualistischen Standpunkt aus betrachtet leben wir in einer unvollkommen Welt und sehen uns folglich als unvollkommene Wesen. Sobald wir die Vollkommenheit der Welt erkannt haben, sind wir Buddhas. Wir leben in einem reinen Land, umgeben von anderen Buddhas.

Solange wir aber diese reine Sicht noch nicht erlangt und daher die Vollkommenheit der Welt und aller Wesen in ihr noch nicht realisiert haben, ist es hilfreich, wenn wir die angeblichen Unvollkommenheiten als natürlichen Teil des Lebens annehmen, als Material, mit dem wir arbeiten können. Wenn wir uns von der Welt abwenden, wenden wir uns von uns selbst ab. Öffnen wir uns ihr, akzeptieren wir sie, wie sie ist, treten wir den Weg in eine tiefgründigere Dimension unseres Seins an. Vollkommenes Annehmen bedeutet das Ende von Hoffnung und Furcht, das Ende aller Fantasien über Vergangenheit und Zukunft. Dann leben wir vollständig in der Gegenwart, in dem, was gegenwärtig ist.

Da ich in einem Kloster mit hoch verwirklichten und gelehrten Lehrern aufgewachsen bin, habe ich mein Leben dem Dharma gewidmet. Ich habe Dharma studiert, praktiziert und in den letzten 15 Jahren auch gelehrt. Durch meine eigene Übung in den schamanischen (Ursachen-) Fahrzeugen, im Sutra-, Tantra- und Dzogchen-Weg, habe ich vor allem eines erfahren: wie eng verknüpft all diese Wege sind, auch wenn es auf der philosophischen Ebene gewisse Unterschiede gibt. Diese enge Verbindung zu erleben war eine zutiefst freudige und lehrreiche Erfahrung. Wenn man sie vollkommen versteht und verwirklicht, wird die eigene Praxis noch stärker und flexibler. Dann wissen wir immer, welche Methoden wann am nützlichsten sind. Und wir können sie einsetzen, um ein Ungleichgewicht in den Elementen auszubalancieren oder auf unsere elementaren Stärken zu bauen.

Ein Weg, diese tiefe Verbundenheit zu erfahren, ist der Pfad der Elemente. Unsere Körper sind nichts weiter als ein Spiel der Elemente. Wir bewegen uns durch die elementaren Energien und Kräfte in unserer Umgebung. Wir erfahren den Ausdruck der subtilen Elemente in unserem Geist. Wir erkennen sie als unseren Geist. Raum und Zeit sind Manifestationen der Elemente. Wie subtil oder grob die Elementarenergien auch sein mögen, ihr Wesen ist das der Fünf Reinen Lichter, der heiligen, grundlegenden Energien allen Seins.

Daher weiß ich, dass ich, welche Praxis ich auch immer ausübe, letztlich nur versuche, immer stärker mit den Fünf Reinen Lichtern zu verschmelzen. Dabei arbeite ich manchmal auf der gröberen Ebene und versuche, die Elemente auszubalancieren. Manchmal wende ich mich der energetischen Dimension zu, dann wieder nutze ich die subtileren Elemente des Geistes. Ob ich nun mit einer Schutzgottheit arbeite oder Körper- bzw. Atemübungen mache, am Ende bewege ich mich immer auf die grundlegende Einswerdung zu, die das Ziel der spirituellen Reise ist.

Ich hoffe, dass die hier vorgestellte Arbeit mit den Elementen in der Zukunft vielen Menschen nützlich sein und ihnen Heilung auf körperlicher, emotionaler und spiritueller Ebene bringen wird. Ich persönlich habe vor, Forschung, Praxis sowie die

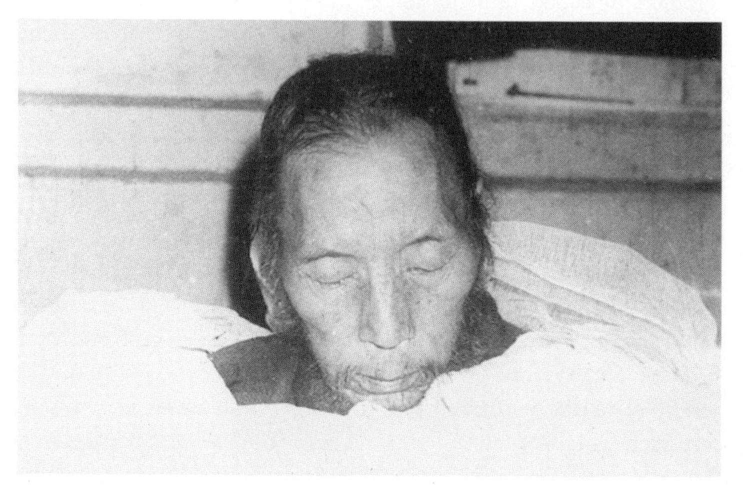

Der große Bön-Lama Yungdrung Tenzin saß kurz vor seinem Tod aufrecht in Meditationshaltung im S.T.N.M.-Krankenhaus in Sikkim, Nepal. Er hatte die Menschen in seiner Umgebung gebeten, seinen Körper drei Tage lang nicht zu berühren. Dann zeigte er die äußeren Anzeichen des Todes (Herzschlag und Atmung hörten auf), blieb aber noch 33 Stunden lang in Meditationshaltung. Tibetische Pilger kamen von nah und fern, um nach Ende der dreitägigen Frist die traditionellen Schals um seinen Körper zu legen.

Arbeit mit Menschen auf diesem Gebiet weiter auszubauen. So beabsichtigen wir, für jedes Element ein Haus aus einem bestimmten Material und in einer bestimmten Farbe und Form zu errichten. In diesen Häusern werden wir Mandalas für jedes Element erstellen, die von den Elementargottheiten gesegnet sind. Wir hoffen, dass es Menschen gibt, die darin eine gewisse Zeit verbringen wollen, um sich mit den Elementen zu verbinden und die Elementarenergien in sich selbst zu verwirklichen.

Ich glaube fest daran, dass Menschen, die mit diesen uralten Lehren arbeiten, um sie richtig einzusetzen, Krankheiten und Hindernisse überwinden, ihre Lebensspanne verlängern, ihre Gesundheit stärken, mehr persönliche Ausstrahlung und Reichtum erlangen werden. Ihr spirituelles Leben wird sich intensivieren, was letztlich ihr Leben auf jeder Ebene ihres Daseins verbessern wird.

Das Wissen um den Umgang mit den Elementen ermöglicht uns, uns mit der Welt auszutauschen – welche Welt wir auch immer erfahren mögen. Wenn wir die Elemente kennen, haben wir einen grundlegenden Aspekt der Welt begriffen, der uns alles in neuem Licht erscheinen lässt. Können wir mit den Elementen umgehen, dann vermögen wir, jedem Aspekt unseres Lebens zu begegnen, sei er nun positiver oder negativer Natur.

Ich hege den aufrichtigen Wunsch, dass wir alle schnell unsere wahre Natur verwirklichen mögen. Dass wir Liebe und Mitgefühl für alle Wesen entwickeln. Mögen wir uns der grenzenlosen Energie und Weisheit der ursprünglichen Elemente öffnen, deren Spiel zu der Schönheit beiträgt, die uns als unser Leben, unsere Welt, entgegentritt.

Danksagung

In den vergangenen 15 Jahren galt mein besonderes Interesse den fünf Elementen, die in der Bön-Tradition eine zentrale Rolle spielen. In dieser Zeit habe ich mich intensiv mit den Elementen beschäftigt und habe durch meine Praxis eine enge Beziehung zu den Elementargöttinnen aufgebaut. Wann immer ich eine Frage zur Natur der fünf Elemente oder zu Formen der Praxis hatte, welche die fünf Elemente einbeziehen, richtete ich ein Gebet an die Elementargöttinnen. Ihre Belehrungen und ihren Segen empfing ich in meinen Träumen. Solche Erfahrungen inspirierten mich, dieses Buch zu schreiben.

Obwohl die Lehren in diesem Buch durchweg auf alten Texten gründen, spiegelt die Art und Weise der Darstellung doch auch teilweise meine eigenen Erfahrungen und mein persönliches Verständnis dieser Texte wider. Da ich jedoch nichts schreiben wollte, was der »herrschenden Lehre« widersprach, überprüfte ich viele Punkte, indem ich sie mit meinem Lehrer, Lopön Tenzin Namdak Rinpoche, und anderen gelehrten Mönchen anlässlich einer Studienreise durch Indien und Nepal besprach. Ich bin ihnen für ihre Führung sehr dankbar. Ihre Begeisterung und ihre Freude über das Buch und die Ermutigung, die sie mir zuteil werden ließen, waren mir eine große Hilfe. Obschon ich also ihren Anweisungen folgte, gehen alle noch verbliebenen Fehler ganz allein auf mein Konto.

Einige Jahre lang habe ich die Elementarmeditationen meinen Schülern in aller Welt gelehrt. Die positiven Resultate in ihrem Leben und ihrer spirituellen Entwicklung bereiteten mir viel Freude. Daher möchte ich hier auch allen Schülern danken, welche die Praxis der fünf Elemente bereits zum Bestandteil ihrer Übungen gemacht haben.

Auch all jenen, die mich seit langer Zeit darin unterstützen, die westliche Welt mit den Bön-Lehren bekannt zu machen, möchte ich danken: vor allem Gerald und Barbara Hines sowie Murari und Prachi Garodia. Ohne ihre ständige Unterstützung wäre es für mich sehr schwierig geworden, das Ligmincha-Institut aufzubauen und die damit verbundene Arbeit zu bewältigen.

Bei den Mitarbeitern der *Snow Lion Publications*, meinem amerikanischen Originalverlag, möchte ich mich für ihre Großzügigkeit und Freundlichkeit bedanken. Besonders natürlich bei Christine Cox, deren Fähigkeiten als Lektorin für die Originalfassung in jeder Hinsicht ein Gewinn waren.

Mary Ellen McCourt sei bedankt für all die Zeit und Geschicklichkeit, die sie in die grafische Gestaltung investiert hat. Radek Dabrowski fertigte die Umrisszeichnungen im Buch, und zwar nicht nur einmal, sondern ein zweites Mal, nachdem sie auf dem Postweg verloren gegangen waren. Auch ihm sei hierfür herzlich gedankt.

Laura Shekerjian, Alejandro Chaoul, Cecile Clover und John Jackson haben das Manuskript in den verschiedenen Phasen der Entstehung gelesen und dazu kluge Verbesserungsvorschläge gemacht. Danke. Steven Goodman hingegen hat mich unterstützt, als der Text noch im Frühstadium war. Außerdem hat er das Glossar korrigiert. Ich danke ihm und Susan Yenchick für ihren Beistand.

Aber vor allem möchte ich es hier nicht versäumen, meinem Schüler und Freund Mark Dahlby zu danken. Er hat viele Anregungen eingebracht, die das Buch für westliche Leser zugänglicher machten. Ohne sein immer währendes freudiges Bemühen wäre dieses Buch nie fertig gestellt worden.

Die zwölf Tierkreiszeichen und ihre Richtungen

Im Folgenden finden Sie die Zuordnungen der astrologischen Zeichen zu den Himmelsrichtungen, damit Sie – wie im Text angegeben – die Opferungen richtig darbringen können. Die Tierkreiszeichen hängen vom Geburtsjahr ab und wechseln innerhalb eines Zyklus von zwölf Jahren durch. Als Jahr zählt dabei das Jahr nach dem Mondkalender.

Jedem Zeichen ist eine Himmelsrichtung zugeordnet. In der tibetischen Tradition werden die Haupthimmelsrichtungen in »obere« und »untere« unterteilt. So ist beispielsweise der Tiger mit dem Osten assoziiert, liegt aber näher am Nordosten. Der Hase hingegen gehört auch zum Osten, jedoch eher zum Südosten. So erhalten wir am Ende zwölf Himmelsrichtungen.

Das Zeichen, das dem Geburtszeichen gegenüber liegt, wird als die Himmelsrichtung betrachtet, aus der am ehesten negative Kräfte auf den Menschen einwirken. Daher stellt man die Opfergabe immer in der dem Geburtszeichen gegenüber liegenden Richtung auf. Um dieses Zeichen zu finden, müssen Sie Ihr Geburtszeichen als Eins betrachten. Dann zählen Sie weiter voran, bis Sie bei der Zahl Sieben angelangt sind. Dies ist das Zeichen der negativen Kräfte.

Wer also im Drachenjahr geboren ist, würde seine Opfergaben gen Nordwesten aufstellen, der Richtung des Hundes. Dieses Zeichen liegt dem Drachen gegenüber.

In der chinesischen Tradition entspricht das Bön-Jahr des Garuda dem Jahr des Hahns. Das Jahr des Elefanten zählt bei den Chinesen als Ochsenjahr.

Tiger	Osten (näher an Nordosten)
Hase	Osten (näher an Südosten)
Drache	Südosten
Schlange	Süden (näher an Südosten)
Pferd	Süden (näher an Südwesten)
Schaf	Südwesten
Affe	Westen (näher an Südwesten)
Garuda (Hahn)	Westen (näher an Nordwesten)
Hund	Nordwesten
Schwein	Norden (näher an Nordwesten)
Ratte	Norden (näher an Nordosten)
Elefant (Ochse)	Nordosten

Literatur

Es gibt viele Texte, die sich mit den Elementen beschäftigen. Ich stütze mich bei meinen Ausführungen besonders auf die Folgenden:

Tibetische Quellen

Drung-mu gcod-chen. 1973 von Tsultrim Tashi und dem Tibetan Bonpo Monastic Center in New Thogyal, Indien, herausgebracht. Dieser Lehrzyklus wurde von Stong-rgyung mthu-chen geschaffen, einem Bön-Meister des 8. Jahrhunderts. Die Lehren wurden vom Meister Gsen-gsas lhar-rje weitergegeben und erfuhren im 13. Jahrhundert eine wahre Blüte. Speziell um die Elemente geht es im Buch *'Byung-ba'i bcud-len.*

Sgron-ma drug [Die Sechs Lampen] und *'d-gsal sems-kyi me-long* [Der Spiegel des Klaren Geistes] sind zwei Texte, die zum *Zhang Zhung Nyan Gyud* gehören. Sie wurden von Prof. Dr. Lokesh Chandra und Lopön Tenzin Namdak Rinpoche in einer Sammlung mit dem Titel *History and Doctrine of Bon-po Nispanna-Yoga* herausgegeben, die 1968 bei der International Academy of Indian Culture in Neu Delhi erschien.

Gshen-rtsis las nag-rtsis skor [Astrologie der Elemente] von Gsen mkhas-grub tshul-khrims-rgyal-mtshan und Nag-rtsis von Khyung-sprul 'jigs-med-nam-mkha'i-rdor-je. Veröffentlicht 1973 vom Tibetan Bonpo Monastic Centre in New Thobgyal, Indien.

Brda'sprod kun gyi snying po srid pa'i sgron me bzhugs von Lama Khyung Trul Jigme Namkhai Dorje. Der Text wurde 1966 von der Tibetan Bönpo Foundation veröffentlicht. Das Buch ist eine Bön-po-Grammatik, bei der das Alphabet und die Klänge der Buchstaben mit den Elementen verbunden werden.

Englische Quellen

The Three Basic Mother Tantras with Commentaries [Ma-gyud], hrsg. von Rgyal-gshen mi-lus bsam-legs, veröffentlicht 1971 vom Bonpo Monastic Centre in Dolanji, Indien.

Namkhai Norbu Rinpoche, *Drung, Deu and Bön: Narrations, Symbolic Language and the Bön Tradition in Ancient Tibet*, Dharamsala 1995.

Weitere Bücher von Tenzin Wangyal Rinpoche

Der kurze Weg zur Erleuchtung: Dzgochen-Meditation nach den Bön-Lehren Tibets, Frankfurt am Main 1997.

Übung der Nacht: Tibetische Meditationen in Schlaf und Traum, München 2001.

Nützliche Adressen für Praktizierende

Tenzin Wangyal Rinpoche lehrt in den USA, Mexiko und Europa. Informationen über seine Lehrtätigkeit und die anderer Bön-Lehrer erhalten Sie über das Ligmincha-Institut:

The Ligmincha Institute
P.O. Box 1892
Charlottesville, Virginia 22903, USA
Telefon: 001-434-977 6161, Fax: 001-434-977 7020
Internet: www.ligmincha.org, E-Mail: ligmincha@aol.com

Für Seminare im deutschen Sprachraum (Deutschland, Österreich, Schweiz) erhalten Sie Informationen bei:

Garuda-Bön
Stephanie Wagner
Stuttgarterstr. 15
60329 Frankfurt am Main
Telefon: 0049 (0)69-618721
Telefon: 0049-(0)5042-959 213, Fax: 0049-(0)5151-923064
Internet: www.bongaruda.de
E-Mail: info@bongaruda.de

Für die Schweiz:
Ann-Marie und Peter Jakob-Murphy
Haslenstr. 22
8903 Birmensdorf ZH
Tel: 0041-43-344 0174
Internet: www.garudaswitzerland.org
E-Mail: info@garudaswitzerland.org

Das Gebet im Zwischenzustand in tibetischer Sprache und Schrift

419 [illegible]

[illegible]

420
[illegible]
[illegible]
[illegible]
[illegible]
[illegible]
[illegible]
[illegible]
[illegible]
[illegible]

421
[illegible]
[illegible]
[illegible]
[illegible]
[illegible]
[illegible]
[illegible]
[illegible]

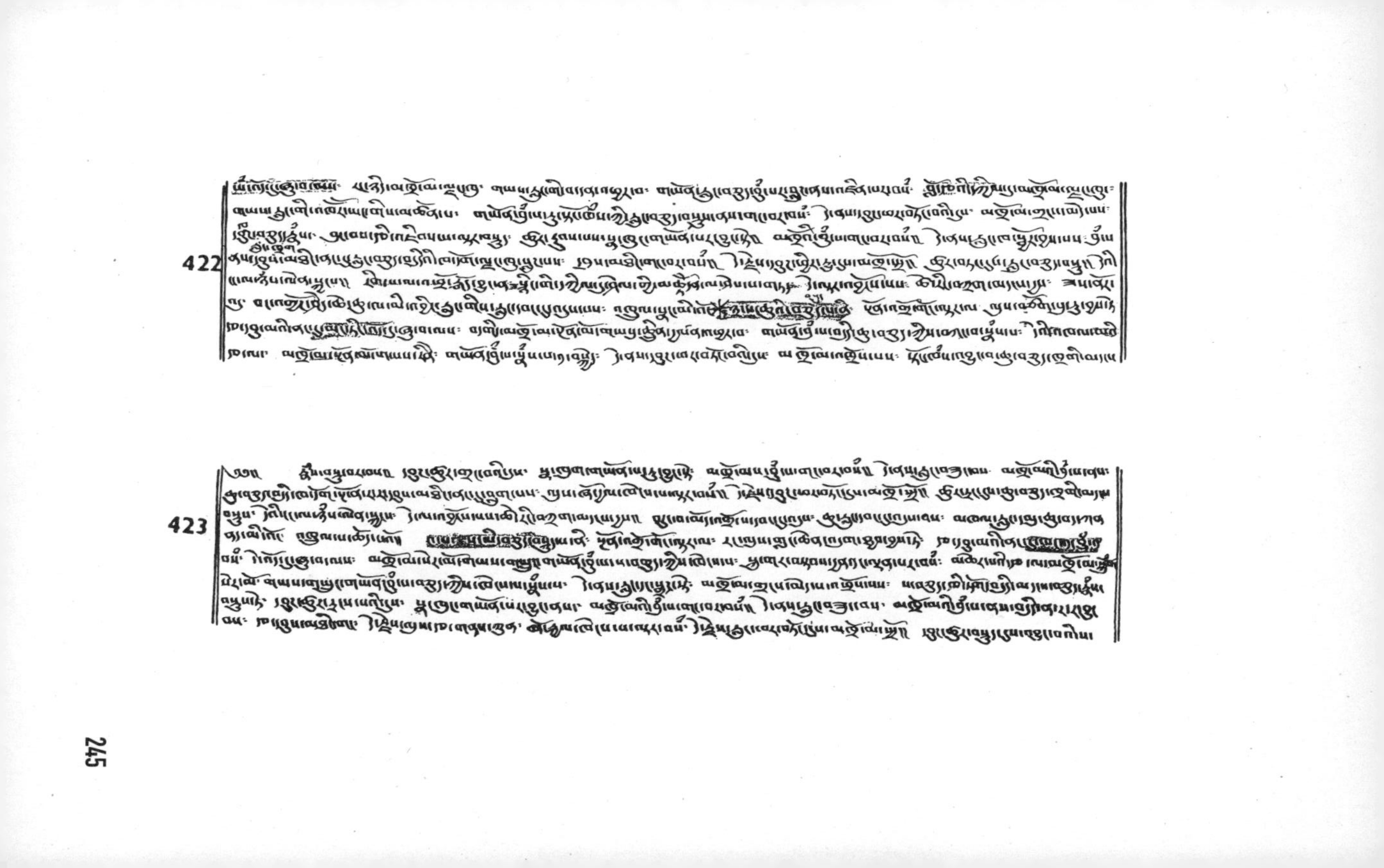

422

[illegible]
[illegible]
[illegible]
[illegible]
[illegible]
[illegible]
[illegible]
[illegible]

423

[illegible]
[illegible]
[illegible]
[illegible]
[illegible]
[illegible]
[illegible]
[illegible]

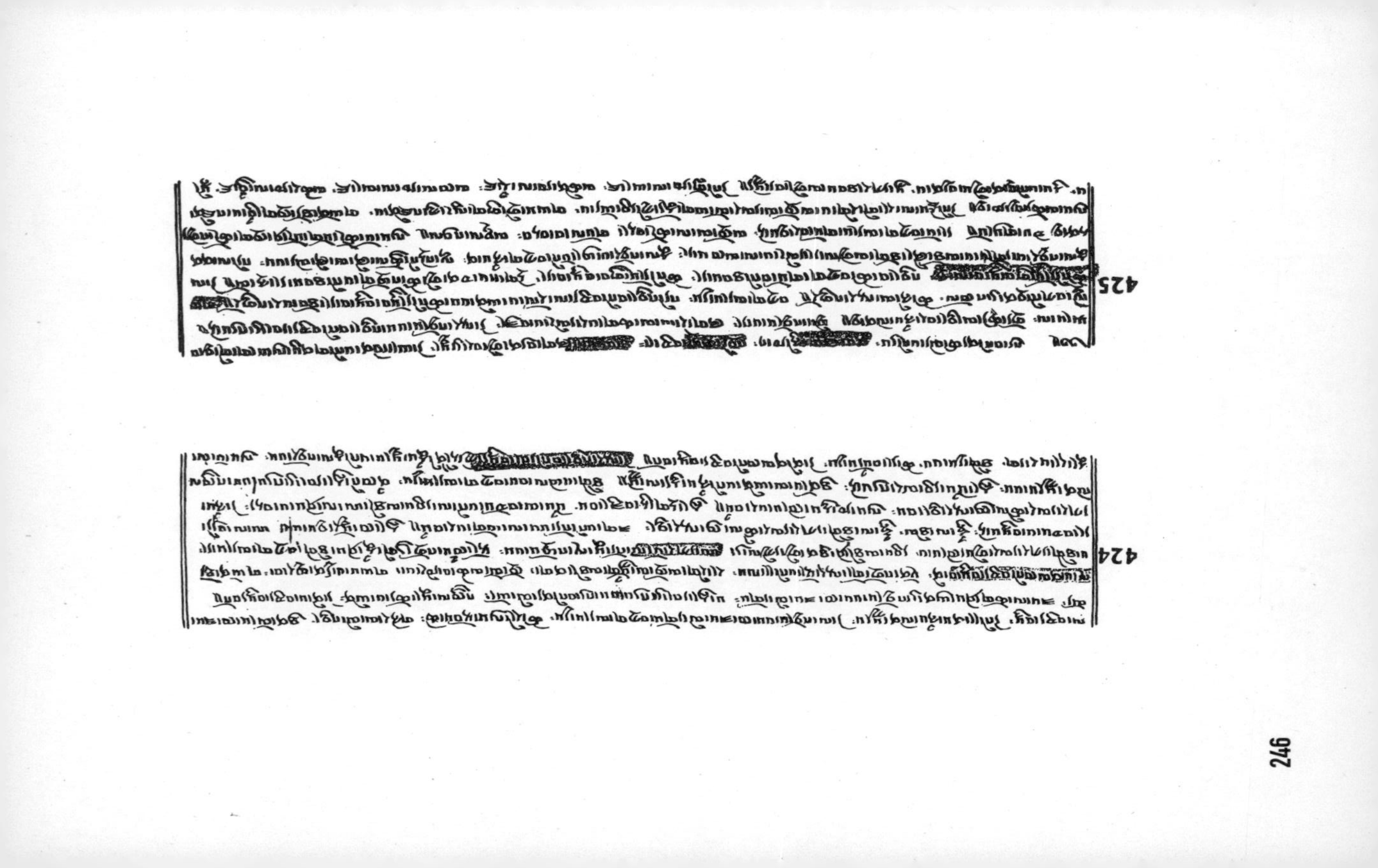

425

[illegible]
[illegible]
[illegible]
[illegible]
[illegible]
[illegible]
[illegible]
[illegible]

424

[illegible]
[illegible]
[illegible]
[illegible]
[illegible]
[illegible]
[illegible]
[illegible]
[illegible]

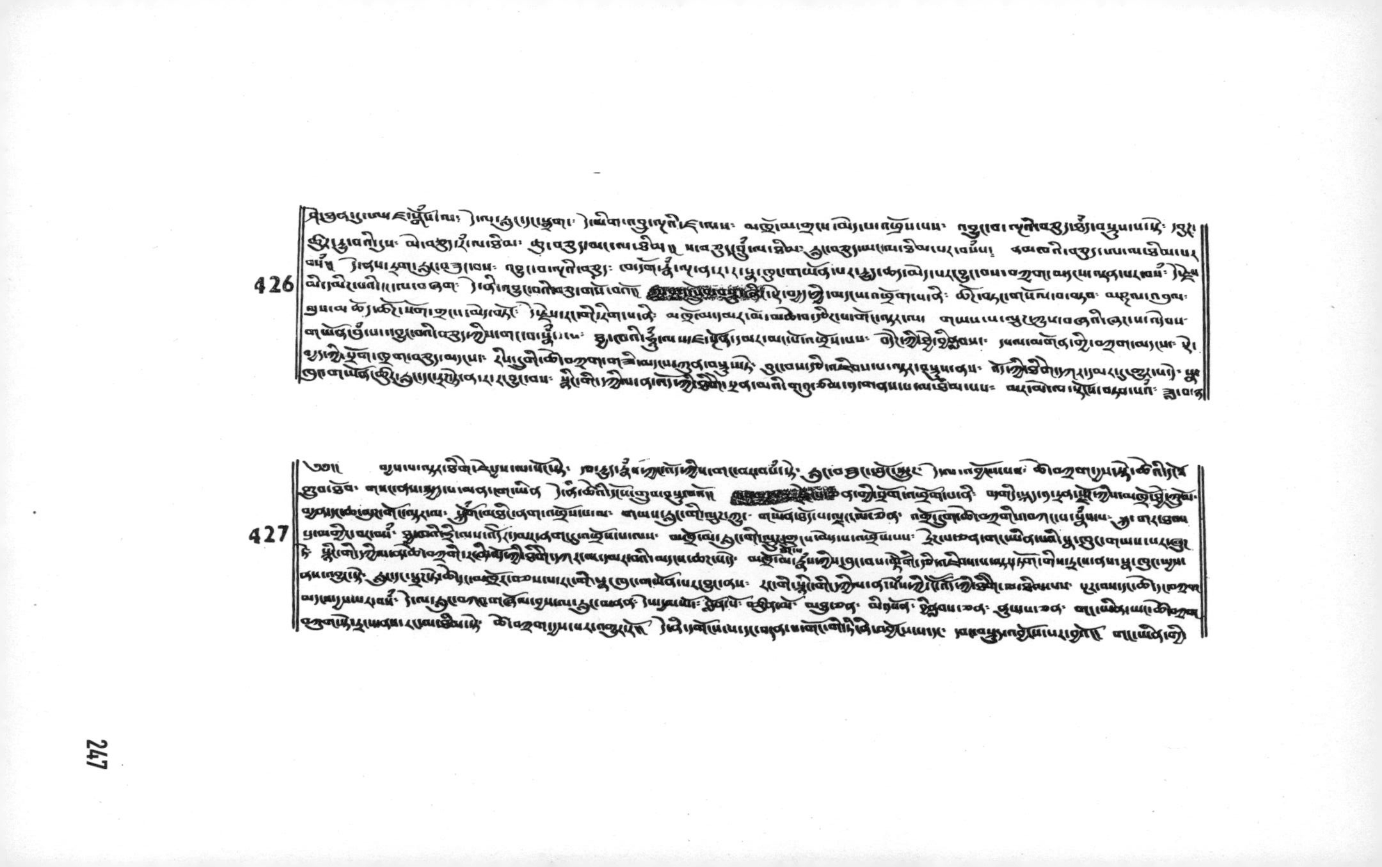

426

[illegible]
[illegible]
[illegible]
[illegible]
[illegible]
[illegible]
[illegible]
[illegible]

427

[illegible]
[illegible]
[illegible]
[illegible]
[illegible]
[illegible]
[illegible]
[illegible]
[illegible]

Glossar

Bardo (tib. *bardo*; Skrt. *antarabhava*). Mit Bardo ist der so genannte Zwischenzustand gemeint. Dies bezieht sich auf jede Übergangsperiode des Daseins: Leben, Meditation, Traum, Tod. In den meisten Fällen bezieht sich der Begriff jedoch auf den Zwischenzustand zwischen Leben und Tod, vor dem Eintritt in das nächste Leben.

Bodhicitta (tib. *byang chub sems*, abgekürzt *byang sems*). Der erwachte Geist. Häufig auch für den mitfühlenden Geist gebraucht, der Erleuchtung zum Wohle der anderen Wesen erreichen will. Im Dzogchen gleichbedeutend mit dem innewohnenden nicht-dualen Gewahrsein.

Bodhisattva (tib. *byang chub sems dpa'*). Ein Wesen, das seinen Eingang ins Nirwana so lange zurückstellt, bis alle Wesen den Weg zur Erleuchtung zurückgelegt haben.

Bön (tib. *bon*). Bön ist die ursprüngliche spirituelle Tradition Tibets, älter als der aus Indien kommende Buddhismus. Über die Ursprünge des Bön gibt es in der Wissenschaft unterschiedliche Meinungen, die Tradition selbst spricht von einer 17 000 Jahre alten, ununterbrochenen Überlieferungslinie. Ähnlich den Schulen des tibetischen Buddhismus, vor allem der Nyingma-Schule, besitzt das Bön eine ganz eigene Bildersprache. Darüber hinaus baut es auf einer reichen schamanischen Tradition auf. Das Bön führt seine Überlieferungslinie allerdings nicht auf Buddha Shakyamuni zurück, sondern auf den Buddha Shenrab Miwoche.

Chakra (tib. *khor lo*). Der Begriff stammt aus dem Sanskrit und bedeutet wörtlich »Rad« oder »Kreis«. Er bezeichnet die Energiezentren des Körpers. Ein Chakra ist eine Stelle im Körper, an der mehrere Energiekanäle (tib. tsa) zusammenlaufen. Verschiedene Meditationssysteme arbeiten mit verschiedenen Chakren.

Chöd (tib. *gcod*). Wörtlich »durchschneiden« oder »abschneiden«. Die Übung ist auch als »geschickter Gebrauch der Furcht« oder »Entwicklung von Großzügigkeit« bekannt. Chöd ist eine rituelle Praxis, die alle Anhaftung an den eigenen Körper und am eigenen Ich beenden soll. Zu diesem Zweck ruft man die verschiedenen Klassen der Wesen an. Dann visualisiert der Übende die Zerstückelung seines eigenen Körpers, der sich dann in Opfergaben an diese Wesen verwandelt. Das Chöd-Ritual wird von Gesängen, Trommeln, Glocken und Hörnern begleitet und findet meist an Furcht einflößenden Orten wie Bestattungsplätzen, Friedhöfen und abgelegenen Bergpässen statt.

Direktes Überqueren (tib. *thod rgal*, gesprochen *Tögal*). Einer der Grundpfeiler der Dzogchen-Praxis nach der Bön-Tradition. Die Übung besteht darin, alle Erscheinungen sich im Gewahrsein auflösen zu lassen. Im Tögal werden hauptsächlich Visualisierungsübungen wie das Dunkelretreat oder das Betrachten von Himmel bzw. Sonne genutzt.

Durchschneiden (tib. *khregs chod*, gesprochen *Trekchö*). Der zweite Grundpfeiler der Dzogchen-Praxis nach der Bön-Tradition. Hier geht es darum, alle Ablenkungen zu »durchschneiden« und alle Verdunkelungen zu beseitigen, um im natürlichen Zustand verweilen zu können.

Dharma (tib. *bon*, *chos*). Der Sanskritbegriff hat ein breites Bedeutungsspektrum. In diesem Buch sind damit sowohl die von den Buddhas ausgehenden Lehren als auch der spirituelle Pfad als solcher gemeint. Dharma kann aber auch »Existenz« bedeuten oder – wenn der Begriff im Plural benutzt wird – die »Erscheinungen«.

Dharmakaya (tib. *bon sku*, *chos sku*). Von einem Buddha heißt es, er besitze drei Körper (Kayas): Dharmakaya, Sambhogakaya und Nirmanakaya. Der Dharmakaya, den man auch als »Wahrheitskörper« bezeichnet, stellt die absolute Natur des Buddha dar, die allen Buddhas eigen ist. Daher ist er identisch mit der absoluten Natur alles Existierenden: der Leerheit. Der Dharmakaya ist nicht-dual, jenseits aller Begrifflichkeit und frei von Kennzeichen oder Merkmalen. (Siehe auch **Kaya**, **Nirmanakaya** und **Samboghakaya**.)

Drei Wurzelgifte (tib. *rtsa be'i nyon mongs gsum*; Skrt. *mulaklesha*). Die drei fundamentalen Geistesgifte, welche dafür sorgen, dass die Wesen weiterhin im Reich des Leidens verharren: Unwissenheit, Abneigung und Anhaftung.

Dzogchen (tib. *rdzogs chen*). Die »Große Vollkommenheit« oder »Große Vollendung«. Dzogchen gilt als die höchste Stufe der Lehre und Praxis in Bön und in der Nyingma-Schule des tibetischen Buddhismus. Die Grundaussage des Dzogchen lautet, dass alles, auch der Mensch, bereits vollkommen und ganz ist. Daher muss man die Welt nicht (wie im Tantra) umwandeln noch (wie im Sutra) ihr entsagen. Der Übende muss nur erkennen, was tatsächlich ist. Daher heißt die Dzogchen-Praxis auch die »Selbstbefreiung«: Alle Erfahrung wird einfach so gelassen, wie sie ist, ohne dass das begriffliche Denken eingreift, ohne dass Anhaftung oder Abneigung entstehen.

Energiekanäle (tib. *rtsa*; Skrt. *nadi*). Die Kanäle sind die »Adern« des energetischen Kreislaufsystems. In ihnen bewegen sich die Ströme feinstofflicher Energie, die das Leben erhalten und ihm seine Vitalität verleihen. Die Kanäle selbst sind ebenfalls energetischer Natur und existieren nicht als anatomische Strukturen. Durch Übung oder natürliche Sensibilität können Praktizierende jedoch ein klares Gespür dafür entwickeln.

Existenzbereiche (Siehe **Sechs Bereiche des zyklischen Daseins**).

Fünf-Punkte-Meditationshaltung. Körperhaltung, in der der Praktizierende bei meditativen Übungen die besten Ergebnisse erzielt. Beschrieben auf Seite 169.

Galle (tib. *mkhris pa*). Siehe **Wind.**

Gong-ter (tib. *gong gter*). In der tibetischen Kultur gibt es die so genannte Terma-Tradition. Man geht davon aus, dass spirituelle Meister früherer Zeiten heilige Gegenstände, Texte oder Lehren versteckt haben, damit sie von kommenden Generationen gefunden werden, wenn diese sich so weit entwickelt haben, dass diese Lehren auf fruchtbaren Boden fallen. Die tantrischen Meister, die solche Termas finden, werden *Tertön* genannt, »Schatzfinder«. Termas können an bestimmten Orten wie Höhlen oder Bestattungsplätzen gefunden werden. Manchmal aber sind sie auch in den Elementen versteckt und treten als Träume oder Visionen hervor. Mitunter findet man sie auch direkt in den tieferen Schichten des Bewusstseins. Im letzteren Fall spricht man dann von einem *gong-ter*, einem «Geist-Schatz«.

Karma (tib. *las*). Der Sanskritbegriff »karma« bedeutet wörtlich »Handeln« oder »Tat«, steht jedoch allgemein für das Gesetz von Ursache und Wirkung. Jede Handlung auf körperlicher, sprachlicher oder geistiger Ebene ist ein »Same« (Ursache), der in Zukunft eine »Frucht« (Wirkung) tragen wird, wenn die Umstände für seine Reifung gekommen sind. Positive Handlungen ziehen positive Wirkungen nach sich, negatives Tun zeitigt dementsprechend auch negative Folgen. Das Gesetz des Karma bedeutet nicht, dass das ganze Leben vorherbestimmt ist, sondern dass unsere aktuellen Lebensumstände Konsequenz früherer Handlungen sind.

Karmische Spuren (tib. *bag chags*; Skrt. *vasana*). Jedes körperliche, sprachliche oder geistige Tun eines Menschen hinterlässt, wenn es in einer bestimmten Absicht geschieht und dabei auch nur von einem Hauch von Anhaftung oder Ablehnung begleitet ist, eine Spur im Geistkontinuum dieses Menschen. Die Ansammlung dieser karmischen Spuren prägt jeden Augenblick der Erfahrung dieses Menschen, sowohl in positiver wie auch in negativer Hinsicht.

Kaya (tib. *sku*). Dieser Begriff hat zahlreiche Bedeutungen. Hier wird er vor allem gebraucht als »Körper« bzw. als »Dimension der Erfahrung«.

Khandro (tib. mkha" gro ma; Skrt. *dakini*). Das tibetische Äquivalent zur indischen Dakini ist die *khandroma*, die »weibliche Himmelsdurchquererin«. Mit »Himmel« ist dabei die Leerheit gemeint. Die Dakini, die diese Leerheit durchquert, handelt also in voller Verwirklichung der absoluten Natur. So eine Dakini kann eine Frau sein, die ihre wahre Natur erkannt hat, oder ein nicht-menschliches weibliches Wesen, eine Göttin zum Beispiel. Manchmal ist damit auch die weibliche Erscheinungsform eines Erleuchteten gemeint.

Kunzhi (tib. *kun gzhi*). Im Bön ist Kunzhi der Grund alles Existierenden, auch des Menschen. Kunzhi ist nicht gleichbedeutend mit dem Alayavijnana des Yogachara, das eher mit dem *kunzhi namshe* (siehe unten) zu vergleichen ist. Kunzhi ist die Einheit von Leere und Klarheit, der absoluten, offenen Unbestimmtheit der letztendlichen Wirklichkeit und dem pausenlosen Spiel von Erscheinungen und Gewahrsein. Kunzhi ist die Basis, der Grund des Seins.

Kunzhi namshe (tib. *kun gzhi rnam shes*; Skrt. *alaya vijnana*). Kunzhi namshe ist das Grundbewusstsein des Individuums. Es ist das »Lager«, der »Speicher«, in dem die karmischen Spuren aufbewahrt werden. Aus dem Kunzhi namshe entsteht alle künftige Erfahrung.

La (tib. *bla*). Seele. Das grundlegende menschliche Gut-Sein. Die fundamentale Fähigkeit zur Tugend einer ganzen Spezies.

Lama (tib. *bla ma*; Skrt. *guru*). Der Sanskritbegriff »Guru« bedeutet wörtlich »schwer«, also »beladen« mit den Eigenschaften eines Erleuchteten (*buddha guna*). Der Begriff »Lama« hingegen stammt aus dem Tibetischen und heißt einfach »das Höchste«. Damit ist ein spiritueller Lehrer gemeint, der für den Schüler von höchster Bedeutung ist. In der tibetischen Tradition gilt der Lama sogar noch als wichtiger als der Buddha, denn er ist es, der die Lehren für den Schüler zum Leben erweckt. Auf der absoluten Ebene ist der Lama daher unsere eigene Buddha-Natur, während er auf der relativen Ebene unser persönlicher Lehrer ist. Heute wird der Begriff auch als höfliche Anrede für jede Art von Mönch bzw. spirituellem Lehrer gebraucht.

Lhundrup (tib. *lhun grub*). Spontane Vollkommenheit oder spontane Präsenz. Im Dzogchen bezieht sich dieser Begriff auf die unaufhörliche, spontane Manifestation der Erscheinungen.

Loka (tib. *jig rten*). Wörtlich »Welt« bzw. »Weltsystem«. Gemeint sind damit die Sechs Daseinsbereiche der zyklischen Existenz. Eigentlich aber sind mit Loka die größeren Weltensysteme gemeint, von denen nur eines die sechs Bereiche beherbergt. (Siehe **Sechs Bereiche des zyklischen Daseins**).

Lung (tib. *rlung*; Skrt. *vayu*, *prana*). Lung ist die Lebensenergie, die in der tibetischen Tradition als Wind aufgefasst wird. Im Westen kennen wir sie eher unter ihrer Sanskritbezeichnung Prana. Lung hat ein breites Bedeutungsspektrum. Im Rahmen dieses Buches meinen wir damit die Lebensenergie, von der die Vitalität des Körpers und des Bewusstseins abhängen.

Ma-rigpa (tib. *ma rig pa*, Skrt. *avidya*). »Unwissenheit«, womit im Buddhismus die mangelnde Erkenntnis der absoluten Wahrheit gemeint ist. Im Dzogchen der Bön-Tradition bezeichnet der Begriff die fehlende Erkenntnis des Grundes (Kunzhi). Man unterscheidet vielfach zwei Formen von Ma-rigpa: innewohnende Unwissenheit und kulturelle Unwissenheit.

Naga (tib. *klu*). Der Sanskritbegriff bezeichnet Schlangengeister, die mit dem Wasser assoziiert werden

Ngöndro (tib. *sngron 'gro*; Skrt. *purvagama*). Wörtlich »Vorbereitung«. Es handelt sich um vorbereitende Übungen, deren Charakter je nach der Stufe der Belehrungen unterschiedlich ist.

Nirmanakaya (tib. *sprul sku*). Der Nirmanakaya ist der so genannte »Erscheinungskörper« des Dharmakaya. Der Begriff bezieht sich normalerweise auf die sichtbare, körperliche Manifestation eines Buddha, daher wird er auch allgemein mit der Dimension des Körperlichen assoziiert.

Nirwana (tib. *mya ngan las 'das pa*). Die Transzendierung allen Leidens. Die einzelnen Schulen des Bön und des tibetischen Buddhismus ordnen diesem Begriff verschiedene Bedeutungen zu. Gewöhnlich sieht man das Nirwana als Gegensatz zum Samsara, der bedingten Existenz, die von Sorgen und Schmerz geprägt ist.

Phowa (tib. *'pho ba*). Die Übertragung des Bewusstseins. Eine Praxis, bei der zum Zeitpunkt des Todes das Bewusstsein in einen Buddhabereich übertragen wird.

Prana (Siehe **Lung**).

Regenbogenkörper (tib. *jalus*). Das Zeichen der vollständigen Erleuchtung ist im Dzogchen das Erlangen des Regenbogenkörpers. Der vollkommen verwirklichte Dzogchen-Praktizierende erliegt nicht mehr länger der Illusion der scheinbaren Substanzhaftigkeit der Erscheinungen und der dualistischen Vorstellungen, die Geist und Materie trennt. Er löst sich im Tod in die Energie der Elemente auf, aus denen sein Körper besteht. Zurück bleiben nur Haare und Nägel. Der Praktizierende aber tritt klaren Geistes in den Tod ein.

Rigpa (tib. *rig pa*; Skrt. *vidya*). »Gewahrsein« oder »Gegenwärtigsein«. In den Dzogchen-Lehren bezeichnet Rigpa das innewohnende, ursprünglich reine, nicht-duale Gewahrsein, das die wahre Natur des Menschen ist.

Rinpoche (tib. *rin po che*). Wörtlich »Kostbarer«. Ein gebräuchlicher Ehrentitel, der einen bewusst wiedergeborenen Lama bezeichnet.

Rushen (tib. *ru shan*). Unterscheidung, Trennung. Im Rahmen dieses Buches sind damit die vorbereitenden Übungen für die Dzogchen-Praxis gemeint, die der Bön-Tradition eigen sind. Dabei lernt der Praktizierende, die Natur des Geistes vom gewöhnlichen begriffsbeladenen Geist zu unterscheiden.

Samadhi (tib. *ting nge 'dzin*). Der Sanskritbegriff umfasst alle Erfahrungen des meditativen Zustandes bzw. der Trance.

Samaya (tib. *dam thsig*). Verpflichtung oder Gelübde. Normalerweise geht der Übende, wenn er eine Tantra-Praxis beginnt, eine bestimmte Verpflichtung im Hinblick auf sein Verhalten und Tun ein. Es gibt allgemeine Gelübde und andere, die zu ganz bestimmten Formen der tantrischen Meditation gehören.

Samanthabhadra (tib. *kun tu bzang po*). Der Ur-Buddha (Adibuddha), der niemals von der Verblendung der Unwissenheit betroffen war. Er ist der Dharmakaya-Buddha, der die reine, absolute Natur symbolisiert.

Samboghakaya (tib. *longs sku*). Der »Körper der vollkommenen Freude« des Buddhas. Der Samboghakaya besteht ganz aus Licht. Er ist ein Erscheinungskörper, der häufig während der Tantra- bzw. Sutra-Übungen visualisiert wird. Im Dzogchen allerdings wird häufiger das Bild des Dharmakaya benutzt.

Samsara (tib. *'khor ba*). Die Welt des Leidens, die aus dem »verdunkelten«, in der Illusion der Dualität befangenen Geist entsteht. In Samsara sind alle Wesen der Vergänglichkeit unterworfen und haben keine ihnen innewohnende Existenz. Alle Lebewesen sind daher vom Leid betroffen. Samsara umfasst die sechs Bereiche des zyklischen Daseins, meint aber vor allem die charakteristische Seinsweise der fühlenden Wesen, die von Unwissenheit verblendet und in der Dualität gefangen sind. Samsara endet, wenn ein Wesen die vollkommene Befreiung von der Unwissenheit erlangt hat.

Schleim (tib. *bad kan*). Siehe **Wind**.

Schützer (tib. *srung ma*, *chos skyong*; Skrt. *dharmapala*). Die so genannten Schützer sind männliche oder weibliche Wesen, die geschworen haben, den Dharma (die Lehren) und diejenigen, die ihn praktizieren, zu beschützen. Dies können weltliche Beschützer sein, aber auch die zornvollen Aspekte erleuchteter Wesen. Vor allem im Tantra baut man auf die Schützer der jeweiligen Überlieferungslinie und bemüht sich, sie günstig zu stimmen.

Sechs Bereiche des zyklischen Daseins (tib. *rgs drug*). Gemeinhin spricht man einfach von den »sechs Existenzbereichen« oder den »sechs Lokas«. Die sechs Bereiche stellen die wahrgenommene Welt der sechs Klassen von Wesen dar: Götter, Halbgötter (Asuras), Menschen, Tiere, Hungergeister (Pretas) und Höllengeister. Wesen in den sechs Bereichen sind durchweg dem Leiden unterworfen. Es handelt sich bei den Bereichen einerseits im wörtlichen Sinn um Orte, in denen die Wesen geboren werden, andererseits auch um den Bereich, die »Bandbreite«, möglicher Erfahrungen, die unser Leben in Samsara prägen kann.

Sem (tib. *sems*, Skrt. *citta*). Einer der zahlreichen tibetischen Begriffe für »Geist«. Sem wird häufig mit »begrifflicher Geist« bzw. »begriffliches Denken« übersetzt. Es bezieht sich auf den sich bewegenden Geist und nicht auf die Natur des Geistes.

Shenla Odkar (tib. *gShen lha 'Od dkar*). Shenla Odkar ist die Sambogha-kaya-Form von Shenrab Miwoche, dem Buddha, der als Begründer des Bön betrachtet wird.

Shenrab Miwoche (tib. *gShen rab Mi bo che*). Shenrab Miwoche ist die Nirmanakaya-Form des Buddha, der das Bön begründete. Er soll vor 17 000 Jahren gelebt haben. In der Bön-Literatur gibt es 15 Bände von Lehrreden und Erzählungen, in denen es ausschließlich um die Biografie Shenrab Miwoches geht.

Shine (tib. *zhi gnas*; Skrt. *shamatha*). »Ruhiges Verweilen«, »innere Ruhe«. Bei der Übung des ruhigen Verweilens richtet man sich auf ein inneres oder äußeres Objekt aus, um Konzentration und geistige Stabilität zu entwickeln. Das ruhige Verweilen ist eine Grundlagenpraxis, auf der alle höheren Meditationsformen aufbauen, so zum Beispiel Schlaf- und Traumyoga.

Shunyata (tib. *stong pa nyid*). Leerheit. Die absolute Natur aller Erscheinungen.

Sok (tib. *srog*). Die Lebenskraft, Vitalität. Ist eng mit dem innewohnenden Gewahrsein von Rigpa verknüpft.

Sutra (tib. *mdo*). Sutras sind Texte, die die unmittelbar vom historischen Buddha abstammenden Lehrreden enthalten. Der Sutra-Weg beruht auf Entsagung, daher ist er die Grundlage für den Pfad des klösterlichen Lebens.

Svastika. Glückbringende Kreuzfigur mit Haken, die als Symbol des Ewigen (Yungdrung) Bön für Unzerstörbarkeit und Unwandelbarkeit steht. Das »Hakenkreuz« findet sich in Buddha-Darstellungen häufig auf Höhe des Herzens.

Tantra (trib. *rgyud*). Tantras sind wie die Sutras Lehren der Buddhas, doch wurden sie häufig erst von den Meistern der Terma-Tradition entdeckt (siehe **Gong-ter**). Im Tantra geht es darum, negative Energien zu einem Trittstein auf dem Pfad umzuwandeln. Tantrische Übungen arbeiten mit der Energie des Körpers, der Bewusstseinsübertragung, den Yogas von Schlaf und Traum. Bestimmte Tantraklassen, vor allem wenn es dabei um die nicht-stufenweise Umwandlung geht, umfassen auch Dzogchen-Belehrungen.

Tapihritsa (tib. *Ta pi hri tsa*). Obwohl man Tapihritsa als historische Persönlichkeit betrachtet, wird er auf Abbildungen in seiner Dharmakaya-Form dargestellt: ein nackter Buddha ohne jeden Schmuck, Symbol der Nacktheit (Eigenschaftslosigkeit) der absoluten Wirklichkeit. Er ist einer der beiden Hauptmeister in der Dzogchen-Überlieferungslinie des *Zhang Zhung Nyan Gyud*.

Tigle (tib. *thig le*; Skrt. *bindu*). Tigle kann je nach Zusammenhang viele verschiedene Bedeutungen haben. Gewöhnlich wird es als »Kugel«, »Tropfen« oder »Keimessenz« übersetzt. Beim Traum- bzw. Schlafyoga ist mit Tigle ein Lichttropfen gemeint, in dem sich eine bestimmte Bewusstseinsqualität ausdrückt und der bei der Meditation als Punkt der Sammlung dient.

Tigle nyag tschig (tib. thig le nyag cig). Die Eine Sphäre, Symbol des unteilbaren Daseins ohne Ecken und Kanten. Die nicht-duale Natur der Wirklichkeit.

Tögal. Siehe **Direktes Überqueren**.

Trekchö. Siehe **Durchschneiden**.

Trul khor (tib. *'khrul 'khor*; Skrt. *yantra*). Wörtlich »magisches Rad«, im übertragenen Sinn eine bestimmte Art von Prana-Yoga, bei dem Körperhaltung, Bewegung, Atem und Meditation zusammenspielen, um das Prana in den Zentralkanal zu lenken. Die Praxis beseitigt Hindernisse auf körperlicher, energetischer und geistiger Ebene und stärkt die Gesundheit. Letztendliche Zielsetzung ist es, den Körper und seine Energien zu nutzen, um dem Praktizierenden zu einem stabilen Verweilen im nicht-dualen Gewahrsein von Rigpa zu verhelfen.

Tsa. Siehe **Energiekanäle**.

Tsa Lung (tib. *rtsa lung*). Yoga-Praxis, welche mit den Kanälen (tib. *tsa*) und Vitalenergien (tib. *lung*) arbeitet. Diese Kategorie umfasst viele verschiedene Übungen.

Tse (tib. *tshe*). Die Lebensspanne, also die potenzielle Länge unseres Lebens.

Tummo (tib. *gtum mo*; Skrt. *candali*). Der Yoga des inneren Feuers. Eine Form des Yoga, die mit Hilfe von Körper-, Atem- und Visualisierungsübungen das innere Feuer, d.h. das feuergleiche Prana, im Nabelzentrum zu erwecken und es über den Zentralkanal ins Kronenchakra zu lenken versucht. Diese Praxis ist in allen Bön-Traditionen sowie im tibetischen Buddhismus gut bekannt. Sie zählt zu den Sechs Yogas des Naropa und gehört auch in anderen Systemen zur zentralen Praxis. Im Bön wird Tummo häufig zeitgleich mit *trul khor* geübt.

Vier Unermessliche (tib. *tshad med bzhi*; Skrt. *chaturaprameya*). Auch die Vier grenzenlosen Qualitäten. 1. Unermessliche Liebe; 2. Unermessliches Mitgefühl; 3. Unermessliche Mitfreude; 4. Unermesslicher Gleichmut.

Wind. Einer der drei Körpersäfte, die in der tibetischen Medizin das Wohlergehen des Menschen bestimmen. Sind die drei Körpersäfte aus dem Gleichgewicht geraten, entstehen Krankheiten. Siehe auch **Galle** und **Schleim.**

Yi (tib. *yid*; Skrt. *manas*). Der funktionale Geist, der der Natur des Geistes diametral gegenüber steht. Einer der vielen tibetischen Ausdrücke, die sich auf den Geist beziehen.

Yidam (tib. *yi dam*; Skrt. [*Ishta*]-*Devata*). Ein Yidam ist eine Schutz- oder Meditationsgottheit, die für einen Aspekt des erleuchteten Geistes steht. Es gibt vier Arten von Yidams: friedvolle, zunehmende, machtvolle und zornvolle. Yidams nehmen diese unterschiedlichen Erscheinungsformen an, um bestimmte negative Kräfte zu überwinden.

Yige (tib. *yi ge*). Geschriebene Sprache, Worte, Silben, Zeichen.

Yogi (tib. *rnal 'byor pa*; Skrt. *yogin*). Ein männlicher Praktizierender, der sich meditativen Übungen wie Schlaf- bzw. Traumyoga widmet.

Yogini (tib. *rnal 'byor ma*; Skrt. *yogini*). Eine weibliche Praktizierende, die sich meditativen Übungen widmet.

Zentralkanal. Siehe **Energiekanäle.**

Zhang Zhung Nyan Gyud (tib. *Zhang zhung snyan rgyud*). Mündliche Überlieferung von Shang Shung. Einer der wichtigsten Zyklen von Dzogchen-Lehrreden im Bön. Er gehört zur Upadesha-Klasse der Lehren.